범정 장형의 독립운동과 단국대학 설립

범정 장형의 독립운동과 단국대학 설립

박성순 · 한시준 · 이홍구 · 문종철 · 염송심

단국대학교출판부

간행사

단국대학은 해방 후 설립된 4년제 대학으로, 1947년 11월 3일 개교했습니다. 70년에 가까운 역사를 가지고 있지만, 단국대학이 어떤 대학이냐, 구국 · 자주 · 자립이라는 창학 이념의 근원은 무엇이냐고 물으면 선뜻 대답하지 못하는 것이 현실입니다.

우리 대학은 개교 이래 한국 사학의 발전 과정과 궤를 같이 하면서 동시에 선도적 사례를 창조해왔습니다. 1978년 천안에 캠퍼스를 설립하여, 우리나라 대학 중 처음으로 지방캠퍼스 시대를 열었습니다. 그리고 서울 한남동에 소재한 캠퍼스를 수도권으로 이전하여 새로운 대학 성장 모델을 선보였습니다. '서울 가까이, 더 가까이'라는 관습적 발전 전략을 버리고, '탈서울'을 통해 대학 발전의 신동력을 창조한 것입니다.

저는 총장의 직을 맡으면서 '도전과 창조'를 단국대학의 모토로 설정하였습니다. 설립자의 정신을 잇고, 이를 계승하기 위해 헌신하였던 선배 단국인들의 열정을 미래지향적으로 재해석하자는 뜻이었습니다. 동시에 우리 단국대학의 '정신적 뿌리'를 되새기자는 각오도 담겨 있습니다.

다행히 단국대학의 정신적 뿌리를 논리적으로 정립할 수 있는 역사적 근거가 마련되었습니다. 설립자 범정 장형 선생의 독립운동과 관련된 귀중한 자료들이 새롭게 발굴된 것입니다. 이를 통해 장형 선생의 독립운동과 단국대학 설립에 관한 연구가 이루어졌고, 개교 65주년을 맞아서는 「범정 장형의 독립운동과 단국대학 설립」이란 주제로 국제학술회의를 개최할 수 있었습니다.

이 책은 국제학술회의에서 발표된 논문과 그동안 장형 선생의 독립운동과 단국대학 설립에 관해 연구한 논문들을 모아 엮은 것입니다. 물론 장형 선생의 독립운동에 대해서는 아직도 찾아내야 할 자료들이 적지않고, 연구되어야 할 부분도 많습니다. 이제 시작에 불과하지만, 서거 50주기를 맞아 장형 선생의 독립운동과 단국대학 설립의 업적을 기리기 위하여 출판하기로 한 것입니다.

이 책을 통해 우리는 단국대학의 정체성과 설립정신을 보다 분명하게 확인할 수 있습니다.

우선 단국대학은 어떤 대학이냐고 물었을 때, 당당하고 분명하게 대답할 수 있는 근거를 마련하였습니다. 단국대학은 '독립운동가가 세운 대학'이고, '대한민국 임시정부의 독립정신을 계승한 대학'이라는 대답을 할 수 있게 된 것입니다.

또 하나는 단국대학의 설립정신을 다시 확인하게 되었습니다. 단국대학을 설립한 정신은 바로 '독립정신'입니다. 독립정신은 단순히 일본제국주의를 상대로 투쟁한 차원이 아닙니다. 한마디로 '남들이 모두 불가능하다고 여기는 것을 가능하다고 믿고 도전하는 정신', 이것이 곧 독립정신입니다.

흔히 독립운동을 "계란으로 바위치기"에 비유합니다. 당시 일제는 동남아시아 일대를 모두 장악하고 미국과 전쟁을 일으켜 세계 제패를 노리던 나라였습니다. 이를 상대로 싸워 독립을 쟁취한다는 것은 불가능한 일로 보였습니다. 많은 지식인들이 일제와 협력하는 길을 택하였던 것도 이 때문이었습니다. 그렇지만 독립운동가들은 가능하다고 믿고 도전하였습니다. 결국 독립은 실현되었습니다.

그동안 단국대학이 많은 역경과 고난을 겪었지만, 이를 극복할 수 있었던 것은 이러한 독립정신 때문이라고 생각합니다. 독립정신을 더욱 발전시킬 필요가 있습니다. 독립정신의 핵심은 '도전과 창조'라고 생각합니다. 남들이 불가능하다고 여기는 일도 단국대학은 도전하고 창조해 나갈 것입니다. 설립자의 독립정신이 살아 숨쉬고 있음을 확인하고, 도전과 창조의 정신을 여러 분과 함께 나누고자 하는 염원을 담아 이 책을 펴냅니다.

장형 선생의 독립운동 관련 자료를 찾아내고, 장형 선생의 독립운동과 단국대학 설립에 관해 연구해 오신 한시준 교수를 비롯한 박성순, 이홍구, 문종철, 염송심 교수에게 감사한 마음을 전합니다. 그리고 이를 훌륭한 책자로 만들어주신 김남필 팀장을 비롯한 출판부 직원 여러분들에게도 감사를 표합니다.

2014년 11월 3일
단국대학교 총장 장호성

머리말

우리나라에서 대학이 설립되기 시작한 것은 해방 이후부터였다. 해방 직후 많은 대학들이 설립되었는데, 그 설립 주체가 각기 달랐다. 설립 주체나 방식으로 보면, 크게 다섯 가지 유형으로 나누어 볼 수 있다. 첫째는 미군정이 주도하여 설립한 경우(서울대), 둘째는 일제 때 전문학교가 대학으로 개편한 경우(고려대 · 연세대 · 이화여대 등), 셋째는 지방의 유지들이 주도하여 설립한 경우(청주대 · 대구대 등), 넷째는 종교계에서 설립한 경우(동국대 등), 다섯째는 독립운동 세력과 인사들이 설립한 경우(단국대 · 국민대 · 국학대 · 신흥대 등)이다.

단국대학은 독립운동가가 세운 대학이다. 설립자는 장형 선생과 조희재 여사로, 이들은 독립운동가였다. 장형은 단동을 거점으로 국내와 심양 · 길림 등지에서 신흥무관학교 · 대한민국임시정부 등과 연계하여 독립운동 일선에서 활동하였고, 그 공로로 1963년 건국공로훈장(독립장)을 수여받았다. 그리고 독립기념관 경내에는 장형의 어록비가 세워져 있다. 조희재는 장형의 동지였던 박기홍의 부인으로, 독립운동 자금을 지원하였고, 해방 후 단국대학 설립 때 전재산을 기부하였다.

장형은 만주 길림에서 해방을 맞았다. 일제 패망 소식을 듣고 장형은 심양으로 가서 김홍일 장군을 만났다. 김홍일은 대한민국 임시정부에서 만주지역 한인들의 생명과 재산을 보호하라는 명령을 받고 심양에 와 있었다. 그는 장형에게 대한민국 임시정부가 환국하였으니 국내로 들어가 백범 김구 주석을 도우라며 통행증을 발급해 주었다.

장형이 귀국하였을 때, 대한민국 임시정부가 추진한 사업이 있었다. '국민의 대학'을 설립한다며 국민대학설립기성회를 발족한 것이다. 고문은 주석 김구, 명예회장은 외무부장 조소앙, 회장은 내무부장 신익희였다. 그리고 각계 인사 40명으로 이사를 구성하였는데, 장형은 독립운동계 대표로 이사가 되었다. 이때 조희재 여사가 토지 5만 평을 기증하였고, 이를 기반으로 1946년 9월 1일 국민대학관을 개교하였다.

국민대학관(국민대학)은 대한민국임시정부가 세운 대학으로 학장은 신익희, 이사장은 장형이었다. 그러나 1947년 7월 신익희가 한국독립당을 탈당하고, 이승만 측에 합류하였다. 장형은 이를 대한민국임시정부의 독립정신을 저버리는 것으로, 또 백범 김구에 대한 배신으로 여겼다. 기증한 토지를 환수하고, 국민대학관과 결별하였다. 그리고 백범 김구와 대한민국임시정부의 독립정신을 계승한 별도의 대학을 설립하기로 하였다.

장형은 김구 · 안재홍 · 장도빈 등을 만나 대학 설립을 논의하였다. 당시 백범 김구와 대한민국임시정부는 남한만의 단독정부 수립을 반대하고, 통일정부 수립을 추진하고 있었다. 이들은 통일정부를 수립하려면 민족을 하나로 모아야 하고, 하나로 모으려면 민족의 시조인 단군을 정점으로 하여야 한다며 교명을 '단국'으로 결정하였다. 이로써 1947년 11월 3일 단국대학이 탄생하게 되었다.

그동안 장형이 독립운동을 전개한 사실과 단국대학이 독립운동가가 설립한 것이라는 사실이 잘 알려지지 않았다. 가장 큰 이유는 장형이 장세담이란 이름으로 활동한 사실을 알지 못하였기 때문이다. 장형이 독립운동 시기에 장세담이란 이름을 사용한 것이 밝혀지면서, 그의 독립운동과 관련한 많은 자료들이 발굴되었다. 이로써 장형이 독립운동가였다는 사실이 여러 자료를 통해 확인되고, 단국대학을 설립하는 과정도 분명하게 밝혀지게 되었다.

독립운동가들이 세운 대학들은 순조롭게 유지 발전되지 못하였다. 내부적으로 경영난이나 분규를 겪은 경우도 있지만, 외압을 견대내지 못한 것이다. 이들 중 유일하게 남아 있는 것은 단국대학뿐이다. 이승만 정권하에서 탄압을 받았지만, 또 군사정권이 들어서면서 폐교조치를 당하였지만, 단국대학은 살아남았다. 설립자의 독립정신과 이를 이으려는 후계자들의 열정이 그 원동력이었다고 생각한다.

그동안 격려와 후원을 아끼지 않으신, 그리고 장형 선생의 뜻을 이어가는 장충식 이사장께 감사의 말씀과 존경을 표한다. 70년이 다 되도록 선생의 정신을 제대로 헤아리지 못한 후학들의 게으름과 부족하기 이를 데 없는 이 책을 송구스런 마음으로 범정 장형 선생 영전에 바친다.

2014년 10월

필자들을 대표하여 한시준 씀

범정 장형 선생 존영

독립기념관 경내에 세워진 범정 선생 어록비

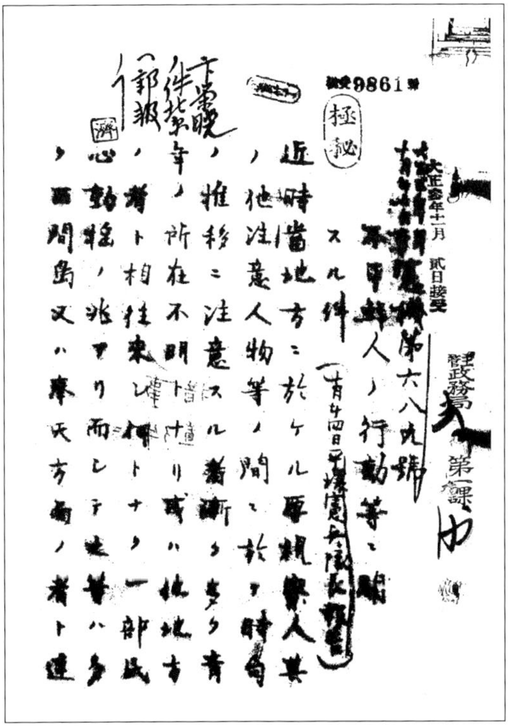

極秘

要視察人ノ行動等ニ關スル件

近時當地方ニ於ケル要視察人其ノ他注意人物等ノ間ニ於テ時局ノ推移ニ注意スル者漸ク多ク青年ノ所在不明ナリ或ハ他地方ノ者ト相往來シ[illegible]ナリ一部民心動搖ノ兆アリ而シテ此等ハ多ク[illegible]間島又ハ奉天方面ノ者ト連

1914년 10월 24일자 평양헌병대장 보고서. 여기에 범성이 단동을 중심으로 경성·심양을 오가며 독립운동가로 활동한 사실이 나타나 있다.

半島苦學生親睦會

今般崔曉天金始奎韓序頊等三十一人의發起로半島苦學生親睦會를組織하고任員을選定하얏는대其氏名은如左하며臨時事務所는市內武橋町商工振興會內에置하얏다더라

總裁張世淡、會長未定、副會長金始奎、庶務部長金濟容、經理部長趙基誠、調査部長韓序頊、社交部長丁洪教、體育部長崔曉天、產業部長牟洵基、顧問金承憲千熙基金、陸[illegible]

범정(장세담)의 반도고학생친목회 총재 취임을 보도한 《동아일보(1921. 8. 20)》

신의주와 단동을 연결시켜주는 압록강 철교

범정의 독립운동 근거지였던 오룡배 시가지 전경(오른쪽 건물은 오룡배역)

범정이 국내에서 모집한 청년들을 데리고 가 인계한 곳(심양 소북문 동순성가)

해방 직후 범정이 김홍일 장군을 만난 심양의 동북한교사무처 건물

범정이 경영한 길림성 반석현 연통산진의 정미소 터

범정의 정미소를 불태운 일본군 수비대 건물. 이 건물은 정미소와 1킬로미터 정도 거리에 있다.

건국실천원양성소 제5기 졸업사진(소장 김구, 이사장 장형). 앞줄 중앙에 김정실, 장형, 김구, 엄항섭. 원 안이 범정 장형 선생

1948년 봄 백범 김구가 범정의 내수동 자택을 방문하여 기념촬영. 앞줄 왼쪽부터 김구, 장형, 박정숙. 뒷줄 왼쪽부터 장도빈, 엄항섭, 양주동, 김정실

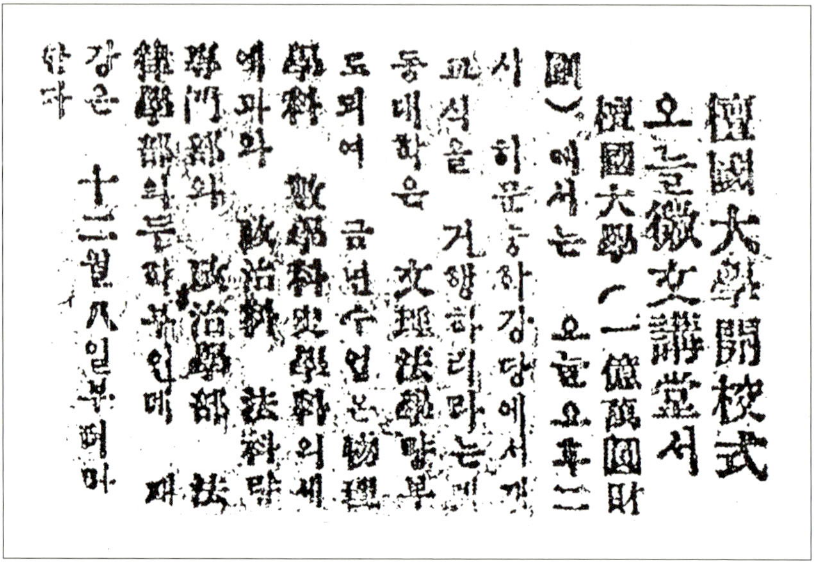

檀國大學開校式
오늘徽文講堂서
檀國大學(一億圓國財
團)에서는 오늘오후二
시 휘문중학강당에서 개
교식을 거행하리라는데
동대학은 文理法學部
도되여 금년수업은物理
學科 數學科史學科의세
에과와 政治科 法科당
學門部와 政治學部 法
律學部의문 학부인데 재
강은 十二월八일부터마
한다

단국대학 개교 사실을 보도한 환국속간 《독립신문》 기사(1947. 12. 3). 《독립신문》은 대한민국임시정부의 기관지였다.

1948년 6월 단국대학 전문부 제1회 졸업식에서 축사하는 백범 김구 선생

1963년 정부로부터 건국공로훈장(독립장)을 받은 후 한국관에서 찍은 기념 사진. 원 안이 범정, 맨 앞줄 가운데 선글라스를 끼고 앉은 사람은 박정희 대통령

1963년 3·1절 기념식에 참석한 범정 장형 선생

범정 장형 선생 연보

1889. 1.18	평북 용천(龍川) 출생
1905. 8	동명중학교(東明中學校) 입학
1908. 3	동명중학교 졸업
1908. 4	보성전문학교(普成專門學校) 법과 입학(장도빈과 동기)
1909. 9	보성전문학교 법과 중퇴
1909~1910	양기탁 · 유동열 · 김구 · 이시영 등에게 독립운동 자금 제공
1911. 2	105인 사건으로 만주로 망명(신흥강습소에서 독립군 훈련을 받은 것으로 보임)
1914	심양-단동-평양-경성을 오가며, 애국청년들을 모아 신흥무관학교에 입교시키는 활동 - 1914년 10월 평양헌병대장의 정보보고서에서 범정을 '독립운동가 청년들 사이에서 유력한 자'로 지목
1919	3 · 1운동 이후, 이극 · 안창하 · 이진산 · 전덕명 · 전덕원 · 오동진 · 오광선 · 송병조 · 이시영 등 만주 및 대한민국임시정부 요인들에게 군자금 전달
1921. 6	상공진흥회(商工振興會) 본부회장에 피선
1921. 8	반도고학생친목회(半島苦學生親睦會) 조직, 총재 취임.
1921. 9	대한민국임시정부가 국내 각 단체 대표의 서명을 받아 미국 워싱턴에서 개최된 태평양회의에 제출한「한국인민치태평양회의서(韓國人民致太平洋會議書)」에 반도고학회 대표로 서명

1921.12~1922. 5	반도고학생친목회 명의로 전국 각지를 순회하며 여운홍과 함께 계몽강연
1927. 8~1933. 2	만주 길림성 선만토지개간(鮮滿土地開墾)(주) 사장. 만주 거주 조선인들의 자생을 위해서 양기탁이 설립한 농민호조사의 실행조직
1930	신의주에서 한의사로 위장하고 군자금 모집 중 일경에 피체. 신의주형무소에서 1년 징역형
1938	만주 길림성 반석현 연통산진에 정미소 설립. 독립운동자금 조성(단동에서는 조카 김제현이 미곡상 운영)
	경성 내수동에서 한의사로 위장하고 군자금 모집 중 일경에 피체. 서대문형무소에서 1년 징역형
1945	길림에서 해방 맞음. 심양으로 가 대한민국임시정부에서 만주지역 한인들의 생명과 재산을 보호하라는 명령을 받고 와 있던 김홍일 장군을 만남. 김홍일이 대한민국임시정부가 환국하였으니 국내로 들어가 백범 김구 주석을 도우라며 통행증을 발급해 줌
1946. 3	대한민국임시정부가 대학 설립을 위해 조직한 국민대학 설립기성회(고문: 주석 김구, 명예회장: 외무부장 조소앙, 회장: 내무부장 신익희)에 독립운동계를 대표하는 이사로 참여
1946. 8	국민동지회(國民同志會) 창설. 회장 취임
1946. 9. 1	국민대학관 개교. 이사장 취임(학장 신익희)
1947. 3~1948	김구 선생과 건국실천원양성소(建國實踐員養成所)를 설립 운영(소장: 김구, 이사장: 장형)
1947. 7	국민대학관 학장 신익희가 한국독립당을 탈당하여 한국민주당 입당. 범정은 이를 대한민국임시정부와 김구 선생에 대한 배신행위로 간주하고 국민대학관과 결별

1947. 9	김구 · 안재홍 · 안호상 · 장도빈 등과 협의하여 대한민국임시정부와 백범 김구의 독립정신을 계승한 대학을 설립하기로 하고 단국대학설립준비위원회 결성
1947.11	단국대학 설립. 이사장 취임
1947.12	미군정청 문교부에서 단국대학을 문교부 인가 20대 정규대학으로 선정 발표
1948. 1	김구 선생이 내수동 자택을 방문하여 범정의 교육사업을 격려
1948. 4~1957. 8	단국대학 부속 대학통신교육부 창설. 전국 근로독학생, 국방부로부터 큰 인기를 끌어 '국민개학(國民皆學)'이라는 대한민국임시정부 및 범정의 교육 이상을 실현
1948. 6	김구 선생이 단국대 전문부 제1회 졸업식에 참석하여 축사
1948. 9	이승만 · 이시영 · 김구 · 김규식 등과 전국통일학생총연맹(全國統一學生總聯盟) 조직. 직접지도위원으로 활동(남북통일, 조국광복 지향)
1952. 8	충남 서산의 염전용 토지를 수익용 재산으로 확정하여, 문교부장 인가 취득
1953. 9	단국제염공사 설립. 염전 외곽 제방공사와 부대시설 확충
1955. 4~1964	《경향신문》, 《조선일보》, 《동아일보》에서 범정의 사회적 선행을 50여 차례 이상 보도
1956. 5	소금 최초 생산(단국대학의 수익용 사업으로 크게 기여)
1956	대한순국충렬기념사업협회 상임부위원장(위원장: 함태영 부통령, 위원: 이갑성, 김법린)
1957.10	개천절을 맞아 한남동 교내에 단군을 모시는 국조전(國祖殿)과 순국선열 봉안묘사(奉安廟祠)의 정초식(定

	礎式) 거행. 국조 단군의 평화적이며 진취적인 홍익인간(弘益人間)의 이상을 재천명
1958~61	평북도민회장 역임
1959. 5	애국지사위안회 개최(장소: 단국대). 생존 항일투사 30명 참석
1960	김홍일 장군과 민강회(民强會) 창설. 회장 취임(민권강화, 도의 앙양, 민주정치 건립 지향)
1961. 9	독립투사친목회 결성(단국대학이 순국선열 자녀 교육에 최선을 다할 것을 천명)
1963. 3	독립운동의 공로를 인정받아 정부로부터 건국훈장(독립장) 수훈
1963. 3	독립투사자녀장학회 창립(독립 유공자로서 받을 연금 전액과 사재를 더하여 장학회 기금으로 제공)
1964.12.30.	영면(永眠)

차 례

범정 장형의 독립운동과 그 위상

박 성 순*

1. 머리말

단국대학은 해방 후 최초로 설립된 정규 4년제 사립대학이다. 단국대학을 설립한 범정(梵亭) 장형(張炯, 1889~1964)은 일제강점기에 독립운동 일선에서 활동하였던 독립운동가였다. 장형은 군자금 모집의 공적을 인정받아 1963년 대한민국 정부로부터 건국공로훈장(建國功勞勳章) 단장(單章, 현재 독립장)을 수여받았다. 그렇지만 독립운동가로서 장형의 구체적인 공적은 물론이고, 단국대학이 독립운동가에 의해 설립된 대학이라는 사실은 잘 알려져 있지 않다.

장형의 생애를 정리하고자 하는 시도가 없지는 않았다. 1959년 장형의 고희 기념사업의 일환으로 단국대학에서 고병국(高秉國) 학장(學長)을 위원장으로 하는 전기편찬위원회가 조직되었다. 이 전기는 당초 국판(菊版) 2백 쪽 분량으로 기획되었지만, 결국 편찬되지 못하였다. 1986년에 장형을 따르던 후학들이 그에게서 들은 이야기를 모아 『범정언행록(梵亭言行錄)』을[1] 발간하였다. 이

* 단국대 교양기초교육원 교수

1) 梵亭惠堂紀念事業會, 『梵亭言行錄』, 檀國人會, 1986.

책에 처음으로 「범정장형연보(梵亭張炯年譜)」가 첨부되었다. 그러나 「연보」의 독립운동 부분은 정확한 자료가 뒷받침되지 않아서 대단히 소략했다. 더구나 잘못된 내용들도 있었다.[2] 1997년에 교육학 전공의 황원영 교수가 쓴 『범정(梵亭)의 교육철학(教育哲學)』도[3] 책 앞머리에 『범정언행록』의 기존 「연보」를 그대로 붙였고, 내용 서술에 있어서도 구체적인 관련 자료를 전혀 이용하지 못했다.

필자는 그동안 장형과 관련된 자료들을 본격적으로 수집 정리하면서, 장형에 대한 정확하고도 체계적인 이해가 무엇보다도 시급함을 느꼈다. 단국대학의 설립자라는 의미를 넘어서 그가 한국 근현대사에서 독립운동가로서, 사회운동가로서 끼친 행적이 대단히 이채로웠기 때문이다. 한평생을 통해 드러나는 그의 대승적(大乘的)이고 박애적(博愛的)인 기품은 새로운 사상사적(思想史的) 조명을 요구하는 것이라 해도 과언이 아니다. 그러나 지면 관계상 본고에서는 우선 장형의 독립운동 부분만을 검토해 보기로 한다. 지금까지 수집된 자료들만을 중심으로 장형의 독립운동 활동상을 살펴보는 것이어서 그의 진면목을 모두 드러내기에는 부족함이 있을 것이다. 따라서 말미에 본 연구에서 미비한 점들을 언급하여 앞으로의 과제로 삼도록 하겠다.

---

2) 『한국민족문화대백과사전』이나 『위키백과』의 張炯 조를 살펴보아도 마찬가지이다. 정확한 자료를 근거로 하지 않았기 때문에 장형의 만주행(滿洲行)과 독립운동에 관련된 부분에서 서로 상이한 내용들이 기재되어 있다. 그나마 『梵亭言行錄』의 출간에 힘입어 생전의 풍모를 짐작할 수 있다는 점은 매우 다행스러운 일이다. 본고 역시 『梵亭言行錄』에 힘입은 바 크다.

3) 황원영, 『梵亭의 教育哲學』, 단국대학교출판부, 1997.

2. 국망과 장형의 만주행

장형은 '인동(仁同) 장씨(張氏) 창익(昌翼) 진사공(進士公)의 차남(次男)으로 평안북도(平安北道) 용천군(龍川郡)에서 출생(出生)'[4] 하였다. 장형의 고향이 선천(宣川)으로 기술된 자료도 적지 않지만, 대체적으로 용천 태생인 것으로 받아들여지고 있다.[5]

장형은 1894년부터 1905년까지 서당에서 한학(漢學)을 수학하였다. 1905년 8월에 사립 동명중학교(東明中學校)에 입학해서 1908년 3월에 졸업하였다. 1908년 4월에 보성전문학교(普成專門學校) 법과(法科)에 입학하였다.[6] 보성전문학교는 원래 학칙상 2학기제

---

4) 『檀國大學校三十年史』, 단국대학교출판부, 1977, 8쪽.

5) 張炯의 본적을 '宣川郡 宣川面 川北洞 190번지'로 기록하고 있는 자료는 그의 피체 사실을 보도한 《東亞日報》 1930년 9월 4일자 기사와 1938·1939년 재판기록들(필사본, 재판원본, 재판등본, 상고기각)이다. 그 외에도 《檀大學報》 1956년 2월 15일자 기사와, '宣川郡 宣川邑 明治洞'으로 기재한 「梵亭履歷書(筆寫本)」가 있다. 이와 반대로 1914년 평양헌병대장이 작성한 극비문서에는 '龍川郡 (內下面) 大成里'로, 국가보훈처 포상자 공적조서에는 '龍川郡 北中面 龍井里'로 되어 있다. 그 외 《東亞日報》 1963년 3월 1일자 기사, 《檀大新聞》 1965년 3월 15일자 기사, 『獨立有功者功勳錄』, 『위키백과』, 『한국민족문화대백과사전』, 독립기념관 정보자료 등을 비롯하여, 《평북민보》 1956년 4월 25일자 및 1965년 1월 31일자에도 용천 출신으로 기술되어 있다. 張炯은 '58년부터 '61년까지 평북도민회장을 역임하였다. 평안북도 龍川郡民會에서 발행한 『龍川郡誌』(1998)에는 張炯을 '龍川郡을 빛낸 人物' 조에 수록하고, 그의 본적을 龍川郡 外下面 倣美洞으로 기술하고 있다. 그러나 그 내용면에 있어서는 『梵亭言行錄』의 「梵亭張炯年譜」를 그대로 전재한 것이어서, 사실의 오류와 오자가 적지 않다.

6) 「梵亭履歷書(筆寫本)」.(「범정이력서」는 여러 장의 필사본이 전해진다.

로 운영되었다. 제1학기는 2월 15일부터 7월 14일까지로, 제2학기는 9월 5일부터 다음 해 2월 14일까지였다.[7] 그렇지만 매년 학사일정에 유동이 있었다.[8]

그런데 장형은 학업을 중도에서 포기해야만 했다. 국운이 기울어가는 것을 보고 더 이상 편안히 학업에 몰두할 수 없었던 것이다. 장형이 언제 보성전문학교를 중퇴했는지에 대해서는 이설(異說)이 분분하다. 『단국대학교삼십년사(檀國大學校三十年史)』는 장형이 "1908년에 보성전문학교에 입학하여 1911년 2월까지 동교 3학년에 재학하다가 학업을 중단"하였다고 기술하였다.[9] 『범정언행록』의 「연보」도 장형이 1911년 2월에 보성전문학교를 자퇴했다고 서술하고 있다.[10]

글씨체가 모두 다른 것으로 보아 여러 사람이 필사한 것으로 보인다. 내용상으로도 약간의 차이를 보이고 있는데, 하나는 장형이 보성전문을 1909년 9월에 중퇴했다는 것과, 또 하나는 1911년 2월에 중퇴했다고 기술한 두 가지 종류가 전해지고 있다. 이중 필자는 1909년 9월 중퇴설을 채택하였다. 1911년 2월 중퇴설은 당시의 정황과 들어맞지 않는다. 그 이유는 본문에서 자세히 설명하였다.)

7) 『고려대학교100년사I』, 고대출판부, 2008, 157쪽.

8) 1908년도 보성전문학교 입학시험은 2월 25일에 치러졌는데, 개학 예정일자는 3월 5일이었다. 그러나 지원자가 미달하여 2월 28일에 재시험을 치렀고, 3월 1일에는 자퇴자가 4·50명에 이른다는 이유로 1학년 150명을 추가로 모집하였다.(『고려대학교100년사 자료집1』, 고대출판부, 2005, 156, 162~163쪽)

9) 『檀國大學校三十年史』, 단국대학교출판부, 1977, 8쪽.

10) 梵亭惠堂紀念事業會, 『梵亭言行錄』, 檀國人會, 1986, 635쪽; 그밖에 『위키백과』에는 장형이 "보성전문학교 재학중 1910년 국권이 피탈되자 학업을 중단하고 만주로 건너가 독립운동에 투신"했다고 기재되어 있고, 한국정신문화연구원에서 출간한 『한국민족문화대백과사전』(19권, 1991)

그렇지만 이는 당시의 상황과 잘 맞지 않는 설명이다. 당시 보성전문학교는 3년제로 운영되고 있었기 때문이다.[11] 그러므로 1911년 2월이면 장형은 중퇴가 아닌 졸업을 한 상태이어야 옳다. 그러나 현전하는 보성전문 법과 졸업생 명단에는 장형[본명 장세담(張世淡)]의 이름이 기재되어 있지 않다. 그런 측면들을 고려해 보면, 장형은 그의 「이력서」에 기재된 대로 1909년 9월에 자퇴한 것이 맞다.[12]

보성전문학교는 배일적(排日的) 색채가 짙은 학교였다.[13] 더구나 1909년에는 기유각서(7.12)의 체결로 대한제국의 사법권이 일제에 이양되었기 때문에 법과 학생들의 울분은 더욱 격렬하였다. 보성전문학교 법과에 재학 중이던 장도빈(張道斌)의 회고에 의하면, 당시는 학생들이 나라를 구할 방책에 고심하느라 학업을 제대로 수행할 수가 없었고, 실제로 많은 학생들이 이때 자퇴를 고려하는 분위기였다고 한다.[14] 그러한 분위기를 반영하듯, 장형이 자

에는 장형이 "1908년 보성전문학교에 입학하여 1910년 졸업 후 만주로 건너가 독립운동에 투신"했다고 기재되어 있다. 모두 장형의 학업 중단과 도만(渡滿)에 대한 부정확한 인식을 보여준다.

11) 설립 당시 2년제였던 보성전문은 1907년부터 3년제로 전환하였다.(『고려대학교100년사I』, 고대출판부, 2008, 60, 71쪽)

12) 장형과 같이 보성전문 법과 4회 동기였던 장도빈은 1911년 2월 15일자로 보성전문학교를 졸업한 것으로 되어 있다(『고려대학교100년사I』, 고대출판부, 2008, 60쪽; 『고려대학교교우회100년사1907~2007)』, 고려대학교교우회, 2007, 123쪽; 『고려대학교교우회100년사 자료집』, 고려대학교교우회, 2008, 585쪽). 장형이 중퇴하지 않았다면, 그도 장도빈과 마찬가지로 1911년 2월에 졸업한 것으로 기록되었을 것이다.

13) "창설자 李容翊이 이름난 排日 정치가였기 때문에 학교 교육방침도 배일로 일관했다."(『고려대학교100년사I』, 고대출판부, 2008, 157쪽)

퇴하던 1909년에 보성전문학교에서는 단 한 사람의 졸업생도 배출하지 못하는 초유의 사태가 발생하였다.[15)]

학업을 중단한 장형은 곧장 당시 대표적인 항일 단체였던 신민회(新民會)의 비밀회원으로서 활동하였다. 1909년에서 1910년 당시, 청년 장형은 나름대로 수완을 발휘하여 독립운동 자금을 마련한 후 신민회의 지도자였던 양기탁(梁起鐸), 유동열(柳東說), 김구(金九), 이시영(李始榮) 등에게 제공했다.[16)]

해방 후 단국대학의 초대 학장으로 초빙되었던 장도빈(張道斌)과 장형과의 깊은 인연도 이때부터 시작되었던 것 같다. 장형과 함께 보성전문 법과의 입학 동기였던 장도빈은 신민회 청년활동 단체인 한성연회(漢城聯會)에서 핵심 인물로 활동하였다.[17)] 한성연회는 신민회의 합법적 청년단체인 청년학우회(青年學友會)의 지

---

14) 金重熙 編著, 『汕耘 張道斌』, 山耘學術文化財團, 1985, 97쪽. "그날 밤의 토론은 일본 통치로 나라가 기울고 정부 기능이 점점 골격을 잃어가는 데 대한 울분과 규탄이었다. 그중에서도 일본의 사법권에 대한 부당한 탄압과 간섭이었다. 술자리를 같이 한 학생 전부가 더 이상 한국 사법부를 무능하게 만들면 법과 공부를 집어치워야 한다는 중론으로 기울어졌다. '이 판에 법관이 되면 뭘하고 변호사가 되면 뭘해!'. '그래, 우리 사법부는 을사조약 때 뼈가 빠지고 정미칠조약 때 살이 문드러졌어. 그러니 이제 남은 것은 그림자요 허수아비라고! 모두 그만두자구! 왜놈 밑에서 노예처럼 살 수는 없단 말이야!' 학생들의 여론은 법과 공부를 그만두자는 강경론으로 기울어졌다."

15) 『고려대학교교우회100년사 자료집』, 고려대학교교우회, 2008, 18쪽.

16) 金承學, 『韓國獨立史』(下卷), 獨立文化社, 1970(증보판), 252쪽; 『獨立有功者功勳錄』4, 國家報勳處, 1987, 868쪽; 「國家報勳處 褒賞者 功績調書」(國家報勳處).

17) 『고려대학교교우회100년사1907~2007』, 고려대학교교우회, 2007, 126쪽.

방조직이었다. 더구나 장도빈은 보성전문 재학 당시에도 양기탁이 세운 대한매일신보사(大韓每日申報社)의 현직 기자로서 활동하면서 양기탁의 구국사업을 돕고 있었다. 장형은 신민회 지도자들의 운동자금을 조달하고 있었으므로, 장형과 장도빈은 신민회 활동을 매개로 굳게 결속되어 있던 셈이다. 해방 후 장도빈이 "나는 장이사장[張理事長, 장형(張炯)]하고 청년시절부터 잘 알고 지냈다"라고[18] 회고한 것은 이런 정황을 대변한다.

장형은 보성전문학교에 다니면서 손병희(孫秉熙)와 안창호(安昌浩)의 가르침을 통해서 구국의 의지를 배양하였다.[19] 손병희는 장형이 보성전문에 재학 당시 교주는 아니었지만, 실질적인 소유주나 다름없는 상태였다. 보성전문의 설립자인 이용익(李容翊)이 1907년에 사망한 후 손자 이종호(李鍾浩)가 운영을 맡았으나, 경영난을 면치 못했다. 급기야 이종호는 1910년 해외로 나가고, 윤익선 · 박중화 등이 1년 정도 학교를 유지하다가 결국 1910년 12월에 천도교주 손병희에게 학교를 넘겼다.[20]

손병희는 이미 보성전문학교가 경영난에 빠지는 1906년부터 꾸준히 의연금을 지급하여 학생들의 학업을 장려하였다. 손병희는 보전 외에도 서울 내외의 사립학교 23개 교를 지원하고 있었는데, 그중에서도 보전에 가장 많은 보조금을 투입했다.[21] 장형은

---

18) 《檀大學報》, 1957.11.3.

19) 李錫奎의 증언에 의하면, 장형은 義菴 孫秉熙 선생, 島山 安昌浩 선생 등과 親交하면서 나라를 근심 걱정하던 이야기를 들려주었다고 한다.(『梵亭言行錄』, 檀國人會, 1986, 557쪽)

20) 《每日申報》 1918년 10월 17일자; 『고려대학교교우회100년사 자료집』, 고려대학교교우회, 2008, 532, 559쪽.

보전을 후원하는 손병희를 존경하고 따랐다. 장형은 훗날 "손병희는 돈을 모아 개인의 영달을 꿈꾸지 않고 보성학교는 물론 3·1 운동을 일으키는 등 국가 민족을 위해서 (모든 것을) 훨훨 내던진 국사(國士)였다"고 회고하였다.[22)]

안창호(安昌浩)는 1907년 2월 미국에서 귀국한 뒤 3월부터 한 달 간 평양에 체류하면서 당시 평안도관찰사 이시영 등 평안도지방 지사들과 접촉하고, 국권 회복과 관련된 강연회를 열었다. 평안도 여행 후 4월 초에 대한매일신보사 총무 양기탁을 만나 신민회를 조직하였다. 신민회 총감독에 양기탁, 총서기에 이동녕, 재무에 전덕기, 집행원에 안창호였다.[23)] 안창호가 보성전문과 인연을 맺은 것은 1908년부터였다. 이종호가 안창호를 존경해서 그해 7월에 안창호를 보성전문 친목회 고문으로 추대한 것이다.[24)] 안창호와 장형은 보성 친목회를 매개로 하여 인연을 맺었던 것으로 보인다. 보성친목회는 재학생들도 모두 참여하는 조직이었다.

장형은 이 당시 안창호가 행한 애국 계몽 연설에 큰 감화를 입었다. 장형의 회고에 의하면, 안창호의 실력양성론은 훗날 장형이 대학을 설립하는 촉매제가 되었다.

> 내가 젊었을 때는 우리나라가 개화기였지. 우리는 그때 배우지 못하였으므로 세상 물정에 어두웠고, 어두웠기 때문에 눈이 밝은 일본사람들에게 나라를 빼앗겼던 것이야. 그래서 도산 안창호는

---

21) 《皇城新聞》 1906년 3월 11, 15, 19일자.

22) 『梵亭言行錄』, 檀國人會, 1986, 78쪽.

23) 愼鏞廈, 『韓國民族獨立運動史硏究』, 乙酉文化社, 1985, 23~24쪽.

24) 《大韓每日申報》 1908년 7월 29일자.

> '배워야 산다'면서 각 지방을 두루 다니며 계몽 강연을 하였고, 그 강연을 들은 사람들은 모두 자기 마을에다가 사립학교를 설립하였던 것이네. 내가 단국대학을 설립한 동기도 바로 여기에 있는 것이야. 이 나라 청년 남녀들에게 높은 지식을 가르쳐 이 나라를 세계 일등 국가로 만들기 위한 꿈이 있었기 때문일세.[25)]

그러나 학교까지 자퇴하고 구국운동에 매진하던 장형의 활동은 위기에 봉착하게 된다. 1911년 1월 일제가 날조한 105인 사건으로 인해서, 장형이 운동자금을 제공하던 양기탁과 유동열 등 신민회 회원들이 대거 검거되었기 때문이다. 장형은 당시에 불어 닥친 신민회원 검거 열풍을 피하기 위해서라도 지체 없이 망명의 길을 택하는 방법 외에는 다른 방도가 없었다.[26)]

1911년 2월 장형은 손병희에게 이국(離國) 인사를 드리고 만주로 잠입했다.[27)] 이때 손병희는 장형에게 망명자금을 제공해 주었

25) 『梵亭言行錄』, 檀國人會, 1986, 621쪽.

26) 장도빈도 이때 105인 사건에 연루되자 노령 新韓村으로 망명하였다. (『독립유공자공훈록』 9, 국가보훈처, 1991, 396쪽)

27) 『檀國大學校三十年史』, 단국대학교출판부, 1977, 11쪽에는 장형이 "손병희와 안창호에게만 이국(離國) 인사를 드리고 학우와 고향사람 및 친지들에게도 일절 알리지 않은 채 만주로 잠입했다"라고 되어 있다. 그러나 이 당시 안창호는 국외에서 무관학교를 설치한다는 신민회의 결정에 따라 이미 한국을 빠져나간 뒤였다. 1910년 4월 14일 중국 상선을 타고 몽금포를 출발한 안창호는 威海-烟台-天津-北京을 거쳐 7월 초 개최된 青島 회의에 참석하였다. 1910년 8월 24일 블라디보스토크에 도착한 안창호는 1911년 2월 7일 안정근·장경과 함께 독립군 기지 후보지로 선정한 북만주 밀산 지역을 둘러보고 있었다(이태복, 『도산 안창호 평전』, 동녘, 2006, 172~189쪽). 그러나 1927년 길림성에서 안창호와 양기탁이 중심이 되어 農民互助社를 설립했을 때 장형이

다.[28] 그리고 독립운동에서 가장 중요한 것은 군자금을 조달하는 일이니만큼, 장형이 앞으로 그 일을 담당해 줄 것을 당부하였다고 한다.[29] 손병희는 거물급 인사답게, 사람들을 잘 설득할 뿐 아니라 자금을 모집하는 데 남다른 재주를 지닌 장형의 비범함을 꿰뚫어 본 것이다. 장형은 이때를 "나에게 조국을 위해 독립운동을 하게 일깨워주신 손병희 선생 등 여러 어른들이 없었다면 내가 지금쯤 무엇이 되어 어디서 무슨 짓을 하고 있을지 알 수 없네" 라고[30] 회고하였다.

3. 장형의 독립운동

1) 1914년의 특무공작

장형이 1911년 2월 만주로 망명하여 몸담은 곳은 독립운동가들이 세운 무관학교(武官學校)였을 개연성이 높다. 대한제국이 주권을 상실하는 1910년부터 만주에 무관학교를 설립하려는 계획이 신민회 인사들에 의해서 추진되었다.

1910년 4월 보성전문학교 교주 이종호가 안창호 · 이갑(李甲) · 이동녕(李東寧) · 유동열 · 신채호(申采浩) · 조성환(曺成煥) · 최석하

관련되었던 것으로 보아 안창호와의 유대는 지속되었던 것으로 보인다.

28) 『梵亭言行錄』, 檀國人會, 1986, 53쪽.

29) 中齋 張忠植 명예총장 증언(2012년 8월 28일 명예총장실)

30) 『梵亭言行錄』, 檀國人會, 1986, 205쪽.

(崔錫夏)·이회영(李會榮)·김희선(金羲善)·김지간(金志侃) 등 신민회 간부들과 함께 출국하여 비밀리에 청도(靑島)에서 합류한 것도 신한민촌(新韓民村)을 건설하고 무관학교를 창건하려는 계획의 일환이었다. 그러나 이종호는 신민회 독립군 기지 창건 사업 자금을 위해 이용익이 상해 덕화은행(德華銀行)에 예치한 거액의 예금(3만~5만 원설)을 인출하려다 실패하였다.[31]

신민회 총감독 양기탁은 1910년 국망 후 신민회 간부인 김구·이동녕(李東寧)·안태국(安泰國)·주진수(朱鎭洙)·김도희(金道熙)·이승훈(李昇薰)과 밀의하여 만주에 무관학교를 설립하려다가 1911년 105인사건으로 구속되는 바람에 뜻을 이루지 못했다.[32] 다행히 신민회원인 이시영 일가와 몇몇 동지들이 국망 직후에 유하현(柳河縣) 삼원포(三源浦)에서 경학사(耕學社)를 결성하고, 시급한 군사 양성을 위해서 신흥강습소(新興講習所)를 설립하여 졸업생들을 배출하고 있었다.[33] 신흥강습소의 '신흥'이란 명칭은 바

31) 『고려대학교교우회100년사1907~2007』, 고려대학교교우회, 2007, 127쪽.

32) 金承學, 『韓國獨立史』(下卷), 獨立文化社, 1970(증보판), 252쪽.

33) 耕學社의 설립은 1910년 4월설(채근식, 『무장독립운동비사』, 대한민국 공보처, 1948, 47~48쪽)이 있으나, 현재는 대체로 1911년 4월설이 수용되고 있다. 김승학은 경학사가 1910년 7월에 결성되었고, 그후 신흥강습소가 1911년 4월까지 50여 명의 졸업생을 배출한 것으로 보았다(金承學 편저, 『韓國獨立史』, 獨立文化社, 1965, 347쪽). 그러나 신흥강습소의 첫 번째 졸업생 배출에 대해서는 아직까지 이설이 분분하다. 원병상은 『신동아』와 『독립운동사자료집』10에 수록된 글에서 1911년 12월 제1회 특기생이 배출되었다고 썼다. 이관직은 1912년 가을에 속성 특과인 군사학 과정 수명이 졸업했다고 했고, 이은숙은 「우당 이회영 약전」에서 11명이 1912년 가을 특별과 수료생으로 졸업한 것이 만

로 장형이 몸담았던 신민회의 '신(新)'자와 다시 일어나는 구국 투쟁이라는 의미의 '흥(興)'자를 합한[34] 것이다. 장형이 찾아간 곳은 이곳이었을 것이다.

『범정언행록』, 「범정장형연보」에 의하면, 1911년부터 1945년까지 범정이 "재만(在滿) 독립군(獨立軍) 남선북마독립군(南船北馬獨立軍)에 참가"하였고, "남선북마독립군 군자금(軍資金) 조달책(調達責)의 중임(重任)을 맡아 만주[滿州, 주(洲)]와 북지일대(北支一帶)에서 활동(活動)하면서 군자금공작(軍資金工作)을 위해 압록강(鴨綠江), 두만강(豆滿江)을 넘나들"었다고[35] 한다. 그러나 이 기록은 신빙성이 높지 않다.

첫째 한국독립운동사(韓國獨立運動史)에서 '남선북마독립군'이란 조직은 알려진 바가 없다. 둘째 설혹 남선북마독립군이란 조직이 있었다고 하더라도 1911년부터 1945년까지 만주에서 존재한다는 것은 불가능했다. 그 긴 시간 동안 친일 밀정을 앞세운 일제의 정보망에 포착되지 않을 수 없었을 테고, 발각된 뒤에는 관동군에 의해서 파괴되었을 것이다. 셋째 장형 관련 자료를 검토해본 결과, 그가 조직하거나 관여했던 단체 중에 그런 명칭의 독립운동기관은 확인되지 않는다.

그럼에도 불구하고 '남선북마독립군'이라는 말이 어엿하게 「연

주에서 한인을 군사교육시킨 효시라고 썼다. 서중석은 원병상의 견해를 채용하여 1911년 말경에 제1기생이 속성 졸업한 것으로 보았다.(서중석, 『신흥무관학교와 망명자들』, 역사비평사, 2000, 106쪽)

34) 서중석, 『신흥무관학교와 망명자들』, 역사비평사, 2000, 105쪽.

35) 『梵亭言行錄』, 檀國人會, 1986, 635~636쪽; 황원영, 『梵亭의 教育哲學』, 단국대학교출판부, 1997, 45쪽.

보」에 실렸던 것은 아마도 장형이 말한 '남선북마'의 뜻이 와전된 때문일 것으로 사료된다. '남선북마'란 "중국의 지세(地勢)가 남쪽은 강이 많아서 주로 배를 타고, 북쪽은 평지(平地)가 많아서 주로 말을 탄다는 뜻으로, 항상 여행하거나 분주히 사방으로 돌아다님"을[36] 이르는 한자숙어(漢字熟語)이다. 7세 때부터 10년 넘게 서당엘 다녀 한학에 능통했던 장형이 후학들에게 자신의 과거를 회고하다가 "내레 남선북마 독립군이었디." 즉 "내가 중국과 만주 일대를 안 가본 데 없이 다니면서 활동한 독립군이었다."는 뜻으로 한 말을, 받아 적는 사람들이 오해하여 '남선북마독립군' 부대로 둔갑시킨 것이다. 장형이 남선북마독립군이란 용어를 사용한 것은 조국의 독립을 위해서 어디고 거칠 것 없이 단신으로 누비고 다녔던 자신의 한 몸을 상징적으로 은유한 것으로 봄이 타당하다.

1911년 만주로 건너간 장형이 일제의 극비 정보 문서를 통해서 그 실체를 드러낸 것은 1914년이었다. 평양헌병대장이 작성하여 조선주차헌병대사령부를 거쳐 조선총독 데라우찌 마사타케(寺內正毅)에게 보고한 「不平鮮人ノ行動等ニ關スル件」[37]이라는 극비 문서가 그것이다.

이 자료에 의하면, 1910년 경술국치 이후에 많은 청년들이 조국 광복의 염원을 가슴에 안고 국외 망명을 시도하였다. 그들의

---

36) 民衆書林 編輯局 編, 『漢韓大字典』, 民衆書林, 1997(2판), 342쪽.

37) 이 자료는 1914년 평양 일대에서 군자금 모집 활동을 하던 南昌浩 등이 검거되면서, 평양헌병대장 지휘로 평양, 신의주, 중국 안동, 봉천 등지에서 활약하던 독립운동가들의 활동상을 조사하여 조선총독 寺內正毅에게 보고한 비밀문서이다.

망명 의도는 국권 회복에 뜻을 두거나 혹은 독립군을 양성하는 무관학교에 들어가려는 것이었다.[38] 망명을 시도하는 청년들 중에는 당시의 지식인 계층이라 할 수 있는 학생들이 많았다. 경성의 보성전문학교 학생들은 물론이고, 평양의 대성학교, 숭실학교, 숭덕학교 출신의 학생들도 다수 있었다. 그밖에 친일 순사보로 근무하거나 단순 생계에 종사하던 청년들도 다수가 망명을 택했다.

국내의 청년들이 생면부지의 만주땅으로 국외 탈출을 시도할 때 필요했던 것은 그들을 무사히 독립운동 기지로 안내할 수 있는 유능한 독립운동가들이었다. 일제 헌병대는 그 독립운동가들을 '연락 기관'이라고 불렀다. 훗날 임시정부가 수립된 이후에는 이들과 같이 중요하면서도 위험한 임무를 수행하는 요원들을 통틀어 '특무대원'이라고 불렀다. 이 자료에서는 장형의 특무활동이 다른 어떤 인물보다도 두드러지게 기록되어 있다.

1914년 당시 보성전문학교 학생이었던 김연우(金淵祐, 17세)와 고정식(高正植, 18세) 두 사람이 국외 망명을 시도하였다. 이들이 평양의 설암리 객주 윤봉천(尹鳳千) 집에서 투숙한 후 안동현(현 단동)에 도착하자, 장형이 동지 두 명과 함께 나타나서 이들을 안동현 대동운송회사(大同運送會社) 신덕준(申德俊)의 거처로 데려갔다. 거기서 다시 봉천(현 심양) 소북문 안 동순창사(東順昌事)의 신재정(辛在政) 집으로 가 투숙한 다음 상인으로 위장한 이흘(李仡)에게 학생들을 맡겨 길림 방면으로 출발하게 하였다.[39] 평양 헌병대는 이와 같은 코스를 거쳐 망명하는 청년들이 향하는 곳은

38) 「不平鮮人ノ行動等ニ關スル件」, 1914.10.24, 177쪽.

39) 「不平鮮人ノ行動等ニ關スル件」, 1914.10.24, 154~156쪽.

동청철도 동쪽 끝 소수분(小綏芬)에서 조선인 무관 양성을 목적으로 하는 호분학교(虎賁學校)일 것으로 추정하였다.[40)]

평양헌병대는 조사 결과 "장세담은 불령선인 청년들 사이에서 유력한 자로서, 항상 경성·안동현(단동)·봉천(심양) 등지를 왕복하면서 불평 동지를 규합하는 데 힘을 기울이고 있다"는 사실을 알아내었다.[41)] '장세담'은 장형의 본명이고, '불령선인'이란 일제가 독립운동가를 비하해서 부르던 용어였다. 요컨대 장형은 1914년 당시 젊은 청년 독립운동가들 중에서도 대단히 중요한 위치를 차지하고 있던 인물이었음이 드러난 것이다.

1910년대는 독립운동의 준비기에 해당하는 시기이기 때문에 20년대 이후와 비교해 본다면 그다지 두드러진 활동들이 거의 눈에 띄지 않는 시기였다. 그럼에도 불구하고 장형이 이렇게 이른 시기부터 적극적으로 활약하고 있었다는 사실은 주목할 만하다. 특히 이 일제 문서에 의한다면, 장형은 단순한 연락 기관의 역할만을 수행한 것이 아니다. 수시로 안동현에서 경성까지 드나들면서 실의에 빠진 청년들에게 애국사상과 독립정신을 고취시키고, 그들을 규합해서 국외로 망명시키는 일을 병행했음을 알 수 있다. 대단히 위험한 일을 신출귀몰하게 수행했던 것이다. 그러하기에 일제 헌병대는 장형을 '젊은 청년 독립운동가들 사이에서 유력한 자'로 분류하였다.

1914년 장형은 대종교인들이 조직한 독립운동 단체와의 연계하에서 활동하고 있었다. 장형의 고향인 용천군 내하면 대성리에 사

---

40) 「不平鮮人ノ行動等ニ關スル件」, 1914.10.24, 160쪽.

41) 「不平鮮人ノ行動等ニ關スル件」, 1914.10.24, 156쪽.

는 친구 이춘배(李春培)가 이 무렵에 평양 설암리 연락 기관인 윤봉천의 집에 왔다가 평양헌병대에 체포되었다. 평양헌병대는 이춘배가 장형과 같이 활동하는 독립군으로 의심하고 그를 취조하였다. 그 결과 현재 북경에 있는 전 경성 흥사단장(興士團長) 이억(李億)의 지시로 망명 학생들의 편익을 도모하고 있다는 자백을 받아냈다.[42] 이억이 경성에서 주관하였던 흥사단(興士團)은 안창호가 1913년에 만든 흥사단이 아니라, 1908년에 교육의 보급을 목적으로 설립되었다가 1910년 8월에 해산된 별도의 단체를 말한다.[43]

그런데 중요한 점은 이억이 바로 1911년에 대종교에 입교한 대종교 신도 이탁(李倬)이라는 사실이다.[44] 이춘배 또한 1910년 5월에 입교한 대종교 신도였다.[45] 장형 또한 대종교 신도였다.[46] 당시 장형은 대종교 인사들과 깊은 연관을 맺으면서 활동하였던 것이다. 대종교는 이 당시 단순한 종교가 아니라 민족운동가들에

42) 「不平鮮人ノ行動等ニ關スル件」, 1914.10.24, 157-158쪽.

43) 『한국독립운동사자료』 4(임정편 IV).

44) 『大倧教重光六十年史』, 대종교총본사, 1971, 846쪽.

45) 『大倧教重光六十年史』, 대종교총본사, 1971, 913쪽.

46) 『위키백과』에 의하면, 장형은 1914년에 대종교에 입문하여 이듬해 元老院 參議에 이르렀다고 되어 있는데, 이는 검토를 요하는 부분이다. 원로원은 대종교 최고 권위의 조직으로서, 참의가 되려면 教秩(대종교 내부 품계)이 正教에 이르러야 한다. 정교는 대종교 교질 중 두 번째로 높은 단계로 최소 8년이 지나야 자격을 얻을 수 있다(司教-正教-尙教-知教-參教). 장형의 대종교 입교 기록은 누락되어 있어 알 수 없지만, 고향 친구인 이춘배와 비슷한 시기에 입교했을 것으로 추정된다. 장형이 원로원 참의가 된 것은 1963년 1월 21일로 되어 있다.(『大倧教重光六十年史』, 대종교총본사, 1971, 948쪽)

게 독립 정신을 고취시키는 구심점 역할을 하였다. 일제 헌병대는 장형을 비롯한 독립군들이 망명 학생들을 호분학교로 인도하는 것으로 추정하였으나, 실제로 장형은 망명 학생들을 신흥강습소나 중광단(重光團)으로 보냈을 가능성이 더 높다. 신흥강습소는 1911년 대종교도 이시영이 유하현 삼원포에 설립한 무관학교로 1919년 3·1운동 이후 서로군정서로 확대되었다. 역시 대종교도인 서일(徐一)이 1911년 길림성 왕청현(汪淸縣)에 설립한 중광단 또한 3·1운동 이후 북로군정서로 확대되었다. 이후 서로군정서(西路軍政署)와 북로군정서(北路軍政署)는 상호 긴밀한 관계를 유지하면서 대일 항전을 수행하였다.

2) 1919년 이후의 군자금 조달

장형은 1919년에 이극(李極)·안창하(安昌夏)·이진산(李震山)·전덕명(全德明) 등 동지를 만주로 방문하여 군자금을 조달하였고, 이극을 통하여 전덕원(全德元)·오동진(吳東振)·오광선(吳光鮮) 등에게도 군자금을 제공하다가 수차 투옥되었다고 한다. 또 송병조(宋秉祚) 목사를 통하여 임시정부 이시영에게 군자금을 전달하였다.[47]

장형이 군자금 전달의 중간 거점으로 삼은 이극은 일제측 자료에 서로군정서 소속의 대원으로 표시되어 있다.[48] 신흥무관학교 출신으로 『독립유공자공훈록』에 등재된 이극[李剋(克)]과 동일 인

47) 金承學, 『韓國獨立史』(下卷), 獨立文化社, 1970(증보판), 252쪽.

48) 「大正十年中에 있어서 管內 不逞鮮人의 狀況」(1922년 2월 24일)

물인데, 한자(漢字)가 서로 다르게 표기된 것으로 보인다. 이극은 1911년 만주 봉천성 유하현 삼원포로 망명하여 신흥강습소 특기반 제1기로 졸업하였다. 이극은 신흥무관학교의 유술·격검 교관이었지만, 재정난에 허덕이는 학교를 위해서 전교생들과 함께 농토를 개간해서 운영비를 마련하던 재정 담당 요원이었다. 1919년 9월 일본군의 사주를 받은 마적단의 기습으로 중상을 입고 치료 중 32세로 사망하였다.[49)]

장형이 정확하게 신흥무관학교의 재정 담당이었던 이극에게 군자금을 제공한 것은 이극과의 두터운 친분 때문으로 보아야 할 것이다. 이극은 함남 북청(北靑) 사람으로 1911년 3월에 서울 오성학교(五星學校)를 졸업하였다. 장형과 인연을 맺을 수 있던 곳은 신흥강습소 시절밖에 없다. 두 사람의 만주 망명 시기가 일치한다는 점, 이극이 신흥강습소를 졸업했으며, 장형이 이극을 믿고 다른 사람에게 분배할 군자금까지 맡길 만큼 깊은 유대를 쌓아왔다는 점 등을 고려하면, 장형이 신흥강습소에서 이극과 함께 훈련을 받았던 것 같다.[50)]

장형이 군자금을 제공한 인물들은 모두가 독립운동 각 기관에서 재무 관련 업무를 담당하고 있던 재무통들이었다는 공통점이 있다. 오동진은 평북 의주 사람으로 1924년 이청천·김동삼 등과 함께 정의부를 조직한 인물이다. 오동진이 정의부에서 맡은 일은 재무부장으로서 군자금을 조달하는 것이었다.[51)]

---

49) 『독립유공자공훈록』 8, 국가보훈처, 1990, 492쪽.

50) 해방후 범정은 자신이 과거에 매우 고된 독립군 훈련을 받았음을 회고한 적이 있다. 신흥강습소 시절이었다고 사료된다.(『梵亭言行錄』, 檀國人會, 1986, 197쪽)

1919년 11월 오동진은 관전현 홍통구에서 안병찬(安炳瓚) 등과 함께 대한청년연합회를 조직하였다.[52] 대한청년연합회의 모체는 평안북도 출신들을 중심으로 해서 안동현 구시가에서 조직된 대한독립청년단이다(1919.4). 청년단장은 안병찬이었다. 1919년 8월 20일 임시정부에서 「임시지방교통사무장정」을 공포하고 교통부를 설치하면서, 안병찬을 1920년 2월 4일부로 연통제(聯通制) 도직원(道職員) 편제상 평안북도 독판으로 임명하였다. 이들은 항상 안동현 이륭양행(怡隆洋行)에 '잠재(潛在)'하면서 상해 임시정부와 소통하였다.[53] 오동진은 안동현 교통국 청년단원을 중심으로 관전현에서 외곽 조직인 광복단을 운영하면서 교통국의 기반을 유지 강화시켰다.[54] 1919년에 이극을 통하여 오동진을 후원하던 장형은 이극의 사후 직접 그와 접촉하거나, 고향 친구이자 동지인 이춘배로 하여금 오동진을 재정적으로 돕게 하였다. 장형의 군자금 조달은 임시정부 안동현 교통국의 유지에 많은 도움이 되었음은 물론이고, 이륭양행을 통해서 상해 임시정부로도 전달이 되었을 것이다. 안동현 교통국의 주임무가 임시정부에 군자금을 전달하는 것이었기 때문이다.

전덕원은 장형과 동향인 평북 용천 사람으로 의병대장 유인석의 문인이다. 국내에서 의병 활동 중 1912년 만주로 망명하였다. 1919년 3·1운동을 기회로 유하현 삼원포에서 박장호·조맹선·김평식 등과 함께 대한독립단을 조직하여 군사부장으로 무장 항

51) 『독립유공자공훈록』 4, 국가보훈처, 1987, 748쪽.

52) 『독립유공자공훈록』 4, 국가보훈처, 1987, 747쪽.

53) 『대한민국임시정부자료집별책』 2, 국사편찬위원회, 2009, 83쪽.

54) 『韓民族獨立運動史資料集』 29(義烈鬪爭 2), 「金聖澤 신문조서」.

일활동을 하였다.[55] 전덕원은 1922년 만주에 있는 여러 독립운동 단체들이 통합하여 대한통군부를 조직하였을 때에도 재무부장으로서 군자금을 조달하였다.[56]

오광선은 경기도 용인 사람으로, 일본 육사를 졸업한 이청천과 함께 만주로 망명한 후 신흥무관학교를 졸업하였다. 서로군정서 제1대대 중대장으로 활약하는 한편, 신흥무관학교 교관을 역임한 인물이다. 그후 1920년에 대한독립군의 홍범도, 서로군정서의 이청천, 북로군정서의 김좌진 등이 밀산에서 만주 독립군을 통일하여 대한독립군단을 조직하자 중대장에 임명되었다.[57]

이진산도 신흥무관학교 소속이었는데 1921년 재출발한 서로군정서에서 경리위원장을 담당하였다. 전덕명은 장형과 동향인 평북 용천 사람으로 대한통의부 재무부장이던 전덕원의 사촌동생이다. 1919년 독립단과의 연락 및 폭탄 밀수입 관계로 경찰서에서 악형을 당한 후 만주로 망명하였다. 독립단에서 활동하다가 1921년 6월 남만통일후원회를 조직했다. 1923년 참의부에 가담하여 제2중대원으로 활동하였다. 1925년 3월 16일 집안현 고마령에서 국내진입 작전 회의 중 일제 경찰의 기습을 받고 전사하였다.[58]

이시영과 송병조는 임시정부에서 주로 재정을 담당하던 인물들이었다. 이시영은 대통령제 하에서 1919년 9월 11일부터 24년 12월 17일까지 줄곧 재무총장을 역임하였다.[59] 주석제 하에서

---

55) 『독립유공자공훈록』 4, 국가보훈처, 1987, 871쪽.
56) 『독립유공자공훈록』 4, 국가보훈처, 1987, 872쪽.
57) 『독립유공자공훈록』 4, 국가보훈처, 1987, 744쪽.
58) 『독립유공자공훈록』 4, 국가보훈처, 1987, 870쪽.
59) 『대한민국임시정부자료집』 45, 국사편찬위원회, 2011, 356~359쪽.

1940년 10월 9일부터 1944년 4월 22일까지 재무담당 국무위원을 역임했다.[60] 송병조는 국무위원제 하에서 1933년 3월 6일부터 12월 30일까지 주석 겸 재무 담당 국무위원을, 1933년 12월 30일부터 1939년 10월 23일까지 재무 담당 국무위원을 역임했다.[61] 이시영은 대종교인이자 신민회원으로 장형과 통하는 부분이 많았다. 송병조는 평북 용천인으로 장형과 고향이 같았다. 장형은 주로 동향(同鄕)인 용천과 신흥무관학교 출신의 독립운동가들, 그리고 임시정부 측에 군자금을 전달하였다.

3) 태평양회의 개최와 독립청원

1921년 11월 12일부터 1922년 2월 6일까지 미국 워싱턴에서 태평양회의(太平洋會議)가 개최되었다. 태평양회의는 미국의 주도 하에 영국·프랑스·이태리·일본 등이 참가하여 해군 군비축소와 아울러 태평양 및 극동 문제를 토의하기 위해서 개최되었다. 임시정부는 이 회의에서 한국 문제가 주요 의제로 다루어질 것이라는 전망을 갖고 적극적인 외교 활동을 전개하기로 하였다.

당시 실질적으로 임시정부를 이끌었던 임시정부의정원 의장 홍진(洪震)이 이 일을 주도하였다. 1921년 8월 13일 상해교민단 사무소에서 태평양회의에 대한 외교 후원회의를 개최하고 '대태평양회의외교후원회(對太平洋會議外交後援會)'를 발족시켰다. 8월 26일 제1회 간사회에서는 태평양회의에서 독립을 승인 받도록 적극적

60) 『대한민국임시정부자료집』 45, 국사편찬위원회, 2011, 365쪽.

61) 『대한민국임시정부자료집』 45, 국사편찬위원회, 2011, 363~364쪽.

으로 활동할 것을 전제로 하고, 국내외 국민을 대상으로 한 선전 활동과 자금 모집 활동을 전개한다는 방침을 확정하였다.[62)]

임시정부에서는 이러한 사실을 국내에도 알려 국내 유력자나 반일 세력들이 이에 호응하도록 유도하였다. 그리하여 국내에서는 사회 지도급 인사들이 연명으로 날인하여 한국의 독립을 청원하는 문서를 작성하였다. 그렇게 만들어진 「한국인민치태평양회의서(韓國人民致太平洋會議書)」[63)]는 황족 대표 1명, 귀족 대표 2명을 포함하는 단체 대표 101명과 전국 지역 대표 271명 등 총 372명이 서명하였다. 일제 식민통치기 국내외에서 만들어진 각종 선언문과 청원서들 중 「태평양회의서」처럼 그 서명자들이 '한국 인민 대표', 즉 당시 국내 각계각층의 주요 인사와 지방 유지 내지 명망가들을 망라하는 형태를 띠고 있는 문서를 찾기란 쉽지 않다.[64)] 9월 하순에 작성이 완료된 이 문서는 상해 임시정부에 비밀리에 전달되었다. 임시정부는 이 문서를 다시 태평양회의에 한국 대표로 파견된 한국 대표단에게 발송하였다. 한국 대표단은 미국에서 구미위원부 요원으로 활동하던 이승만과 서재필, 정한경을 임시정부에서 각각 단장, 부단장, 서기로 임명하여 구성하였다.

상해 임시정부로부터 「태평양회의서」를 전달받은 한국 대표단은 1922년 1월 1일 이 문서를 영어 번역본과 함께 팸플릿으로 만들어 워싱턴회의 사무국과 열국 대표들에게 보내는 동시에 언

---

62) 韓詩俊, 『의회정치의 기틀을 마련한 홍진』, 탐구당, 2006, 101~103쪽.

63) 『雩南李承晩文書(東文篇)』 8, 연세대 한국학연구소, 1998, 394쪽.(이하 「태평양회의서」로 약칭)

64) 高珽休, 「「한국인민치태평양회의서」(1921)의 진위 논란과 서명인 분석」, 『한국근현대사연구』 58, 2011, 64쪽.

론에 전격 공개하였다. 그러자 워싱턴회의에 참석했던 일본 대표단은 즉각 그것이 위조된 문서라고 주장했다. 이로 말미암아 청원서의 진위 논란이 생겨났지만, 태평양회의(일명 워싱턴회의)의 종결과 더불어 그 논란도 사그라졌다. 일본의 적극적인 외교 공세로 한국 대표단의 회의 출석 자체가 봉쇄되고 한국 문제의 상정 요구 또한 거부되었기 때문이다. 미국을 위시한 서구 열강은 한국 문제를 일본의 '내정문제'로 간주했고, 「태평양회의서」 또한 열국의 주목을 받지 못했다. 조선총독부 또한 민심의 동요를 염려하여 철저한 언론통제를 통해 불문에 붙이고, 이 문서 자체를 위작(僞作)으로 폄하하여 파장을 축소하고자 하였다.[65]

이 문서는 당시 3·1운동과 파리강화회의 참가에 이어 한민속의 줄기찬 독립 의지를 세계에 알리려는 시도였다. 장형은 이 문서에 반도고학회대표(半島苦學會代表)로 서명하였다. 당시 반도고학생친목회(半島苦學生親睦會) 총재(總裁)였던 장형의 직함을 줄여서 표기한 것이다. 「태평양회의서」에서 확인되는 바는, 장형이 1920년대 한국의 독립운동계를 대표하는 주요한 인물 중 한 사람이었다는 점, 그리고 대한민국임시정부와의 연계 하에서 독립운동을 전개했다는 사실이다.

4) 반도고학생친목회의 애국 계몽 강연 활동

1921년 8월 19일 장형은 국내에서 반도고학생친목회를 조직하여 총재에 취임하였다.[66] 장형은 이 조직을 이끌고 애국 계몽 전

65) 高珽休, 위의 글, 64, 66~69쪽.

국 순회 강연을 주도하였다. 당시 《동아일보(東亞日報)》는 1921년 12월 25일부터 1922년 5월 28일까지 수십 차례에 걸쳐 진행된 반도고학생친목회의 애국 계몽 강연회 순회 내용을 상보하였다. 이에 의하면, 반도고학생친목회 애국 계몽 강연단은 안성 · 목포 · 영광 · 나주 · 정읍 · 김제 · 금천 · 조치원 · 대구 · 박천 · 정주 · 선천 · 영변 · 신의주 · 평양 · 순천 · 창원 · 마산 · 진주 · 통영 · 부산 · 김해 · 밀양 · 청도 · 대구 · 영천 · 경주 · 포항 · 왜관 · 상주 · 영동 · 청주 · 괴산 등 전국 각지를 순회하였다.

이 강연단의 주요 연사는 장형과 여운홍, 그리고 강한봉 등이었다. 범정의 강연 주제는 「우리의 급무」, 「단합의 능력」, 「깨어라 조선인아」, 「시대의 순응」, 「우리의 생로가 어덴가」, 「희망과 실행」, 「생존경쟁」, 「반이사지(反而思之)」, 「우리의 현황」, 「세계와 조선」, 「희망은 생로」, 「오인(吾人)의 현재와 장래」, 「오인(吾人)의 최선 급무」, 「촌음시경(寸陰是競)」 등이었다. 주로 현재의 나태한 생활 태도를 개선하여 희망적인 새 조선을 건설해야 한다는 취지의 애국 계몽적 연설이었다.

장형의 강연은 대개 한 시간 남짓 진행되었다. 어떤 때는 두 시간 동안 강연한 적도 있었다. 긴 시간의 강연이었지만, 장형은 청중들의 심금을 울릴 정도로 사자후를 토해냈다.[67] 강연회가 끝

66) 《每日申報》 1921년 8월 19일자.

67) 단국대 영문과 교수였던 孔德龍이 장형의 생존시 그의 강연을 보고 적은 감상이 있어 첨부한다. 애국 계몽 강연 당시 장형의 모습을 연상할 수 있을 것이다. "그분은 학생들 앞에서 연설하시기를 좋아하셨다. 형식적 연설이 아니라 교육에 쏠린 정열이 기회 있을 때마다 분류같이 쏟아져 나오곤 하였다. 원고가 없이 하는 즉석 연설이니 잘 다듬어 지지 않았지만 설득력이 있었다. 과히 크지 않은 체구인데, 어디서 그런

나면 감동을 받은 청중들에 의해서 동정금 혹은 의연금 명목의 자발적인 모금이 이루어졌다.

장형의 애국 계몽 강연 활동에서 주목되는 것은 임시정부의 핵심 인사 중 한 명이었던 여운홍이 반도고학생친목회의 고문으로 활약한 사실이다. 강연단을 대표하는 연사이기도 했던 여운홍은 여운형의 친동생이다. 미국 유학을 마치고 1919년 상해에 대한민국임시정부가 수립되자 거기에 가담하여 임시의정원 의원에 선출되었다. 그해 파리강화회의에 참석하여 한국의 독립을 청원하였으며, 1921년에 귀국하여 장형과 함께 계몽 강연회 활동을 전개한 것이다.

여운홍이 반도고학생친목회 고문으로 활약한 사실은 장형과 임시정부와의 긴밀한 관계를 보여주는 것이다. 앞서 살펴본 대로 태평양회의가 개최되자 임시정부에서는 태평양회의에 대한 외교를 후원하기 위해서 상해에 '대태평양회의외교후원회'를 발족시켰다. 8월 26일 외교 후원회 대표인 간사장에 임시정부의정원 의장 홍진이 공식적으로 선출되었고, 여운홍은 동회의 간사로 선출되었다.[68] 9월 초에 여운홍은 국내 자금 모집 임무를 띠고 즉시 국내로 파견되어 장형과 함께 활약하였다.

반도고학생친목회의 애국강연단 활동 시기는 태평양회의의 진행 시기와 비슷하게 맞물린다. 이런 점을 고려하면, 장형은 애국 계몽 강연이라는 표면적인 활동을 수행하면서 동시에 태평양회의에서 사용할 공작 자금을 마련했던 것으로 보인다. 특히 장형이

큰 소리가 나오는지 가히 웅변이었다."(『梵亭言行錄』, 檀國人會, 1986, 447쪽)

68) 韓詩俊, 『의회정치의 기틀을 마련한 홍진』, 탐구당, 102쪽.

애국 계몽 강연단을 이끌 때 상공진흥회장(商工振興會長)이라는 별도의 직함을 동시에 띠고 활약했던 점에 주목할 필요가 있다.[69] 강연회를 빌미로 자금 운용 능력이 있는 지역 경제인들과 회합하여 독립운동자금을 모금하려는 의도였던 것 같다. 임시정부에서 파견된 여운홍은 그런 장형의 활동이 임시정부와 직결된 일임을 지역 유지들에게 증명해주는 상징적 역할을 했던 것이다.

5) 한의사 공작과 피체

장형은 생전에 "독립군 군자금 조달이라는 어렵고 무거운 '공작(工作)'을 하면서 한의사로 위장하고 유사 의료업자 노릇을 한 적이 있었는데, 도중에 수차례 투옥되었다"고[70] 회고한 적이 있다. 그런데 그 회고를 뒷받침하는 자료가 발견되었다. 1930년과 1938년 두 차례에 걸쳐 유사 의료 행위를 빙자한 사기 혐의로 장형이 구속되었다는 신문 기사와 재판기록이 그것이다.

당시 국내에서 장형은 워낙 애국 계몽 운동가로 잘 알려져 있었기 때문에 그의 체포 소식은 1930년 9월 4일자 《동아일보》에 크게 보도되었다. 장형이 심령치료술로 거액을 편취하여 신의주에서 예심을 받고 공판에 회부되었다는 사실을 전하고 있다. 1938년에도 같은 죄목으로 체포되어 징역 1년형을 언도받았다.[71]

그런데 장형을 사기죄로 구속한 조선총독부 형사부의 구형은

69) 《동아일보》 1921년 12월 22일자.

70) 『梵亭言行錄』, 檀國人會, 1986, 280쪽.

71) 「昭和十三年刑控第三九一號」(裁判原本), 350쪽.

그 논거가 희박한 것이었다. 장형의 변호인단이 제기한 상고문에 자세한 내용이 실려 있는데, 몇 가지만 살펴보아도 무리한 구속이었음을 쉽게 알 수 있다.

첫째 장형이 시술한 소위 심령치료술이 완전한 사기술이라는 주장이다. 그러나 당시 장형의 의술은 경성의전이나 세브란스 병원 등에서도 고치지 못하는 난치 환자들을 완치시킴으로써 명성이 높아져 사전 예약을 해야지만 시술을 받을 수 있을 정도였다.[72] 이러한 사실은 "한의사 노릇을 제대로 하기 위해 상당한 교습을 받았었고, 또한 제법 훌륭하게 치러내기도 하였"다는[73] 장형의 회고를 뒷받침한다.

둘째 장형을 고소한 환자 홍봉유에게 치료비를 사칭하여 금선을 사취하였다는 점도 전혀 사실과 다르다는 점이 변호인단에 의해서 해명되었다. 더구나 홍봉유는 장형에 대한 오해를 풀고 고소를 취하했는데도 불구하고, 조선총독부 고등법원 형사부는 홍봉유의 고소 취소 신청을 무시하고 재판을 진행시켜 결국 장형을 징역형에 처하였다.[74]

이런 무리한 구형에는 처음부터 분명한 이유가 있었다. 전시체

---

72) 「昭和十三年刑上第一六七號」(上告棄却), 1939.3 · 13, 366-368쪽. 범정에 관한 수사가 진행될 때 십수년간 지병을 앓아오던 많은 환자들이 경찰서에 출두하여, 경성의전, 세브란스병원 등에서 고치지 못한 자신들의 병을 범정을 만난 후 고쳤다고 증언하였다. 그들이 완치를 본 병은 만성소화불량, 정신병, 악성종기, 흉복통, 복막염 등이었다. 그들은 한결같이 "범정이 전혀 약을 쓰지 않고 몸을 안마하기만 하였는데 기묘하게도 나았다"고 진술하였다.

73) 『梵亭言行錄』, 檀國人會, 1986, 280쪽.

74) 「昭和十三年刑上第一六七號」(上告棄却), 1939.3 · 13, 381~382쪽.

제 하에서 국내 치안 유지에 몰두하던 조선총독부 측으로서는 장형과 같은 요시찰 인물이 한국인들에게 '불온한' 영향을 끼치는 것을 꺼렸다. 장형이 두 번에 걸쳐 사기죄로 검거된 시점이 만주사변과 중일전쟁의 전후 시기와 정확하게 일치한다는 점이 그것을 반증한다. 조선총독부는 예비 검속의 차원에서 장형에게 사기죄를 적용시켜 그의 영향력을 훼손시키려 한 것이다. 훗날 장형은 당시 조선총독부의 부당한 처사를 다음과 같이 회고하였다. "일제 행형(行刑)은 응보주의였다는 것은 잘 알겠지만, 옥살이의 고통은 말할 것도 없고, 그놈의 재판이라는 것이 얼마나 비인도적이고 편파적인지 필설로써는 헤아릴 수 없을 정도였단 말일세."[75)]

그런데 장형의 재판 과정에서 주목되는 점은 장형 변호인단의 증인으로서 이석하(李錫夏)와 박기홍(朴基鴻)이 등장하고 있는 점이다. 이석하는 강원도 거부(巨富) 고중권(高重權)의 재산 관리인으로 있다가 장형이 독립운동가라는 사실을 안 이후부터 장형을 도운 인물이다. 당시의 정황을 이석하는 다음과 같이 생생하게 증언하였다.

> 당시 범정(梵亭) 선생은 국내외를 동분서주하면서 독립운동자금을 조달하기 위하여 지압과 침술의 명의(名醫)로 위장하였었다. 그러기 때문에 이를 아는 국내의 거부인사(巨富人士)들로부터 존경을 받아 많은 돈을 모아 독립운동자금(獨立運動資金)으로 지원하였었다.···내가 확실하게 알고 있는 독립군 군자금 공작 활동 중 증언할 수 있는 것은 1933년 9월에 내가 직접 고중권씨로부터 3,000원을, 그리고 1934년 4월에 서산 당진에 있는 이광(李鑛)씨

75) 『梵亭言行錄』, 檀國人會, 1986, 280쪽.

> 로부터 2,000원을 조달하여 장세담(張世淡) 선생께 드린 사실이며 이는 내 일생의 자랑으로 삼고 있다. 나는 범정 선생이 침술의 명의가 아니고 독립운동을 지원하는 자금 조달 책임자라는 데서 무조건 존경하게 되었고, 또한 범정 선생의 하는 일에 무조건 따르게 되었다.[76)]

박기홍 또한 당시 장훈학교(長薰學校)[77)]를 운영하던 육영사업가로서 비밀리에 장형에게 독립운동자금을 제공하던 인물이었다. 역시 이석하의 증언에 의하면, "범정 선생은 박기홍 선생과 독립운동의 혈연(血緣) 동지이며 특히 박기홍은 독립운동 자금 조달시의 자금 청구 역할을 하였다"는[78)] 것이다. 그러나 박기홍은 애석하게도 해방 직전에 서거하였다. 그의 막대한 재산은 해방후 미망인인 조희재(趙喜在) 여사에 의해서 단국대학의 설립 자산으로 사용되었다. 당시의 사정을 보도한 신문은 장형을 "고 박기홍 씨의 유일의 천우", 즉 '하늘이 맺어준 친구'로 표현하고 있다.[79)] 실제로 박기홍은 생전에 모필로 친히 쓴 자서전에서 장형과 자신이 혈연동지이고 다 같이 독립운동가라는 사실을 기록하였다.[80)] 해

---

76) 『梵亭言行錄』, 檀國人會, 1986, 102~103쪽.

77) 1905년 애국계몽을 위해 설립되었던 長薰普通學校는 설립자 15인이 모두 사망하고 경영난에 빠지자, 박기홍이 1935년에 인수하여 그 명맥을 유지하였다.(《동아일보》 1935년 9월 26일자)

78) 『梵亭言行錄』, 檀國人會, 1986, 103쪽.

79) 《경향신문》 1947년 11월 2일자, 이것을 뒷받침하듯, 현재 강남 봉은사 경내에는 1943년 8월 1일자로 건립된 장형과 박기홍의 송덕비가 나란히 서있어 두 사람 사이의 각별했던 우정을 전해주고 있다.

80) 『梵亭言行錄』, 檀國人會, 1986, 406쪽.

방 후 박기홍의 재산은 단국대학의 설립 자산으로 이용되었을 뿐만 아니라, 이석하는 장도빈 등과 함께 단국대학의 초대 이사로 참여하였다. 단국대학이 장형의 주도 아래 애국지사들의 뜻과 힘을 모아 설립된 것임을 보여준다.

이석하와 박기홍 등의 변론에 의거할 때 당시 장형은 한의사 활동을 통해서 독립운동자금을 마련하고 있었던 것임을 명백하게 알 수 있다. 장형은 한의사 활동을 약 20년 동안 전개하였다.[81] 그것은 일제의 감시망을 피해 안정적으로 군자금을 모으고, 애국지사들과 접촉할 수 있는 방편이었기 때문이다. 장형이 한의사로서 본격적인 활동을 시작한 것은 대체로 1917년쯤이 아니었는가 한다. 왜냐하면 장형이 중국에 가서 선도사(仙道師) 왕양현(王良賢)에게 단전호흡을 통한 운기법(運氣法)을 배우고 귀국하여, 종전에 '내지인'으로부터 배운 정좌법(靜坐法)과 복식호흡법을 참고하여 심령치료술[82]을 정비한 것이 1916년 무렵이었기 때문이다.[83]

장형은 이후부터 한의사로 위장한 채 국내외를 오가며 독립운동가들에게 독립운동자금을 본격적으로 조달하였다. 그것은 앞서 살펴본 대로 용천 출신 혹은 신흥무관학교 출신의 독립운동가들이나 임시정부를 돕는 일에 쓰였다. 상해 임시정부로 보내지는 군자금은 장형의 동지였던 신덕준이 중간에서 수령하여 임시정부에

81) 『梵亭言行錄』, 檀國人會, 1986, 280쪽.

82) 1938년 京城 覆審法院 재판부는 범정의 '심령치료술'을 "정신 통일의 방법을 가지고 우주 자연의 영기, 혹은 신불의 영기를 개인의 영기와 합치하고, 이를 환자에게 파급하여, 이를 통해 기치료를 하는 치료술"이라고 규정하였다.[「昭和十三年刑控第三九一號」(裁判原本), 350쪽]

83) 「「昭和十三年刑控第三九一號」(裁判原本), 1938.10.31, 354쪽.

전달하기도 했던 것 같다. 신덕준은 1914년 당시 안동현에 거주하면서 범정과 함께 국내 젊은이들을 독립군 기지로 인도하는 특무 공작을 진행하던 인물이다. 1923년 당시 신덕준은 상해로 건너가 활동하고 있었다. 이미 일제 정보기관에 의해 안창호 · 김구 · 현순 · 장인환 · 이탁 · 박시창 · 김두봉 · 손정도 · 안정근 · 조소앙 · 노백린 · 연병호 · 송병조 · 주요한 · 장건상 · 조완구 · 이청천 · 김동삼 같은 임시정부 요인들과 함께 상해에서 활동하는 '불령선인의 유력자'로 주목되고 있던 상태였다. 당시 일제가 상해 지역에서 활동 중인 '불령선인 유력자'로 주목하던 인물은 모두 394명에 달했다.[84)]

「연보」에 의하면, 1925~1936년 사이에 장형은 임시정부의 김구로부터 군자금 공작 활동의 공을 치하하는 격려 편지를 받았다고 전해진다. 이 시기는 임시정부가 가장 어려웠던 시기일 뿐만 아니라, 김구가 재무와 군무 담당 국무위원(1930.11.18.~1933.3.22)으로, 동시에 재무부 재무장(1931.1.22.~1932.5.21)으로[85)] 활동하면서 임시정부를 유지하던 시기였기 때문에 장형의 군자금은 큰 힘이 되었을 것이다.

6) 선만토지개간주식회사와 반석현 정미소

장형의 1938년 재판 기록을 보면, 장형이 안동현에서 미곡상을

---

84) 船津辰一郎(上海總領事), 「上海 및 南京在住 不逞鮮人의 有力者 氏名에 관한 件」 公信 제27호, 『不逞團關係雜件-鮮人의 部-在上海地方』(5), 1923 · 1.8.

85) 『대한민국임시정부자료집』 45, 국사편찬위원회, 2011, 362, 387쪽.

관리하는 조카 김제현(金濟鉉)을 대리로 삼아 길림성 반석현에 정미소를 매입하려 했음이 확인되고 있다.[86] 장형은 이때 정미소를 매입하고 친척들을 내세워 운영하였다. 범정이 안동현에서 미곡상을 경영하고, 반석현에서 정미소를 경영한 것은 다른 독립운동가들이 그랬던 것처럼, 독립운동자금을 마련하기 위한 방편이었다. "내가 중국땅에서 독립운동할 때는 창고에 쌀을 가득히 쌓아 놓고 그 쌀을 중국인들에게 팔아서 그 돈을 가지고 소만(蘇滿)국경에 가서 무기를 구입하는 일을 전담하던 때가 있었다"는[87] 장형의 회고가 이를 뒷받침한다.

그러나 2차대전 발발 직후 일본 헌병들이 범정의 정미소를 방화하였다.[88] 실제로 필자는 2011년 여름에 반석현 연통산진(煙筒山鎭) 현지 조사를 통해서 범정의 정미소 자리와 그것을 불태운 일본군 수비대 건물을 확인하였다. 정미소 자리와 일본군 수비대 건물은 그리 멀리 떨어져 있지 않았고, 일본군 수비대 건물 세 동과 초소가 아직도 원형 그대로 보존되어 있었다. 그중 건물 한 동이 취조실로 사용되었는데, 당시 일본군 수비대가 한국인과 중국인을 수없이 잡아다 고문하고 죽이는 바람에 아직까지도 그 마을 주민들은 일본군 수비대 건물을 '사형장' 혹은 '공동묘지'로 호칭하고 있었다.[89]

86) 「昭和十三年刑控第三九一號」(재판원본, 1938.10.31), 356~357쪽; 「昭和十三年刑控第三九一號」(재판등본, 1938.10.31), 992-993쪽; 「昭和十三年刑上第一六七號」(상고기각, 1939.3 · 13), 370~373쪽.

87) 『梵亭言行錄』, 檀國人會, 1986, 137쪽.

88) 中齋 張忠植 이사장 증언(단국대 교사편찬위원회, 1996.8.14).

89) 박성순, 『범정 張炯 선생 독립운동유적지 조사결과보고서』, 단국대학

장형의 길림 지역에서의 활동은 비단 정미소 운영에만 머물지 않았다. 정의부와 연관을 맺고 활동하거나, 또는 일찍이 신민회 시절부터 깊은 인연을 맺어온 안창호, 양기탁 등과 함께 길림 지역에서 한국인들의 정착 기지를 만들기 위해서 노력하였다.

1924년 11월 길림성(吉林省) 화전현(樺甸縣)에서 통의부 최고 고문 양기탁이 발의하여 만주지역 전체 조선독립운동 단체를 통일하기 위하여 정의부(正義府)를 조직하였다. 여기에는 장형이 1919년부터 군자금을 제공했던 오동진도 깊게 관여하였다. 1925년 7월 7일 양기탁은 정의부의 재무위원에 선임되었다. 이때 장형은 다시 한 번 양기탁에게 군자금을 조달해주는 역할을 맡았던 것으로 보인다. 1914년 경부터 장형과 함께 활동하던 이춘배가 이 당시 정의부 군자금 모집 요원으로 활동하고 있던 사실로[90] 보아, 장형과 이춘배가 연계망을 확보하고 정의부의 군자금 조달 업무를 담당하였던 것 같다.

1927년에는 안창호와 양기탁이 길림을 중심으로 한인 자치 조직을 강화시키려고 시도하였는데, 장형도 여기에 가담하여 활동하였다. 길림시 조양가 대동공장에서 있었던 '길림대검거사건'으로 2월 14일경에 검거되었던 안창호가 석방된 이후 1개월 후인 4월 1일에 길림성 대동문(大東門) 밖에서 농민호조사(農民互助社)가 결성되었다. 농민호조사는 원래 1924년 양기탁 등이 설립한 만주농업사(滿洲農業社)를 기원으로 한 것이다.[91] 만주농업사는 만주에

교, 2011.7.

90) 『韓民族獨立運動史資料集』 39(獨立軍資金募集 8), 「正義府 및 普天敎의 군자금 모집사건(의견서)」.

91) 1924년 12월에 설립된 滿洲農業社의 설립발기인은 梁起鐸 · 孫貞道 ·

서 토지를 매수하여 한국인들의 농업을 장려하려는 목적으로 설립되었다.

양기탁은 농민호조사의 발기인[92] 명단에는 없지만, 안창호와 양기탁 두 사람이 실질적인 대표로 추대되어 재만 조선 동포 2백만의 생활개선 운동을 전개하고자 하였다. 농민호조사가 표방한 취지는 (1) 산업상 생산의 증가를 꾀할 것, (2) 교육의 발전을 꾀할 것, (3) 위생을 지켜 보건을 꾀할 것 등이었다. 이것은 단독으로는 실현이 불가능하므로 단체적으로 협동하여야 한다는 점을 내세웠다.[93]

농민호조사는 한국인들의 경제적 부흥을 도모하기 위해 실제적인 계획을 수립하였다. 바로 길림 부근과 경박호(鏡泊湖) 대수원을 이용한 대대적인 수전 개발 계획이었다. 그리고 중국 당국과 연계하여 한중 공동으로 이 거대한 사업에 착수하기로 했다.[94] 여기서 주목할 것은 농민호조사가 조직된 직후인 1927년 8월부터 1933년 2월까지 장형이 길림성에서 조직된 선만토지개간주식회사(鮮滿土地開墾株式會社) 사장에 피선되어 활동했다는 사실이다.[95]

裴亨湜 · 郭鍾毓 · 崔一 · 吳德林 · 高豁信 · 全以德 · 崔萬榮 등이었다.

92) 농민호조사의 발기인은 다음과 같다. 金基豊 · 金鎭浩 · 金履大 · 金元植 · 金虎 · 金東三 · 金定濟 · 金有聲 · 金一秉 · 郭鍾毓 · 郭宇明 · 盧永武 · 智錫甫 · 李旭 · 李沰 · 李東雨 · 李裕弼 · 裵亨湜 · 朴起白 · 成泰永 · 孫貞道 · 安奎源 · 晏彰昊[安昌浩] · 尹道淑 · 尹元圭 · 吳尙憲 · 吳松坡 · 吳東振 · 玉以成 · 全永一 · 崔碩淳 · 崔日 · 崔萬榮 · 表鶴華 · 玄正卿.

93) 『대한민국임시정부자료집』 별책2, 「조선민족운동연감」, 대한민국9년(1927) 주요사건

94) 元時熙 編著, 『吉林市(地區)朝鮮族略史』(筆寫原稿), 1991, 92~95쪽.

95) 「梵亭履歷書(筆寫本)」.

4월에 농민호조사가 설립되고, 8월에 선만토지개간주식회사가 활동을 시작하는 것은 일련의 계획적인 수순에 따라 사업이 진행되었음을 보여준다. 우선 농민호조사는 장형이 망명 전부터 따르던 안창호와 양기탁, 또 오동진 등 장형과 교분이 두터운 인물들이 중심이 되어 만든 기관이라는 점, 둘째 장형이 사장으로 있던 이 회사의 사업 목적이 농민호조사의 사업 목적과 완전히 일치하고 있었다는 점을 지적할 수 있다. 따라서 장형이 사장으로 있던 선만토지개간주식회사는 대인 설득과 자금 동원에 비상한 재주를 지닌 장형을 앞세워 농민호조사의 업무를 실무적으로 추진하기 위해서 만든 자회사였다고 할 수 있다.

그렇지만 농민호조사의 계획은 순탄하게 실행되지 않았다. 우선 이 사실을 안 일제가 독립운동가들이 중국 당국과 연계하여 대대적인 수전 개발을 계획 실행하는 것을 각 방면으로 방해했다. 그리고 1931년 9 · 18사변이 발발하자 모든 것이 수포로 돌아갔다.[96)]

또 재정적인 문제도 있었다. 농민호조사는 하나의 조합이자 조직으로 1인 당 출자액이 120원, 60원, 30원의 3종류가 있었고, 120원에 대해서는 30원, 60원에 대해서는 10원, 30원에 대해서는 5원의 각 계약금을 징수하였다. 또한 황무지를 매입하여 조합원에게 나누어 주고 3년간 연부 상환으로 점차 스스로 농지를 경작할 수 있는 농민을 만들고, 장래 산업조합 및 교육기관과 보위단 등을 세울 작정이었다. 그렇지만 만주에서는 일본이나 한국과 달리 하나의 지방 전체를 거래하는 대면적 매매의 관습이 있었기

---

96) 元時熙 編著,『吉林市(地區)朝鮮族略史』(筆寫原稿), 1991, 92~95쪽.

때문에, 적은 자금으로 매입할 수 있는 토지는 없었고 따라서 원래 계획대로 실행할 수 없었다.[97]

1930년 장형이 신의주에서 체포되는 것도 농민호조사의 자금 모집 문제와 연관이 있었던 것으로 보인다. 선만토지개발주식회사의 사장 입장에서 어떻게든 막대한 자금을 마련해야 한다는 압박감이 장형으로 하여금 무리수를 두게 한 것이다. 신의주에 잠입하여 한의사로 활동하던 장형은 목표한 사업자금을 마련하기 위해서 무리하던 중 얼토당토하지 않은 사기죄로 피체되기에 이르렀다. 당시 사건을 보도한 《동아일보》의 기사로 보아서는 일제 당국이 장형의 확실한 정체를 알아낸 것 같지는 않다. 하지만, 1910년대부터 유력한 '불령선인'으로, 또 애국계몽가로 일제 당국의 주목을 받아 오던 장형을 구속하고 그 사실을 일간지에 대대적으로 보도하는 것만으로도 일제 경찰에게는 망외의 소득이었을 것이다. 이런 일들로 인해서 장형이 사장으로 있던 길림성 선만토지개간주식회사는 결국 소기의 목적을 달성하지는 못하였다.

장형은 농민호조사 사업이 사실상 종료된 시점인 1932년에 반석현(磐石縣)으로 이주한다. 정의부 본부가 반석현에 있었기 때문에 장형에게는 익숙한 곳이었을 것이다. 장형은 「이력서」에서 1932년 10월부터 1945년 11월까지 길림성 반석현에서 정미소를 운영하면서 농업에 종사하였다고 간단히 기재하였다.[98] 그러나 이 당시 반석에서 활동을 하였다는 것 자체가 독립운동의 최일선에 서있었음을 뜻하는 것이었다.

---

97) 「安昌浩 신문조서(제5회)」, 『조선사상운동조사자료』, 1932.9.9.

98) 「梵亭履歷書(筆寫本)」.

1930년대 초 반석현에는 조선족이 약 2천여 호에 1만여 명이 살고 있었다.[99] 그중에는 민족주의자와 공산주의자들이 혼재하여 한국독립운동의 활화산과도 같은 곳이었다. 1932년 조직된 적위대, 일명 '개잡이대'는 친일 주구들을 처단하면서 위세를 떨쳤다. 1932년 2월 7백여 명의 반일 군중들이 들고일어나 만주괴뢰군에게 잡혀가 구금되었던 한국인을 석방시킨 '2·9폭동'도 있었다.[100]

중국 신문에도 1932년 당시 반석이 반일 기지였다는 사실이 크게 보도되었다. 1932년 '비대(匪隊)' 5천 명이 반석현성(磐石縣城)을 공격하였고, 이에 놀란 일제가 1934년부터 군정(軍政)을 실시해 비대를 축출하고 집단 부락을 형성시켜 1938년에서야 치안을 확립할 수 있었다는 것이다.[101] 장형은 이런 반석현에서 정미소를 차리고 군자금을 조달하다가, 일본군 수비대에 의해서 정미소를 방화당했다.

5. 맺음말 - 남은 과제와 장형의 위상에 대하여

독립운동 시기 장형은 '바람의 독립군'이었다. 그가 거쳐간 곳은 많았으나 좀처럼 어디에도 그의 흔적을 남기지 않았다. 1954년에 작성한 「이력서」에서도 그는 파란만장했던 독립운동의 경력

99) 元時熙 編著, 『吉林市(地區)朝鮮族略史』(筆寫原稿), 1991, 128쪽.

100) 元時熙 編著, 『吉林市(地區)朝鮮族略史』(筆寫原稿), 1991, 151~153쪽.

101) 《盛京時報》 1944년 5월 4일자.

을 '만주(滿洲) 각지(各地) 급(及) 중국(中國)에서 조선독립운동(朝鮮獨立運動)에 종사(從事)'라는 단 한 줄로 마감하였다. 오랜 세월 묵묵히 음지에서 군자금 조달이라는 특수 임무를 수행한 탓일까. 자신의 공적을 드러내지 않으려는 그의 대범한 성품으로 인해서, 찬연해야 할 그의 「연보」는 지금껏 소략(疏略)과 오류(誤謬)의 상태로 머물러 있었다.

본고에서 처음으로 그의 독립운동 행적을 대략이나마 체계화할 수 있었던 것은 무척 다행스런 일이다. 그러나 지면 관계상 미처 언급하지 못한 이야기들이 많다. 아직 확인되지는 않았지만, 여러 증언과 정황상 앞으로 검토되어야 할 부분들을 기록함으로써 차후의 연구 과제로 삼고자 한다.

전해지기로는 장형이 1919년 3 · 1운동의 기획 단계에서 손병희를 도와 큰 역할을 수행하였다 한다. 민족대표 33인 중 한 사람인 이갑성(李甲成)과의 두터운 교분은 이때부터 싹튼 것이다.[102] 장형은 이 당시 용정으로 파견되어 만주 3 · 1운동을 기획했다고 하는데,[103] 아직 이에 대한 자료를 찾지 못했다. 두 번째는 장형이 1924년의 민립대학기성회에 관여했다는 사실이다. 두

---

102) 장형은 서거할 때까지 이갑성과 깊은 유대 관계를 유지하였다. 이갑성은 장형 서거 후에 그를 기리는 절절한 弔辭를 지어 바치기도 하였다(《단대신문》, 1965.3 · 15). 이갑성은 한때 '친일파 밀정'이었다는 논란에 휩싸이기도 하였다. 그렇지만 사실은 그가 1965년 초대 광복회장에 피선되면서 이를 시기한 반대파들의 근거 없는 음해가 확대재생산 된 것에 불과했다는 사실이 연구자들에 의해서 밝혀졌다.(유준기, 「이갑성의 3 · 1독립운동활동과 문화투쟁」, 2006; 허동현, 「해방 후 이갑성의 삶 재조명」, 2006 참조)

103) 황원영, 『梵亭의 敎育哲學』, 단국대학교출판부, 1997, 99쪽.

터운 친교를 맺고 있던 이갑성이 민립대학기성회중앙부 위원으로 활약했던 것을 보면,[104] 이 또한 충분히 개연성이 있는 이야기이다. 장형이 단국대학을 세운 후에 단국대학을 국립대학도 아니고 사립대학도 아닌, 민립대학으로 부르기를 좋아한 것도[105] 이때의 기억과 관련이 있을 듯싶다. 세 번째는 신간회와의 관련 문제이다. 장형이 독립운동자금을 지원했던 이갑성, 이규갑(李奎甲) 등은 모두 신간회운동과 관련 있는 중요 인사였고, 해방 후에도 장형과 두터운 친교를 유지하였다. 또 신간회 운동이 천도교 구파세력과 밀접한 연관이 있었고, 해방 후에도 장형이 오세창(吳世昌)과 깊은 친교를 맺고 있었던 점[106] 등을 고려하면, 앞으로 연구를 심화시킬 필요가 충분히 있다.[107]

이렇게 본다면 장형의 독립운동은 지금까지 피상적으로 알려져 온 것처럼 단순히 '군자금 조달'에만 한정되었던 것이 아니었음을 알 수 있다. 그런 권위가 있었기에 해방 후 장형은 김구와 더불

---

104) 《東亞日報》 1924년 4월 11일자.

105) 『梵亭言行錄』, 檀國人會, 1986, 448쪽.

106) 독립운동가이자 근현대 한국 서예계를 대표하는 명필인 오세창은 서거 한 해 전인 1952년(88세 때)에 단국대학교의 졸업증서 원문 글씨를 친히 써주었다. 오세창처럼 명성이 높은 인사가 자신의 작품이 아닌 개별 대학의 졸업증서 글씨를 쓰는 일은 드문 일로서, 이는 오세창과 장형과의 남다른 친교를 나타내주는 것으로 해석할 수 있다. 단국대학에서는 이후 오세창이 쓴 졸업장 원문을 인쇄하여 그 위에 졸업자의 소속과 성명, 그리고 졸업증 수여자인 학장의 이름을 덧쓰는 방식으로 졸업장을 운용하였다.[단국대 교사자료팀에 보관중인 정법학부 정치학과 趙南俊(1960.3 · 10)의 졸업장이 이러한 사실을 잘 보여준다.]

107) 필자는 지면 관계상 본고에서는 언급하지 않았지만, 장형이 신간회와 관련된 것으로 보이는 자료를 발굴하여 검토 중에 있다.

어 건국실천원양성소(建國實踐員養成所)를 운영하거나,[108] 김구·김규식·안재홍·이범석·엄항섭·이청천 등 기라성 같은 독립운동가들과 함께 어깨를 나란히 하면서 전국통일학생총연맹이라는 조직을 만들어 '직접지도위원'으로[109] 활약할 수 있었을 것이다.

장형은 비록 자신을 드러내지 않았지만, 독립운동가들 사이에서는 알 만한 사람들은 다 아는 실력자였다. 조직을 결성하고 자금을 융통하는 데 천부적인 실력을 갖추었으므로 독립운동가들이 무슨 일을 하고자 할 때 그를 통하지 않고서는 안 되는 그런 인물이었다. 장형은 지금까지의 독립운동사 연구에서 쉽게 볼 수 없었던 독특한 운동 유형을 보여주는 인물이다. 그런 면에서 장형의 독립운동은 앞으로 본격적인 규명을 요하는 중요한 연구 주제라 할 수 있다.

---

108) 「建國實踐員養成所 第五期修業生名簿」, 大韓民國 30년 12월 19일.

109) 《한성일보》 1948년 10월 15일자.

대한민국임시정부와 단국대학교

한 시 준*

1. 머리말

해방 후 많은 대학들이 설립되었다. 대학의 설립은 다양한 방법으로 이루어졌다. 설립 주체로 보면 크게 네 가지 유형으로 나누어 볼 수 있다. 하나는 미군정이 주도하여 경성제국대학을 중심으로 국립서울대학교를 설립한 것, 둘째는 일제 때 전문학교가 대학으로 개편한 경우(고려대 · 연세대 · 이화여대 등), 셋째는 지방의 인사들이 주도하여 대학을 설립한 경우(청주대 · 대구대 · 조선대), 넷째는 독립운동을 전개하였던 세력이나 인사들이 대학을 설립(국민대 · 단국대 · 국학대 · 신흥대학 등)한 경우이다.

해방 후 대학을 설립한 주체의 하나는 독립운동 세력이었다. 독립운동을 상징하는 대한민국임시정부(이하 임시정부로 약칭)에서 대학을 설립하였다. 임시정부는 환국 후 '국민의 대학'을 설립한다는 취지 아래 국내의 각계 인사들과 함께 국민대학 설립기성회를 발족시켰다. 그리고 이를 통해 1946년 9월 1일 국민대학을 설립하였다.[1] 이후 문제가 생겼다. 학장 신익희(申翼熙)가 임시정

---

* 단국대 사학과 교수, 단국대 동양학연구원 원장

1) 대한민국임시정부에서 국민대학을 설립한 데 대해서는 趙東杰의 「臨政

부를 떠나고 한국독립당을 탈당한 것이다. 이를 계기로 국민대학 설립과 운영에 참여하였던 장형(張炯)이 국민대학과 결별하고, 별도로 대학을 세웠다. 1947년 11월 단국대학을 설립한 것이다.

단국대학의 설립에 대해서는 그동안 적지 않은 연구들이 이루어졌다.[2] 이를 통해 단국대학은 독립운동가였던 장형과 그의 동지였던 박기홍(朴基鴻)의 부인 조희재(趙喜在)가 재산을 희사하여 설립되었다는 사실이 밝혀졌다. 그러나 장형이 임시정부 요인들과 함께 국민대학을 설립하였던 사실이나, 국민대학과 결별하고 별도로 단국대학을 설립하게 된 배경과 이유에 대해서는 명확하게 밝혀지지 않고 있다. 단국대학은 장형과 조희재에 의해 설립되었지만, 이들이 단국대학을 설립하는 데는 임시정부와 밀접한 관련이 있었다.

이 글은 단국대학의 설립이 임시정부와 관련이 있다는 문제의식 하에, 임시정부와 단국대학의 관계를 밝혀보려는 데 목적이 있다. 이를 위해 임시정부가 환국하여 '국민의 대학'을 설립하고자

요인의 국민의 대학 설립」, 《國民大學報》1995년 9월 18일자와 「海公 申翼熙의 임시정부 활동」, 『韓國近現代史의 理解와 論理』, 지식산업사, 1998, 장석홍의 「대한민국임시정부의 환국과 민족대학 설립-국민대학의 설립을 중심으로」, 『忠北史學』제11·12합집, 충북대 사학회, 2000, 金容達의 「海公 申翼熙의 家學과 民族敎育運動」,『한국근현대사연구』22, 2002 등의 연구가 있다.

2) 단국대학은 그동안 30년사, 40년사, 50년사, 60년사 등을 펴냈다. 이를 통해 단국대학이 어떻게 설립되었는지를 밝혀 놓았다. 이외에 柳東熙의 「美軍政期 大學設立에 관한 연구」(명지대 대학원 박사학위논문, 2000)란 논문에도, 단국대학에서 펴낸 교사를 근거로 단국대학 설립에 대해 언급하였다.

국민대학 설립기성회를 발족한 과정, 장형이 이에 참여하여 국민대학을 설립한 사실, 장형이 김구와 함께 건국실천원양성소를 설립 운영한 실상, 그리고 장형이 국민대학과 결별하고 단국대학을 설립한 과정을 살펴보려고 한다.

2. 임시정부의 환국과 대학 설립 추진

1) 임시정부의 환국

3·1운동을 계기로 1919년 4월 중국 상해에서 수립되어 27년여 동안 독립운동을 주도하였던 임시정부는 중경에서 해방을 맞았다. 임시정부는 일제의 패망 소식을 접한 후 곧바로 환국한다는 방침을 결정하였다. 그리고 1945년 9월 3일 주석 김구(金九) 명의로 국내에 들어가 추진할 당면 정책을 밝혔다.[3] 그 핵심은 국내에 들어가 과도정권을 수립하고, 임시정부의 모든 직능을 과도정권에 인계한다는 것이었다. 그리고 과도정권이 수립되기 전까지는 임시정부가 정부로 활동할 것이라고 하였다.

그러나 임시정부의 의도대로 되지 않았다. 38선을 경계로 미군과 소련군이 점령하면서 국토는 분단되었고, 38선 이남에서는 미군정이 실시되고 있었다. 더욱이 미군정은 임시정부의 존재를 승인하지 않고, 정부 명의가 아닌 개인 자격으로 입국할 것을 종용

---

3) 白凡金九先生全集編纂委員會, 『白凡金九全集』 5(대한민국임시정부), 대한매일신보사, 1999, 671쪽.

하였다. 임시정부는 정부 명의로 입국하기 위해 노력을 기울였지만, 결국은 개인 자격으로 입국할 수밖에 없었다. 임시정부 요인들은 1945년 11월 23일과 12월 2일 두 차례로 나뉘어 환국하였다.[4)]

개인 자격으로 입국하였지만, 임시정부 요인들은 그렇게 생각하지 않았다. 주석 김구는 기자들이 귀국 소감을 묻자 "국제 관계에 있어서는 개인 자격이지만 국내 동포의 입장에서는 정부"라고 대답하였고, 임시정부의 대변인 역할을 한 선전부장 엄항섭(嚴恒燮)도 "대외적 관계에 있어서는 개인자격이지만 국내에 있어서는 정부자격으로 해석해야 할 것"이라고 하였다.[5)]

국내에 들어온 임시정부는 정부로 활동하였다. 제2진이 도착한 다음 날인 12월 3일 임시정부 요인들이 모두 주석의 숙소인 경교장에 모였다. 여기에는 제1진과 제2진으로 나뉘어 귀국한 임시정부 국무위원 전원, 그리고 미국에서 귀국한 이승만도 참석하였다. 당시 신문들은 이날의 모임을 '환국 후 전 각료(全閣僚)가 모여 최초의 국무회의(國務會議)'를 열었다고 보도하였다.[6)] 국무회의는 국내 정세에 대한 보고를 듣는 것으로 진행되었다. 이는 임시정부가 정부로서 활동을 시작한 것이었다.

정부로서 활동하고자 하였지만, 임시정부는 공식적으로 정부를 자임하기 어려웠다. 환국 당시 정부의 명의가 아닌 개인 자격으로 입국한다는 전제가 있었기 때문이었다. 뿐만 아니라 미군정이 유

---

4) 한시준, 「대한민국임시정부의 환국」, 『한국근현대사연구』 25, 한국근현대사학회, 2003, 75~78쪽.

5) 《조선신보》 1945년 11월 25일자 ; 《중앙신문》 1945년 11월 25일자.

6) 《自由新聞》 1945년 12월 4일자.

일한 정부임을 자처하고 있었다. 미군정은 '38선 이남에서는 미군정이 유일한 정부'라는 성명을 발표하고, 미군정 이외에 한국인에 의한 어떠한 정부도 인정하지 않는다고 하였다.[7]

임시정부는 공식적으로 활동할 수 없는 상황에서, 다른 방도를 강구하였다. 국무회의에서 내무부 산하에 행정연구위원회와 정치공작대를 설치하기로 한 것이다.[8] 이는 일종의 비밀조직이었다. 행정연구위원회는 과도정권을 수립하는 데 필요한 행정을 준비하기 위한 것이었고, 정치공작대는 임시정부의 조직을 국내 각 지방에 구축하기 위한 기구였다.[9] 당시 내무부장은 신익희(申翼熙)였다.

신익희가 내무부장으로 행정연구위원회와 정치공작대의 활농과 운영에 대한 책임을 맡았다. 신익희는 정치공작대의 발족과 더불어 활동을 시작하였다. 종로 6가 낙산장(駱山莊)에 중앙본부를 설치하고, 1945년 12월 6일부터 함경도·평안도를 비롯하여 경상도·전라도·충청도 등 각지에 중앙본부원을 파견하기 시작한 것이다.[10] 이들은 신익희의 인장이 찍힌 비밀신분증을 소지하고 각 지방에 내려가 애국심이 투철한 사람을 선택하여 조직원으로 임명하였다. 이런 방법으로 도·군·면 단위로 조직원을 확대해 나갔다.

---

7) 宋南憲, 『解放三年史』 1, 까치, 1985, 100쪽.

8) 박진희, 「해방 직후 정치공작대의 조직과 활동」, 『역사와 현실』 21, 1996, 170쪽.

9) 한시준, 「海公 申翼熙와 대한민국임시정부」, 『한국근현대사연구』 41, 2007, 115쪽.

10) 박진희, 앞 논문, 176~177쪽.

임시정부가 전국으로 조직을 확대해 나갈 때, 모스크바3상회의에서 한국을 신탁통치하기로 결의하였다는 소식이 전해졌다. 신탁통치 소식을 접한 임시정부는 1945년 12월 28일 긴급 국무회의를 개최하고, 신탁통치반대국민총동원위원회를 구성하여 반탁운동을 전개하기로 하였다. 임시정부가 반탁운동을 결의한 후, 신익희는 1945년 12월 29일 서울시내 9개 경찰서장을 불러 반탁운동에 호응하라는 명령을 내렸다. 그리고 정치공작대에 반탁시위를 준비하도록 지시하는 한편, 행정연구위원회로 하여금 포고문을 작성토록 하였다.

임시정부는 반탁운동을 주도해 나갔다. 12월 31일 서울운동장에서 임시정부 주도하에 '신탁통치 결사반대 시민대회'를 개최하였다. 이 대회에 수많은 시민들이 참여하였고, '탁치반대'를 외치며 시가행진을 벌였다. 이때 신익희는 행정연구위원회가 작성한 포고문을 시내 곳곳에 붙이도록 하였다. 포고문의 명칭은 '국자(國字) 제1호'와 '국자 제2호'였고, 주요 내용은 다음과 같다.[11]

- 현재 전국 행정청 소속의 경찰기구 및 한인 직원을 전부 본 임시정부 지휘하에 예속케 함.
- 일반 국민은 금후 우리 정부 지도하에 제반 사업을 부흥하기를 요망함

이는 미군정이 장악하고 있는 전국의 행정과 경찰기구를 임시정부가 접수한다는 것이었고, 앞으로 임시정부가 정부로서 활동하겠다는 것이었다. 또 모스크바3상회의에서 연합국이 결의한 신탁

11) 국사편찬위원회, 『資料 大韓民國史』 1, 1968, 722~723쪽.

통치를 반대한 것이었고, 미군정에 정면으로 대항한 것이었으며, 임시정부의 자주독립과 주권 행사를 선언한 것이나 다름없었다.

국자포고는 엄청난 파문을 불러 일으켰다. 미군정에서는 이를 임시정부가 미군정의 정권을 탈취하려는 '임시정부의 쿠테타'로 받아들였고, 이에 격분한 미군정 당국은 임시정부 요인들을 중국으로 추방할 계획을 세우기도 하였다.[12] 임시정부를 자신들의 정권에 대항하고 도전하는 존재로 여긴 것이다. 이 문제는 김구와 미군정 사령관 하지가 만나면서 가까스로 수습되었다. 하지만 이로 인해 정치공작대의 실체가 드러났고, 신익희도 미군정에 구금되어 신문을 받는 고초를 겪어야 했다. 뿐만 아니라 임시정부도 커다란 타격을 입었다. 이 사건을 계기로 임시정부는 미군정의 견제와 감시를 받게 된 것이다.

2) 국민대학 설립기성회 발족

임시정부는 중경에서 활동할 때인 1941년에 「대한민국 건국강령(大韓民國建國綱領)」을 발표한 일이 있었다. 이는 광복 후 임시정부가 국내에 들어가 건설할 민족국가의 대강을 밝힌 것으로, 핵심은 신민주국과 국민 최대 다수의 행복을 실현할 수 있는 균등사회를 건설한다는 것이었다. 그리고 이를 실현하기 위한 정책을 정치·경제·교육의 세 방면으로 나누고, 세 분야에 대해 구체적이고 세부적인 계획을 마련해 놓았다.

교육정책의 기본 원칙은 국비의무교육제도에 두었다. 그 목적

12) 趙炳玉, 『나의 回顧錄』, 민교사, 1959, 165~166쪽.

은 민족정기를 발양하고 국민도덕 · 생활기능 · 자치능력을 배양하여 완전한 국민을 양성한다는 것이고, 교육에 대한 일체 비용은 국가가 부담한다고 하였다. 그리고 이를 실현하기 위해 인구 · 교통 · 문화 등의 형편에 따라 소학교 · 중학교 · 전문학교 · 대학교를 설치한다는 계획을 세우고, 설치할 학교 숫자까지 정해 놓았다.13) 임시정부는 환국 후 이러한 계획을 실행하고자 하였고, 그 일환으로 추진한 것이 대학의 설립이었다.

대학을 설립하는 문제는 행정연구위원회에서 맡았다. 그 책임을 맡은 것은 신익희였다. 그는 활동을 시작하면서 행정연구위원회에서 일하는 윤백남(尹白南) · 옥선진(玉璿珍)에게 대학 설립 문제를 준비하도록 지시하는 한편, 임시정부 요인들과 대학 설립 문제를 논의하였다. 그 방향은 크게 세 가지로 모아졌다. 3 · 1운동과 대한민국임시정부의 독립정신을 계승하는 '국민의 대학'을 설립한다는 것, 대학은 법문 계통의 야간대학으로 시작한다는 것, 그리고 대학 설립을 추진하기 위한 기구로 국민대학 설립기성회를 발족한다는 것이었다.14)

대학 설립의 추진은 국민대학 설립기성회(이하 기성회로 약칭)를 발족하는 것으로 시작되었다. 2월 내수동에 있는 행정연구위원회 사무실을 빌리고, 이종상(李宗相)을 간사로 위촉하여 기성회 발족을 준비해 나갔다. 기성회는 임시정부를 중심으로 활동한 독립운동가가 중심이 되어야 한다는 전제하에, 임시정부의 수뇌부인 주석 김구(金九) · 부주석 김규식(金奎植) · 외무부장 조소앙(趙素

13) 한시준, 「大韓民國臨時政府의 光復후 民族國家建設論」, 『한국독립운동사연구』 3, 독립기념관 한국독립운동사연구소, 1989, 540쪽.

14) 申昌鉉, 『海公 申翼熙』, 해공신익희선생기념회, 1992, 206쪽.

昴)·내무부장 신익희 등을 고문과 회장단에 참가하도록 하였다. 그리고 행정연구위원회를 비롯하여 국내의 각계 인사들을 중심으로 이사진을 구성하고, 1946년 3월 3일 기성회를 발족하였다.

고　　문 : 김구, 김규식
명예회장 : 조소앙
회　　장 : 신익희
부 회 장 : 윤백남, 옥선진
이　　사 : 백낙준, 이종회, 윤일선, 박순천, 설의식, 이태규, 김정실, 조윤재, 정구충, 이창수, 장　형, 이봉구, 이갑수, 강명옥, 윤길중, 유호준, 최영재, 최순철, 유각경, 김의회, 김희운, 박철재, 김옥기, 최하영, 이덕홍, 김선태, 황신덕, 최병원, 강석린, 이문세, 정군근, 한통숙, 김용근, 윤형중, 안동혁, 고병국, 김동일, 김동욱, 윤위부
상임이사 : 박철재, 조윤제, 최영재, 김인선, 유각경, 김선태, 윤길중, 유호준, 김정실[15]

기성회는 고문과 회장단, 그리고 이사와 상임이사로 구성되었다. 고문·명예회장·회장에는 임시정부 요인들이, 그리고 이사와 상임이사는 행정연구위원회 위원과 국내의 각계 인사들이 참여하였다. 이사 중 윤길중·황신덕·강명옥·최하영·한통숙은 행정연구위원이었고, 교육계(고병국·백낙준·윤일선), 학계(박철재·김동일·이태규·조윤제·안동혁), 여성계(박순천·유각경·황신덕),

15) 국민대학교, 『國民大學校60년사』 통사편, 2007, 32쪽 ; 장석홍, 앞 논문, 652쪽.

행정계(한통숙 · 윤길중), 법조계(김선태), 언론계(설의식), 독립운동계(장형), 문인(이봉구) 등 여러 계통의 인사들이 이사로 참여하였다.

임시정부 요인들을 지도부로 하여 기성회가 발족되었지만, 기성회는 발족 사실을 공표하지 못하였다. 미군정의 탄압이 가해지는 상황에서 임시정부 간판을 내세우거나 임시정부 요인들이 주도하여 활동하기가 어려웠던 때문이었다. 기성회는 한국독립당 명의를 이용하고자 하였던 것 같다. 발족 후 사무실을 내수동에서 한국독립당 본부가 있던 운현궁으로 옮긴 것이다. 그러나 한국독립당 명의를 이용하는 것도 여의치 않았다. 한국독립당은 임시정부의 여당으로 역할하면서 임시정부와 표리일체를 이루고 있던 정당이었고, 김구와 조소앙이 중앙집행위원장과 부위원장을 맡고 있었다.[16)]

기성회는 발족 후 두 달이 지난 후 그 사실을 공표하였다. 1946년 5월 18일 《동아일보(東亞日報)》《조선일보(朝鮮日報)》《한성일보(漢城日報)》《독립신보(獨立新報)》 등이 일제히 기성회 결성을 보도한 것이다.[17)] 보도 내용은 운현궁안에 본부를 두고 있는 신민동지회(新民同志會)가 중심이 되어 국민대학 설립기성회를 결성하였다는 것, 그리고 우선 예과와 전문학부 학생을 모집하여 야간부로 출발한다는 것이었다. 이 중 《동아일보》는 「국립대학 설립

---

16) 盧景彩, 『韓國獨立黨研究』, 신서원, 1996, 131쪽.

17) 1946년 5월 18자로 《동아일보》는 「國民大學設立準備 新民同志會서 期成會結成」, 《朝鮮日報》는 「最初의 夜間大學 國民大學期成會에서 設立」, 《漢城日報》는 「五千萬圓財團으로 國民大學을 創設」, 《獨立新報》는 「서울에 國民大學 于先夜間部부터 設置」라는 제목으로 보도하였다.

준비(國立大學設立準備)」라는 제목을 뽑아, 국립대학을 설립하는 것으로 보도하였다.

기성회는 신민동지회가 결성한 것으로 되어 있다. 그러나 당시 신민동지회란 단체는 없었다. 신문 보도에 신민동지회가 운현궁 안에 본부를 두고 있다고 하였지만, 운현궁 안에 본부를 두었던 것은 한국독립당이었다. 신민동지회는 임시정부 또는 한국독립당 명의를 내세울 수 없는 상황에서, 임의로 사용한 명칭이 아니었나 생각된다.

3. 장형의 참여와 국민대학 설립

1) 장형의 국민대학 설립기성회 참여

임시정부가 대학을 설립하기 위해 국민대학 설립기성회를 발족하였을 때, 훗날 '단국대학'을 설립한 장형이 그 이사로 참여하였다. 40명이 참여한 기성회의 이사는 각계의 인사들로 구성되었다. 이사진의 구성은 행정연구위원회 위원을 비롯하여 교육계·학계·여성계·행정계·법조계·언론계·문인 등의 인사들이었는데, 장형은 독립운동계 인사였다.

장형[이명 장세담(張世淡), 호 범정(梵亭), 1889~1964]은 만주 지역에서 활동하였던 독립운동가였다. 장형의 독립운동과 관련해서는 아직도 밝혀져야 할 것들이 많다. 지금까지 알려진 것으로는 보성전문학교 3학년 때인 1911년 학업을 중단하고 만주로 망명하여, 만주와 국내를 오가며 주로 군자금 모집과 관련한 활동을 한 것으로 알려져 있다. 장형의 활동에 대해서는 임시정부의 국무위원을 지낸 김승학(金承學)이 정리한 「의열사(義烈士) 및 독립운동자약전(獨立運動者略傳)」에 다음과 같이 나타나 있다.

> 일명(一名) 세담(世淡)이며, 호는 범정(梵亭). 용천인(龍川人)으로 1909년부터 양기탁(梁起鐸)·유동열(柳東說) 등에게 독립운동자금을 제공하였고, 1919년에는 이극(李極)·안창하(安昌夏)·이진산(李震山)·전덕명(全德明) 등의 동지에게 군자금을 조달하였고, 전덕원(全德元)·오동진(吳東振)·오광선(吳光鮮) 등에게도 군자금을 전달하다가 수차 투옥되었으며, 현금과 패물 등을 수집하여 송병조(宋秉祚) 목사를 통하여 임시정부 이시영(李始榮)에게 전달하였다.[18)]

장형은 많은 독립운동가들이 그랬듯이 별명을 사용하였다. 별명은 장세담(張世淡)이었다. 장형의 활동은 주로 군자금을 모집하여 제공하는 역할이었다. 장형이 독립운동에 참여한 것, 그리고 군자금 모집 활동을 하게 된 데에는 보성전문학교에 다닌 것이 계기가 되었다. 보성전문학교는 반일적 성격과 애국애족을 표방하던 대표적인 학교였고, 교장 노백린(盧伯麟)과 교사 남형우(南亨祐)는 경술국치 직후 중국으로 망명하여 임시정부의 군무총장과 법무차장을 맡기도 하였다.[19)] 장형은 이들에게 영향을 받았다. 특히 교주였던 손병희(孫秉熙)로부터는 군자금을 모집하는 방법을

18) 金承學, 『韓國獨立史』, 獨立文化史, 1967, 712쪽.

19) 김희곤, 『대한민국임시정부연구』, 지식산업사, 2004, 90쪽.

배웠다. 이러한 영향이 장형으로 하여금 독립운동에 참여하게 하였고, 군자금을 모집하는 활동에 나서게 만들었다.

장형이 군자금을 제공한 양기탁 · 유동열 · 전덕원 · 오동진 · 오광선 등은 서간도 지역에서 활동한 독립운동의 주요한 지도자들이었다. 양기탁은 대한통의부(大韓統義府) · 의성단(義成團) · 정의부(正義府) 등 남만주지역의 대표적 지도자로 임시정부에서 국무령(國務領)에 선출되기도 하였던 인물이고, 유동열은 105인 사건으로 투옥되었다가 탈출하여 상해 · 북경 · 서간도 · 연해주 등지로 오가며 활동하였다. 오동진은 서간도 관전현에서 대한청년단연합회(大韓青年團聯合會)와 광복군총영(光復軍總營)을 중심으로, 전덕원은 관전현에서 대한독립단(大韓獨立團)을 조직하여, 오광신은 신흥무관학교 출신으로 서로군정서(西路軍政署) 별동대장으로 활동한 인물이었다. 그리고 이시영은 서간도에서 신흥무관학교(新興武官學校)를 설립하여 활동하다가 상해에서 임시정부를 수립하고 해방 때까지 임시정부에서 활동하였다.

독립운동 자금을 모집하는 일은 독립운동의 가장 기초적인 일이었다. 만주나 중국 대륙 등 국외에 독립운동 기지를 마련하고 활동하는데, 특히 독립군들이 무장을 갖추는 데 군자금은 필수적이었다. 당시 독립군들이 무장을 갖추는 방법은 국내에서 군자금을 모집하고, 이를 가지고 러시아로 가서 그곳에 있던 체코 군인들에게 총과 탄약을 구입하는 것이 일반적이었다.[20]

---

20) 독립군들의 무기 구입에 대해 다음과 같은 회고가 있다. "동포들의 피어린 협력에 의하여 우리 부대는 불과 3, 4개월 사이에 무려 5백여 정의 소총을 구입하게 되었다. 그때 형편으로는 돈만 있으면 총기 사기는 그리 어렵지 않았다. 연해주 일대에는 체코 부대와 세묘노프 白黨

군자금을 모집하고 이를 조달하는 일은 주요한 독립운동이었다. 이회영(李會榮) · 이시영 6형제가 집안의 전 재산을 처분하여 서간도에 독립운동 기지를 건설하고 신흥무관학교를 세웠던 일,[21] 박상진(朴尙鎭) 등이 대한광복회를 조직하여 국내에서 자금을 모집하여 만주로 전달한 일, 그리고 상해(上海)에서 활동하던 김창숙(金昌淑)이 국내에 들어와 스승인 곽종석(郭鍾錫)의 문집을 간행하기 위해 마련한 자금을 모집하려다 발각된 일[22] 등이 대표적인 사례이다.

장형은 서간도 지역의 독립운동과 연계되어 활동하였다. 군자금 모집 활동은 극비리에 추진될 수밖에 없었다. 이로 인해 군자금 모집 활동과 관련한 자료들은 거의 남아 있지 않다. 장형은 서울을 비롯하여 강원도와 충청도 · 전라도 지역에서 여러 방법으로 군자금을 모집하는 활동을 전개하였다. 그의 군자금 모집과 관련한 활동에 대해서는 고중권의 재산 관리인이었던 이석하(李錫夏)의 다음과 같은 증언이 있다.

> 내가 확실하게 알고 있는 독립군(獨立軍) 군자금(軍資金) 공작활동(工作活動) 중 증언할 수 있는 것은 1933년 9월 내가 직접 고중권씨로부터 3천원을, 그리고 1934년 4월 서산 당진에 있는

부대들이 후퇴하면서 그 총기를 마구 팔고 도망쳤기 때문이다. 그리하여 그 어디서든 총을 용이하게 살 수 있어서 日貨로 15원만 주면 일제 38식 소총 한 자루에다 백 발이나 되는 탄환까지 살 수 있는 형편이었다."(金弘壹, 『大陸의 憤怒』, 문조사, 1972, 124쪽)

21) 서중석, 『신흥무관학교와 망명자들』, 역사비평사, 2001, 110~111쪽.

22) 金昌淑, 「躄翁七十三年 回想記」, 『金昌淑文存』, 성균관대 대동문화연구원, 1989, 233~239쪽.

이광(李鑛)씨로부터 2천원을 조달하여 장형[張炯, 당시 이름 장세담(張世淡)] 선생께 드린 일이며, 이는 내 일생의 자랑으로 삼고 있다. 나는 범정(梵亭) 선생이 침술의 명의(名醫)가 아니고 독립운동을 지원하는 자금 조달 책임자라는 데서 무조건 존경하게 되었고(하략)[23]

장형은 군자금 모집 활동을 하면서 장세담(張世淡)이란 별명을 사용하였고, 또 침술의 명의로 행세하였다.[24] 장형의 이러한 활동을 국내의 여러 인사들이 도왔다. 그 중에서도 자금 조달의 창구 역할을 하였던 대표적인 인물이 있었다. 박기홍(朴基鴻)이었다. 박기홍은 큰 재신을 가지고 있던 지주였고, 장훈학교를 운영하고 있던 육영사업가였다. 이러한 박기홍이 장형의 동지로서 국내의 거점과 창구 역할을 하였고, 그 자신도 많은 독립운동 자금을 제공하기도 하였다.

장형의 군자금 모집과 관련한 활동을 뒷받침 할 수 있는 자료들이 발굴되고 있다. 장형이 국내에서 군자금을 모집하는 활동을 하다가 일제 경찰에 피체되어 두 차례 투옥된 자료들이 최근 발굴된 것이다. 하나는 1930년 9월 4일자 《동아일보》에 장세담이 신의주 지방법원에서 예심종결을 받았다는 보도이다. 이는 장세담이 "심령술로 백병을 다 고친다고 흰소리를 하며 일만일천여 원의

23) 李錫夏의 증언(梵亭 惠堂紀念事業會, 『梵亭言行錄』, 檀國人會, 1996, 102~103쪽).

24) 장형은 국내에 들어와 심령술 · 지압 · 침술의 명의 등으로 행세하며 군자금을 모집하는 활동을 전개하였다. 이는 일제 경찰의 감시와 체포를 피하기 위한 방편이었다. 그리고 이런 행세를 하게 된 것은 그의 부친이 한의사였던 것과도 관련이 있었다.

거금을 편취하고 감옥살이를 하게 되었다"는 기사로, 신의주에서 예심을 받고 공판에 회부되었다는 사실을 전하고 있다.[25)]

다른 하나는 1938년에 피체되어 재판을 받은 판결문이 발굴되었다.[26)] 아직 검찰조서를 찾지 못해 구체적인 내용은 알 수 없지만, 판결문에 대략적인 내용이 나타나 있다. 이에 따르면 장형은 충남 당진군 송산면에 사는 홍봉유(洪琫裕)에게 병을 치유해주겠다며 2천6백 원을 차입하였다가 그의 병이 낫지 않은 상태에서 만주로 가겠다고 하여, 홍봉유에 의해 사기죄로 고소되었다. 이로 인해 장형은 세 차례 재판을 받았다. 1심은 대전지방법원 서산지청에서 있었고, 징역 1년형을 받았다. 2심은 경성복심법원에서 받았고, 역시 징역 1년이었다. 3심은 상고하여 고등법원 형사부에서 받았지만, 기각당하였다. 장형은 1930년과 1938년 두 차례 일제 경찰에 피체되어 재판을 받고 투옥되었는데, 모두 '사기죄'였다. 당시 일제는 군자금과 관련된 사건을 대부분 '사기죄'로 취급하였고, 이외에 '강도죄' '강도미수죄' 등을 적용하고 있었다.

이 판결문에 장형의 활동을 짐작할 수 있는 중요한 사실이 담겨 있다. 장형이 만주의 안동[安東, 현 단동(丹東)]에서 미곡상을 운영하였고, 길림성(吉林省) 반석현(盤石縣)에 정미소를 매입하였다는 사실이 그것이다.

---

25) 《동아일보》 1930년 9월 4일자, 「心靈術로 愚民詐欺 數萬圓을 騙取, 신의주에 잡혀잇는 장세담 二日附로 豫審終結」.

26) 장형이 1938년에 피체되어 재판을 받은 판결문이 3건이 발굴되었다. 「昭和13年刑公第316號」(大田地方法院 瑞山支廳, 1938년 8월 31일), 「昭和13年刑控第391號」(京城覆審法院, 1938년 10월 31일), 「昭和13年刑上第167號」(高等法院刑事部, 1939년 3월 13일)이 그것이다. 이는 독립기념관 한국독립운동사연구소 연구원 이홍구가 발굴하여 소장하고 있다.

> 피고인은 만주국 안동현에서 피고인의 자금 8,500원을 가지고 미곡상을 하고 있던 그의 조카 김제현(金濟鉉)으로 하여금 동국(同國) 길림성 반석현에서 정미소를 대금 2,000원으로 매수하였다. 계약금 300원은 지급하였고, 잔금 1,700원을 조달하기 위하여(후략)

이로보면 장형은 안동에 미곡상을 차렸다. 안동에서 '미곡상을 하고 있던 김제현'은 그의 조카로, 누이의 아들이었다. 당시 안동이란 곳은 독립운동에서 중요한 곳이었다. 국내와 서간도, 그리고 국내와 상해에 있는 임시정부의 중간 연락 거점 역할을 하던 곳이 바로 안동이었다.[27] 장형은 이런 안동에 미곡상을 차렸고, 더 나아가 길림성의 반석현에 정미소를 매입하였다. 이러한 사실은 판결문이 발굴되면서 드러난 것인데, 장형은 그 자신의 활동과 관련하여 다음과 같이 술회한 적이 있다.

> 내가 중국 땅에서 독립운동할 때 창고에 쌀을 가득히 쌓아 놓고, 그 쌀을 중국인들에게 팔아서 그 돈을 가지고 소만국경에 가서 무기를 구입하는 일을 전담하던 때가 있었는데[28]

판결문과 장형 자신의 술회가 일치한다. 장형은 국내에서 군자금을 모집하는 외에, 안동에서 미곡상을 경영하여 자금을 마련하기도 하였다. 그리고 자신이 직접 소만국경[만주리(滿洲里)]에 가서 무기를 구입하는 일을 담당하기도 하였다. 여기서 더 나아가

27) 孫科志, 『上海韓人社會史』, 한울, 2001, 46~50쪽.

28) 앞의 『梵亭言行錄』, 136쪽.

장형은 정미소를 매입하였다. 이는 보다 안정적으로 독립운동 자금을 마련하기 위한 것으로 보인다. 김좌진(金佐鎭)의 예에서 알 수 있듯이, 정미소는 독립운동 자금을 마련하기 위한 주요한 수단이었다. 김좌진은 북만주 해림(海林)에서 한족총연합회(韓族總聯合會)를 조직하여 활동할 때, 산시역(山市驛) 앞에 금성(金星)정미소를 차리고, 직접 이를 운영한 일이 있었다.[29)]

서간도를 중심으로 활동하였던 장형이 국민대학 설립기성회에 이사로 참여하게 된 계기가 있었다. 김홍일(金弘壹)과 만난 것이 그 계기였다. 김홍일은 귀주강무당(貴州講武堂)을 졸업하고 중국군 소장으로 복무하였던 인물로, 해방 직후 임시정부의 명을 받고 심양에 와 있었다. 임시정부는 1945년 8월 일제가 패망한 후 중국 지역에 산재해 있는 교포들의 생명과 재산을 보호하고자 했다. 만주 지역 동포를 보호하는 책임을 김홍일에게 맡겼다. 김홍일은 이를 위해 심양(瀋陽)에 도착하였고, 심양에 동북한교사무처(東北韓僑事務處)를 설치하고 동포들을 보호하는 활동을 하고 있었다.[30)] 그가 심양에 왔을 때, 많은 교포들이 그를 찾아왔다. 이러한 상황을 김홍일은 "내가 한국인이라는 사실이 알려져서 나에게 대한 축하와 고마움을 표시하기 위해 각지에서 찾아오는 교포들의 수가 많았다"라 서술하고 있다.[31)]

장형은 길림 반석현에서 해방을 맞았다. 그리고 심양에서 김홍일을 만났다. 김홍일은 평북 용천 출신으로 장형과 같은 고향이었

---

29) 徐紘一 · 李賢周, 「北滿洲에서의 韓國獨立運動」, 『中國東北지역 韓國獨立運動史』, 집문당, 1997, 490쪽.

30) 金弘壹, 『大陸의 憤怒』, 文潮社, 1972, 383~391쪽.

31) 金弘壹, 위의 책, 391쪽.

다. 이때 김홍일은 장형에게 "임시정부가 국내로 들어갔다. 여기에 있지 말고 국내로 들어가서 김구 선생을 도우라"고 하며, 통행증을 만들어 주었다고 한다.32) 당시 만주 지역은 소련군을 비롯하여 중국공산당과 중국국민당 군대가 점령하고 있었고, 각 지역을 통과하기 위해서는 통행증이 필요했다. 장형은 김홍일이 만들어 준 통행증을 갖고 무사히 귀국할 수 있었다. 그리고 귀국 후 곧바로 임시정부가 추진하는 국민대학 설립기성회에 참여하였다.

2) 국민대학 설립

임시정부의 대학 설립은 국민대학 설립기성회의 수도하에 이루어졌다. 기성회는 1946년 5월 18일 그 발족을 공표하고, 낙원동에 있는 옛 서북학회 회관 3층에 사무실을 마련하면서 대학 설립을 위한 활동을 시작하였다. 기성회는 고문·명예회장·회장과 이사진으로 구성되어 있었지만, 그 실무를 주도한 것은 회장인 신익희와 이사인 장형이었다.33) 이외에 후일 건국대학을 설립하는 유석창(劉錫昶)도 자주 사무실에 나왔다. 그는 건물 주인이었다.

기성회에서 구상한 대학 설립은 종합대학 규모였다. 기성회가 그 결성 사실을 공표하였을 때, 설립할 대학의 규모가 나타나 있다. 앞에서 언급했듯이 《동아일보》는 제목을 「국립대학 설립준비(國立大學設立準備) 신민동지회(新民同志會)서 기성회결성(期成會結成)」으로 뽑아, '국립대학'을 설립하는 것으로 보도하였다. 그리

32) 張忠植 증언(2007년 3월 17일 자택에서 이성규 교수와 함께 청취).

33) 앞의 『國民大學校60년사』(통사편), 35쪽.

고 우선 제1기로 야간부만을 두고, 예과와 전문학부 학생을 모집한다고 하면서, 학제는 전문부(專門部)·예과(豫科)·법문학부(法文學部)·이공학부(理工學部)·의학부(醫學部)로 한다고 한 것이다.[34] 이로보면 기성회는 종합대학을 설립한다는 원대한 구상을 갖고 있었다.

기성회는 대학 설립을 위한 기금을 모집하였다. 우선 창립 기금으로 5천만 원을 모집한다는 계획을 세웠다. 기금 모집과 관련해서는 알려진 것이 없다. 기부자들을 접촉하였지만, 기금을 모집하는 일은 여의치 않았다. 기금을 모집하는 일이 어렵게 되자, 장형이 나서서 기금을 마련하였다. 그 시기는 분명치 않지만, 조희재(趙喜在)가 5만 평의 토지를 내놓았다.[35] 조희재는 장형의 동지였던 박기홍(朴基鴻)의 부인이었다. 기금 모집과 관련하여『국민대학교 60년사』는 다음과 같이 서술하고 있다.

> 그런데 국민대학은 기성회 설립 당시 5만 평의 토지 기부를 약속했던 박기홍의 미망인 조희재 여사와 이사진으로 참여한 장형 등이 여러 가지 이유로 손을 떼면서 재단을 구성할 교사 하나 없이 어려움을 겪게 되었다.[36]

5천만 원을 모집한다는 계획이었지만, 기금은 제대로 마련되지 못하였다. 토지를 기부하기로 했던 조희재와 장형이 손을 떼면서

---

34) 《동아일보》 1946년 5월 18일자, 「國立大學設立準備 新民同志會서 期成會結成」.

35) 檀大30년사편찬위원회, 『檀國大學校三十年史』, 단국대학교출판부, 1977, 78쪽.

36) 앞의 『國民大學校60년사』(통사편), 36쪽.

국민대학이 재단을 구성하거나 교사 하나 없을 정도로 어려움을 겪었다는 것으로 보면, 모집한 기금은 토지 5만 평이 전부 아니었나 싶다.

기성회는 1946년 9월에 개교한다는 목표 아래, 대학 설립을 추진하였다. 개교일을 9월로 잡은 것은 미군정 학무국에서 학기제를 변경하였기 때문이었다. 미군정은 1945년 11월 조선교육심의회를 구성하고, 교육정책에 대해 전반적인 정책을 마련토록 한 일이 있었다. 조선교육심의회에서 1946년 3월 7일 신교육제도를 결정하여 발표하였는데, 제1학기는 9월부터 다음 해 2월까지, 제2학기는 3월부터 8월까지로 한다고 하였다.[37] 이에 의해 제1학기가 9월 1일부터 시작하게 됨에 따라 개교 일자를 9월로 잡은 것이다.

그러나 기성회의 대학 설립 추진은 어려움을 겪게 되었다. 설립 기금이 제대로 마련되지 못한 것도 있었지만, 미군정이 기성회가 신청한 대학 설립 인가를 내주지 않은 것이다. 당시 미군정은 국립대학 설립을 추진하고 있었다. 1946년 7월 13일 국립서울대학교를 신설한다는 것을 발표한 것이다.[38] 미군정이 추진하는 국립서울대학 설립은 임시정부에서 추진하는 대학 설립을 경계한 면이 없지 않았던 것으로 보는 견해가 있다.[39] 이는 《동아일보》가 국민대학 설립기성회의 결성을 보도하면서, '국립대학 설립준비'라고 보도하여, 임시정부에서 추진하는 대학이 국립대학으로 인

---

37) 손인수, 『미군정과 교육정책』, 민영사, 1992, 233쪽.

38) 柳東熙, 「美軍政期 大學設立에 관한 硏究」, 명지대 대학원 박사학위논문, 2001, 50쪽.

39) 조동걸, 「臨政요인의 국민의 대학 설립」, 『韓國近現代史의 理解와 論理』, 지식산업사, 1998, 376쪽 ; 장석홍, 앞 논문, 655~656쪽.

식된 이유도 있었다.

또 신익희가 주도한 '제2쿠테타'도 어려움을 겪게 만들었다. 신익희가 주도하는 정치공작대와 행정연구위원회는 8월 29일 국치일을 맞이하여 미군 철수를 요구하는 시위, 그리고 입법권과 행정권을 임시정부의 비상국민회의로 이양할 것을 요구하는 시위를 계획하고 있었다.[40] 이러한 계획이 사전에 발각되었다. 이로 인해 신익희가 미군정에 연행 감금된 것이다.

여러 가지 어려움이 있었지만, 기성회는 교사를 마련하고 대학을 설립하였다. 기금이 확보되지 않아 별도로 교사(校舍)를 마련할 수 없었다. 교사는 보인상업학교 별관 건물을 빌려 쓰기로 했다. 여기에는 보인상업학교 상무이사 이종국의 역할이 컸다. 이종국은 임시정부가 추진하는 3·1절 기념대회 준비위원회에 참여하고, 임시정부를 위한 독립헌금실행단이 결성될 때 감사로 활동하던 인물이었다. 이러한 관계로 보인상업학교측에서 교사를 빌려주었고, 시설도 제공하였다.

학생을 모집하고 교사를 마련한 후, 기성회는 신학기에 맞추어 개교하는 것으로 대학을 설립하였다. 1946년 9월 1일 보인상업학교에서 모집한 학생들이 참가한 가운데 개교식을 거행한 것이다. 당초의 계획은 종합대학 규모로 설립한다는 것이었지만, 현실이 그렇지 못했다. 학교의 명칭은 '국민대학관'으로, 그리고 학부와 전문부를 두기로 하고, 법학과와 정경학과로 출발하였다.[41]

---

40) 이강수, 「국민대학교와 미군정」, 『해공의 건학이념과 국민대학교 설립의 역사적 의의』, 국민대학교 개교53주년기념 학술회의 발표문, 1999, 44쪽.

41) 장석홍, 앞 논문, 655쪽.

이로써 국민대학이 설립되었다. 국민대학의 설립은 기성회를 통해 이루어졌지만, 임시정부가 설립한 것이나 마찬가지였다. 기성회의 실무를 맡아 대학 설립을 주도한 것은 신익희와 장형이었다. 그 중에서도 장형의 역할이 적지 않았다. 신익희가 정치공작대와 행정연구위원회를 관리 운영하면서 어려움을 겪고 있을 때, 장형이 실무를 맡고 기금을 마련함으로써 국민대학을 설립할 수 있었던 것이다.

4. 김구와 장형, 건국실천원양성소 설립 운영

1) 건국실천원양성소 설립

국민대학을 설립한 후, 김구는 별도로 건국실천원양성소를 설립하였다. 건국실천원양성소는 말 그대로 '건국실천원', 즉 건국에 필요한 인재를 양성하기 위한 것으로, 1개월 과정의 임시 교육기관이었다.

김구가 건국실천원양성소(이하 건실로 약칭)를 설립한 것은 국내에 들어가 과도정권을 수립한다는 임시정부의 계획을 추진하기 위한 방편이었다. 앞에서 언급했듯이 임시정부는 1945년 9월 3일 주석 김구 명의로 국내에 들어가 과도정권을 수립하고, 임시정부의 모든 직능을 과도정권에 인계한다는 내용의 당면 정책을 발표한 일이 있었다.

임시정부는 환국 후, 과도정권을 수립하고자 하였다. 환국 직후 정치공작대와 행정연구위원회를 설립한 것이 그 시작이었다. 정치공작대는 임시정부의 조직을 국내 각 지방으로 확대하기 위한 것이었고, 행정연구위원회는 과도정권 수립에 필요한 행정을 준비하기 위한 것이었다. 그리고 모스크바3상회의에서 한국을 신탁통치하기로 결정하였다는 소식이 전해지자 즉각 반탁운동을 전개하고, 임시정부가 정권을 행사하겠다는 내용의 '국자포고'를 발표한 것도 그 일환이었다. 그러나 '국자포고' 사건을 계기로 미군정의 견제와 감시를 받게 되면서, 임시정부가 추진하려는 과도정권 수립은 어려움을 겪게 되었다.

김구는 임시정부 명의로 추진하는 것이 어렵게 되자, 방법을 바꾸었다. 1946년 1월 4일 "남의 손을 기대할 것 없이 우리의 손으로 신속하고 강고한 과도정권을 수립하자"고 하면서, 그 방법으로 각계각층의 혁명 당파와 종교 단체를 비롯한 혁명 영수들을 망라하여 비상정치회의를 소집하자고 한 것이다.[42] 임시정부 명의로 추진하는 것이 아니라, 국내의 각 정당 및 단체의 대표들로 비상정치회의를 구성하고, 이를 중심으로 과도정권 수립을 추진하자는 것이었다.

이러한 김구의 제의는 결실을 맺었다. 한 달여의 준비를 거쳐 1946년 2월 1일 각계 인사 195명이 참가한 가운데, 명동 천주교회당에서 비상국민회의(非常國民會議)를 결성한 것이다.[43] 비상국민회의는 임시정부의 국회 역할을 하던 임시의정원을 계승한 것으로, 그 후계체나 다름없었다. 비상국민회의 의장과 부의장은 임

42) 《서울신문》 1946년 1월 5일자, 「비상정치회의를 즉각 소집하자」.

43) 《조선일보》 1946년 2월 1일자, 「비상국민회의 개막」.

시의정원 의장과 부의장인 홍진(洪震)과 최동오(崔東旿)가 그대로 맡았다.[44)]

김구는 비상국민회의를 통해 과도정권 수립을 추진하고자 하였지만, 이 역시 미군정의 제재로 어려움을 겪게 되었다. 비상국민회의가 활동을 시작하자, 미군정 사령관 하지가 "과도정권을 수립하기 전에 임시정부를 분쇄해야 한다"며, 지금이 임시정부의 권위를 빼앗을 적절한 시기라는 내용의 훈령을 내려 보낸 것이다.[45)] 미군정은 이를 행동으로 옮겼다. 비상국민회의가 결성된 지 보름만인 2월 14일 비상국민회의의 최고정무위원회를 대한국민대표민주의원으로 개편하고, 이를 미군정의 자문기관으로 만들었다.

과도정권 수립을 어렵게 만든 것은 미군정의 제재뿐만 아니었다. 국내의 정치적 상황도 어려움을 증폭시켰다. 과도정권을 수립하기 위해서는 민족의 역량을 하나로 모아야 했지만, 해방 정국에서 수많은 정당 및 사회단체들이 결성되어 활동하고 있었다. 그리고 반탁과 찬탁을 둘러싸고 좌우익으로 나뉘어 극렬한 대립으로 치달았고, 이승만(李承晩)은 1946년 6월 3일 '정읍발언'을 통해 단독정부 수립을 주장하고 나섰다. 그리고 김규식과 여운형의 주도로 추진되었던 좌우합작운동마저 결렬되면서, 과도정권 수립은 더욱 어려운 상황이었다.

김구는 이러한 상황을 보면서, 독립운동 때에 투사가 필요하였듯이, 건국을 위해서도 독립투사와 같은 인재가 필요하다는 생각을 갖게 되었다. 과도정권을 수립하려고 하는 것은 그 자체에 목

---

44) 한시준, 『의회정치의 기틀을 마련한 홍진』, 탐구당, 2006, 320쪽.

45) 도진순, 「1945-1946년 미국의 대한정책과 우익진영의 분화」, 『역사와 현실』 7, 한국역사연구회, 1992, 361쪽.

적이 있는 것이 아니었다. 자주적인 통일민족국가를 건설하기 위한 과정이요 단계였다. 김구는 자주적 통일민족국가를 건설하기 위해서는 이를 실천해 나갈 수 있는 인재를 양성하는 일이 시급하다고 여겼다.

김구는 건국에 필요한 인재를 양성하고자 하였다. 실무는 자신의 최측근인 엄항섭(嚴恒燮)에게 맡겼다. 엄항섭은 여러 인사들과 협의하여 건국실천원양성소(이하 건실로 약칭함)를 설립하기로 하고, 1946년 12월 7일 건국실천원양성소기성회를 발족시켰다. 건실기성회는 건실을 설립하기 위한 준비 기구였다. 김구 자신이 준비위원장을 맡았고, 진승록 · 안호상 · 황기성 · 손홍린 · 김석길 등 5명이 위원이었다.[46)]

건실기성회는 3개월의 준비를 거쳐, 건국실천원양성소를 설립하였다. 1947년 3월 20일 용산의 원효사(元曉寺)에서 입소생과 관련 인사 2백여 명이 참가한 가운데 건실의 개소식을 거행한 것이다.[47)] 건실은 김구가 직접 맡아 운영하였다. 설립 당시 건실은 소장과 상무이사 체제였고, 김구가 소장이었다.

소　　장 : 김구
상무이사 : 황기성, 김석길, 손홍린, 진승록, 안호상, 강낙원[48)]

---

46) 《自由新聞》 1946년 12월 7일자, 「建國實踐員養成所 設立準備」; 《동아일보》 1946년 12월 8일자, 「건국실천원양성소기성회 조직」.

47) 白凡金九先生全集編纂委員會, 『白凡金九全集』8(건국 통일운동), 대한매일신보사, 1999, 232쪽.

48) 이홍구, 「해방 후 백범 김구의 建國實踐員養成所의 설립과 운영」, 『백범과 민족운동연구』 6, 백범학술원, 2008, 314쪽.

건실은 건국에 필요한 인재를 양성하기 위한 임시 교육기관이었다. 건실은 매기마다 100여 명의 입소생을 모집하여, 1개월간 교육을 실시하였다. 입소생들은 20세에서 45세까지 중등교육을 받은 성인 남녀들을 대상으로 하였고, 한국독립당·대동청년단·대한청년단 등 애국 단체에서 추천을 받아야 입소할 수 있었다. 1947년 5월 제1기생이 수료한 이래 1949년 12월 해체될 때까지 모두 9기생이 수료하였다.[49)]

건실에는 유능한 청년들이 모여들었다. 강사진도 정치·경제·언론·교육 등 각 분야의 명망가들로 구성되었다. 그러나 운영은 여의치 않았다. 입소생들에게 교육비를 받지 않아 적지 않은 재정이 필요하였지만, 김구가 운영하는 건실에 재정적 지원을 하는 인사가 많지 않았던 때문이었다. 더욱이 1949년 6월 김구가 암살당하면서, 건실과 관련한 인사들이 당국으로부터 조사와 탄압을 받았다. 이로인해 건실을 유지 운영하는 일은 더욱 어려워졌다. 결국 건실 이사회는 1949년 8월 해산을 결정하였고,[50)] 그해 12월 건실은 완전히 해체되었다.

---

49) 이홍구, 앞 논문, 318~338쪽.

50) 《朝鮮中央新聞》 1949년 8월 25일자, 「金九가 소장으로 있던 建國實踐員養成所를 해산하기로 결정」. 이후 건실은 홍익대 재단이 인수하였고, 1949년 12월까지 운영하였다.

2) 건국실천원양성소 운영

건실은 1947년 3월부터 1949년 12월 해체될 때까지 3년 가까이 운영되었고, 이동안 모두 9기생이 수료하였다. 그렇지만 이와 관련된 자료들이 별로 남아 있지 않다. 건실 수료생들이 1970년대에 들어와 동문회를 결성하고, 관련 자료들을 수집하기 시작하면서 몇 가지 새로운 자료들이 발굴되었다. 새로 발굴된 자료들 중에 장형이 이사장으로 건실의 운영에 깊게 관련되어 있음이 나타나 있다.

장형은 건실의 이사장을 맡고 있었다. 새로 발굴된 자료 중 제5기와 제8기 수업생(受業生) 명부(名簿)가 있다. 여기에 건실의 기구와 조직이 나타나 있고, 장형이 제5기에 건실 이사장으로 활동 사실이 보인다. 현재까지 확인할 수 있는 건실의 조직과 기구는 다음과 같다.

설립 당시 (1947. 3)	제5기 (1948. 11.1 - 12. 19)	제8기 (1949. 6. 5. 수료)
소　　장 : 김구 상무이사 : 6명	명예소장 : 이승만 소　　장 : 김구 부 소 장 : 엄항섭 이 사 장 : 장형 이　　사 : 8명 감　　사 : 2명 직　　원 : 5명	명예소장 : 이승만 소　　장 : 김구 부 소 장 : 김학규 이 사 장 : 엄항섭 이　　사 : 12명 감　　사 : 1명 직　　원 : 6명

건실은 설립 당시 이사장이 없었다. 소장과 상무이사로만 구성되었다. 이사장직이 언제부터 있었는지는 확인되지 않지만, 제5기부터는 이사장이 있었다. 장형이 제5기에만 이사장으로 있었는지, 아니면 그 앞과 뒤에도 이사장으로 활동하였는지는 확인할 수 없다. 장형이 건실의 이사장을 맡게 된 경위에 대해서는 알려진 것이 없지만, 건실의 재정 관계 때문이었다. 설립 당시 건실에 재정적 지원을 한 것은 이사진들이었고, 그 중에서도 손홍린이 큰 역할을 한 것으로 알려져 있다.[51] 그는 건실 설립에 필요한 자금을 제공하였고, 적산으로 불하받은 건물을 건실의 사무소로 제공하기도 하였다.

그러나 건실의 운영에 적지않은 재정이 필요했다. 입소생들은 합숙을 원칙으로 하였고, 1백여 명에 달하는 입소생들의 숙식비를 감당해야 했기 때문이다. 그렇다고 김구가 소장으로 있는 건실에 재정적 지원을 하는 인사도 없었다. 건실에서는 입소생들에게 일정한 합숙비를 납부하도록 하기도 하였지만, 재정적으로 커다란 어려움을 겪고 있었다. 김구는 재정적 어려움을 해결하기 위해 이사장직을 만들고, 장형으로 하여금 이사장을 맡도록 하였다. 앞에서 언급했듯이, 장형은 해방 직후 심양에서 만난 김홍일이 '국내에 들어가 김구 주석을 도우라'는 말을 듣고 귀국하여, 임시정부가 추진하는 국민대학 설립에 참여한 일이 있었다. 김구가 제의하였을 때 장형은 이를 받아들였고, 건실의 이사장을 맡았다.[52] 그리고 건실 운영에 소요되는 재정적 지원을 하였다.

---

51) 이홍구, 앞 논문, 332쪽.

52) 張忠植 증언(2007년 3월 17일, 자택에서).

장형은 건실에 대해 적극적으로 후원하였다. 이사장으로 재정을 지원하였을 뿐만 아니라, 자신을 비롯하여 단국대 이사·학장·교수·학생들을 건실에 참여하도록 한 것이다. 단국대 부학장 김정실(金正實)은 건실의 이사를 맡았다. 그리고 장형 자신이 직접 강사(講師)로 나서 국민사상(國民思想)이란 과목을 맡아 강의하였고, 단국대 학장 장도빈(張道斌)과 교수 정낙진(丁洛鎭)도 강사로 국사(國史)와 민법(民法)을 강의하였다.[53)]

김구와 장형과의 관계는 각별하였던 것 같다. 문헌자료로 남아 있는 것은 없지만, 증언이나 사진을 통해 이들의 관계를 짐작할 수 있다. 장충식의 증언에 의하면, 김구와 장형 사이에는 편지를 통해 수시로 연락을 하고 있었고, 자신이 편지를 전달하는 심부름을 맡았다고 한다. 그리고 1949년 1월 18일 장형의 환갑 때 김구가 내수동에 있는 장형의 집을 방문하여, 김구·장형·장도빈·엄항섭·박정숙·김정실·양주동이 함께 찍은 사진이 전해지고 있다.

김구가 장형의 집을 방문하였을 때, 그곳에 있던 학생회 간부가 그 정황을 증언해 놓은 것도 있다. 장형이 김구에게 "형님이 이렇게 오셨으니 학생들에게 기억에 남을 만한 말씀을 해주시오" 하자, 김구는 학생들을 향해 다음과 같은 말을 하였다고 한다.

> 단국대학은 우리나라 국민 전체의 대학이며, 학생들은 우리 국민 전체를 대표하여 공부한다고 생각하고 열심히 노력하라고 하면서 "첫째도 나라사랑, 둘째도 나라사랑, 셋째도 나라사랑하는 사람

---

53) 건국실천원양성소에서 대한민국 30년(1948년) 12월 19일자로 작성된 〈第五期受業生名簿〉(백범기념관 소장 자료).

이 되어주길 바라며, 더욱이 범정(梵亭) 아우의 애국애족(愛國愛族)하는 기풍(氣風)이 단국대 학생들에게 넘칠 것을 바라마지 않는다"고 말하던 것이 지금도 생생하게 떠오른다.[54]

장형은 김구를 '형님'이라 불렀고, 김구는 장형을 '아우'라고 불렀다. 장형이 건실의 이사장을 맡은 것은 김구와의 이러한 관계 때문이었다. 관련 자료들이 남아 있지 않아 더 자세한 내용은 확인할 수 없지만, 적어도 장형은 김구와 각별한 관계를 맺고 있었고, 김구가 설립한 건실의 운영에도 이사장을 맡아 깊게 관여하고 있었다는 사실은 알 수 있다.

5. 장형의 국민대학 결별과 단국대학 설립

1) 국민대학과 결별

장형은 국민대학 설립기성회에 참여하여 이사로서 신익희와 함께 국민대학을 설립하였다. 그리고 신익희와 함께 국민대학을 운영해 나갔다. 신익희는 학장이었고, 장형은 이사장을 맡고 있었다.[55] 국민대학을 설립하고 운영하던 장형은 국민대학과 결별하게 되었다.

국민대학과 결별하게 된 직접적인 계기는 신익희가 임시정부와 한국독립당을 떠나 이승만 측과 한국민주당에 합류한 때문이었다.

---

54) 姜在勳, 「白凡 金九선생과 梵亭 張炯선생」(앞의 『梵亭言行錄』, 154쪽).
55) 『國民大學30년사』, 69쪽에는 이사로 되어 있다.

신익희는 임시정부의 내무부장이었다. 환국 후에도 내무부장으로 정치공작대와 행정연구위원회의 책임을 맡아 활동하고 있었다. 그러나 정치공작대가 해체되면서, 신익희는 임시정부를 떠났다. 정치공작대의 해체 과정에 대해서는 소상하게 알 수 없지만, 미군정 보고서에 1946년 4월 28일과 29일에 김구와 이승만이 정치공작대 임시 대표대회를 소집하고, 정치공작대를 이승만이 주도하고 있던 독립촉성국민회에 합류하도록 한 것으로 나타나 있다.[56)]

정치공작대는 '국자포고' 사건 이후 미군정으로부터 해체 압력을 받고 있었다. 임시정부가 이에 어떻게 대처하였는지는 알려져 있지 않지만, 당시 신익희의 비서였던 신창현(申昌鉉)은 "미군정의 압력에 견디지 못하여 임시정부와 임시의정원이 합동회의를 열어 임시정부의 손발과도 같은 지방조직체인 대한민국임시정부 내무부 정치공작대의 해체를 의결하기에 이르렀다"고 하였다.[57)] 이로보면 신익희는 임시정부에서 정치공작대 해체를 결의하였다고 생각하였던 것 같다.

신익희는 임시정부가 정치공작대를 해체한 데 대해 상당히 분격해 하였다. 신창현은 이러한 상황을 "이때 해공은 해체 결의에 찬동하는 그 사고(思考)에 불만과 한심함을 금치 못하였다", "가슴 속에는 상심과 분노로 꽉차 있었다"고 하면서, 신익희는 이 울화를 가라앉히느라 친구들을 찾아다니며 술토색으로 일과를 보냈다고 서술하고 있다.[58)]

임시정부 요인들과 신익희 사이에 오해도 있었던 것 같다. 신

---

56) 박진희, 앞 논문, 197~198쪽.

57) 申昌鉉, 『海公 申翼熙』, 244쪽.

58) 申昌鉉, 위의 책, 245쪽.

익희는 국내에 들어온 후 정치공작대와 행정연구위원회를 주관하면서 자신의 독자적인 세력 기반을 구축하게 되었다. 이에 대한 임시정부의 시선이 곱지 않았을 수도 있다. 한국민주당의 인사가 김구를 찾아와 "이제 이 천하는 김구의 천하가 아니라 신익희의 천하다"라는 충동질을 한 경우도 있었다는 것이[59] 그런 생각을 갖게 한다.

이러한 요인들이 신익희로 하여금 임시정부를 떠나게 만들었다. 직접적 원인은 정치공작대 해체였다. 신익희는 "임시정부의 조직체이며 임시정부의 손과 발 노릇을 할 엄청난 기반을 잘라버리고 어떻게 독립운동을 할 수 있단 말인가"라며, 임시정부를 떠났다고 한다.[60] 임시정부를 떠난 신익희는 이승만과 손을 잡았다. 이승만이 주도하고 있던 독립촉성국민회에 참여하여 그 부위원장으로 활동한 것이다.[61]

임시정부를 떠난 이후, 신익희는 한국독립당에서도 탈당하였다. 한국독립당은 임시정부의 기초 세력이었고, 임시정부와는 표리일체의 관계였다. 신익희는 이승만의 독립촉성국민회에 참여하여 활동하면서도 한국독립당 서울시당 부위원장을 맡고 있었다. 그러나 1947년 7월 '자유로운 입장에서 정치활동을 한다'며, 한국독립당을 탈당하였다.[62] 그리고 한국민주당에 들어갔다.

신익희가 임시정부와 한국독립당을 떠나 이승만 측과 한국민주

---

59) 박진희, 앞 논문, 191쪽.

60) 申昌鉉, 앞의 책, 294쪽.

61) 박진희, 앞 논문, 202쪽.

62) 《동아일보》 1947년 7월 20일자, 「신익희 한독당 탈당」(앞의 『白凡金九全集』 8, 263쪽).

당에 참여하면서, 장형은 국민대학과 결별하였다. 국민대학과 결별한 것은 1947년 7월 신익희가 한국독립당을 탈당한 직후였다. 장형은 신익희가 임시정부를 떠난 데 이어 한국독립당마저 탈당한 것을 임시정부와 김구에 대한 '배신'이라고 여겼다. 그 장면을 직접 목격하였던 장충식은 당시의 상황을 다음과 같이 증언하고 있다.[63)]

> 내가 기억이 나는데, 내수동 집에 해공 선생이 오셨어요. 우리 집에서는 손님이 오면 여자가 안 들어가요. 저나 아버지 비서들이 차를 가지고 들어갑니다. 차를 가지고 들어가는데 "아, 범정 왜 이러십니까"하고 야단이 났어요. 우리 아버지가 "해공, 어찌 백범을 배신할 수 있단 말이요"하면서, 해공 선생을 막 때리세요. 그때 안에서 싸움이 나니까, 따라온 사람들이 들어가서 말렸죠. 그때 이제 결별하게 된 거에요.

장형은 신익희가 임시정부와 한국독립당을 떠나 이승만 측과 한국민주당에 참여한 것을 임시정부와 김구에 대한 '배신'이라고 여긴 것이다. 이 무렵 김구와 이승만은 정부 수립 문제를 둘러싸고 노선을 달리하고 있었다. 이승만은 남한만의 단독정부 수립을 주장하였고, 김구는 이를 민족을 분단시키는 일이라고 비판하면서 통일정부 수립을 주장하고 있었던 것이다. 신익희의 행동을 임시정부와 김구에 대한 '배신'이라고 여긴 장형은 국민대학과 결별하였다.

장형은 국민대학과 결별하면서, 조희재가 기증하기로 한 5만

---

63) 장충식 증언(2007년 3월 17일, 자택에서).

평의 토지를 취소하였다. "국민대학은 기성회 설립 당시 5만 평의 토지 기부를 약속했던 박기홍의 미망인 조희재 여사와 이사진으로 참여한 장형이 여러 가지 이유로 손을 떼면서"란 서술이 그것이다.[64] 기부하기로 한 토지를 취소한 것은 별도의 대학을 설립하기 위해서였다.

2) 단국대학 설립

장형은 국민대학과 결별한 후, 독자적으로 대학 설립을 추진하였다. 국민대학은 임시정부에서 세운 대학이지만, 그 정신을 잇기가 어렵다고 보았다. 신익희가 임시정부를 '배신'함으로써, 임시정부가 세운 대학이라는 의미를 가질 수 없다는 생각이었다. 장형은 임시정부와 김구의 독립운동 정신을 계승한 대학을 별도로 설립하고자 하였다.

국민대학과 결별한 후, 장형은 곧바로 대학 설립을 추진하였다. 대학 설립 문제를 조희재와 의논하였다. 조희재는 대학 설립에 적극 찬동하고, 자신이 소유하고 있던 토지 80만 평을 내놓겠다고 하였다. 장형 자신도 그의 조부가 가지고 있던 제천의 산판을 매각하여 보탰다. 이로써 대학 설립을 위한 기본 재산이 마련되었다.

장형과 조희재는 대학 설립을 추진하기 시작하였다. 1947년 7월 김정실과 이석하에게 대학 설립을 위한 준비에 착수하도록 지시한 것이다.[65] 김정실은 국민대학 교무처장으로 있으면서 장형

---

64) 앞의 『國民大學校60년사』(통사편), 36쪽.

65) 李錫夏, 「設立者 梵亭 張炯先生」(앞의 『梵亭言行錄』, 102~104쪽).

을 적극 도왔던 인물이었고, 이석하는 고중권의 재산 관리인이었다. 그리고 제자인 강재훈(姜在勳)과 신주현(申周鉉)으로 하여금 실무를 보조케 하였다.

장형은 대학 설립을 추진하면서 여러 인사들을 만났다. 김구를 비롯하여 보성전문학교 시절부터 친구이자 민족주의 사학자인 장도빈, 민족주의 사학자이면서 언론인이었던 안재홍(安在鴻), 대종교의 안호상(安浩相) 등 여러 분야의 인사들이었다. 장형은 이들에게 국민대학과 결별한 이유와 별도로 대학을 설립하고자 하는 취지를 설명하는 한편, 대학 설립에 관한 의견을 구하였다.

이 과정에서 학교의 이름이 '단국(檀國)'으로 결정되었다. 장형은 교명에 대한 의견을 구하면서, '지금 임시정부와 김구가 나서서 남북통일과 통일정부수립을 주장하고 있는데, 학교의 이름은 남북통일에 기여하고 그것을 상징하는 의미를 담으면 좋겠다'는 의견을 피력하였다. 이에 대해 안호상·안재홍·장도빈 등은 '통일국가를 수립하려면 민족의 동질성을 찾아야 한다. 우리 민족은 단군의 자손이 아니냐. 남북을 막론하고 단군의 건국정신을 받아들여야 한다'는 의견을 내놓았다. 이에 따라 남북통일과 통일정부수립을 위해서는 단군의 건국정신을 고취해야 한다는 뜻에서 교명을 '단국'으로 결정하였다.

교명을 '단국'으로 결정한 데 대해 『단국대학교50년사』에는 다음과 같은 두 증언이 수록되어 있다.

> 우리 민족은 단일민족으로서 국호야 어찌되었든 단군성조(檀君聖祖)의 한 자손으로 우리는 이 땅의 주인이며, 이 땅을 지키고, 이 나라를 번영시켜야 할 책임이 있는 것이야. 이 땅을 번영시키기 위

> 해서는 무엇보다 온 국민이 올바른 교육을 받아야 되며, 그 올바른 교육이란 곧 단군성조의 홍익인간(弘益人間) 정신이라 믿으며, 그 정신은 단군으로부터 이어오는 하나의 핏줄의식을 강조하고, 그것을 이 나라 후손들의 가슴속에 심어서 나라사랑과 겨레사랑의 의욕을 고취해야 됨으로 교명을 단국대학이라 명명하고, 단군의 건국이념을 곧 건교이념(建校理念)으로 삼고자 하였기 때문일세

> 내가 어린 나이였지만 나의 선친과 장도빈 선생님, 그리고 뜻을 같이했던 분들이 모여 학교이름을 놓고 여러 가지 말씀을 하는 것을 들었어요. 결국 국조(國祖) 단군(檀君)의 홍익인간(弘益人間)을 교육이념으로 하기 위해서는 단국에서 '단(檀)'자를 따고 애국사상을 고취하기 위해서는 애국에서 '국(國)'자를 따서 '단국(檀國)'이라고 하는 것이 좋겠다는 이야기를 하시면서 만족해 하셨어요

앞의 것은 동문인 조동규가 장형으로부터 들었다고 하는 내용이고, 뒤의 것은 장충식의 증언이다. 장충식의 증언에 학교 이름을 정할 때 장도빈을 비롯한 여러 인사들이 관여하고 있었다는 사실이 나타난다.

흔히 '단국'이란 교명은 단군의 건국정신을 기리는 데서 나온 것으로, 그리고 '단국대학'은 단군에 그 뿌리를 두고 있는 것으로 알고 있다. 단국대학을 설립한 계기나 연원을 단군에서 찾는 것은 설립자의 의도를 제대로 파악하지 못한 것이 아닌가 한다. 장형이 설립하고자 한 대학은 임시정부와 김구의 독립정신을 계승하고자 한 데 있었고, '단국'이란 교명은 임시정부와 김구가 추진하고 있던 통일국가수립을 지지하면서 민족의 동질성을 강조하려는 의도에서 나온 것이었다.

교명을 '단국'으로 결정한 후, 장형은 단국대학 설립준비위원회를 결성하였다. 설립준비위원회 결성시기는 분명치 않지만, 1947년 9월 15일 이전이었다. 9월 15일자로 설립준비위원회 명의로 미군정청에 설립인가를 신청한 것이다.[66] 단국대학 설립준비위원회는 다음과 같이 조직되었다.

> 설립준비위원장 : 조희재(趙喜在)
> 이사장 겸 이사 : 장형(張炯)
> 이사 : 조희재(趙喜在), 박정숙(朴正淑), 김정실(金正實), 이담(李淡), 백원강(白原康), 장훈(張勳), 이석하(李錫夏), 장도빈(張道斌)
> 감사 : 김홍제(金鴻濟)[67]

설립준비위원회는 조희재를 위원장, 장형을 이사장으로 하였고, 8명의 이사와 감사로 구성되었다. 이사 중 박정숙은 조희재의 여식이었고, 이담은 배영학관(培英學館) 이사였다. 그리고 백원강은 중국 봉천 일대에서 활동한 유명한 권투 선수로 독립운동 시절 장형을 도왔던 인물이었고, 장도빈은 민족주의 사학자로 보성전문학교 시절부터 장형의 친구였다.

설립준비위원회가 결성되면서, 대학 설립은 본격화되었다. 설립준비위원회는 낙원동에 있는 조선정치학관(朝鮮政治學館) 2층에 사

---

66) 미군정청에 제출한 설립인가신청서는 확인할 수 없지만, 1947년 11월 1일 南朝鮮過渡政府 文敎部長 兪億兼 명의로 설립인가를 승인한 '文高發 제51號'가 있다. 이에 의하면 1947년 9월 15일에 재단설립인가를 신청한 것으로 되어 있다.(앞의 『檀國大學校三十年史』, 79쪽)

67) 앞의 『檀國大學校三十年史』, 80쪽.

무실을 마련하였다. 조선정치학관은 유석창의 소유였다. 설립준비위원회는 대학 설립에 필요한 행정적인 절차를 밟는 한편, 학제를 결정하고 학생을 모집하면서 개교를 위한 준비를 추진하였다.

대학 설립을 위한 행정적인 절차로 미군정청에 재단법인과 대학 설립을 요청하여 승인을 받았다. 설립준비위원회는 1947년 9월 15일 재단법인, 대학 설립, 이사장 승인 등을 미군정청에 요청하였다. 한 달 보름만인 11월 1일 인가를 받았다. 남조선과도정부 문교부장 유억겸(兪億兼) 명의로 「재단법인(財團法人) 단국대학 설립(檀國大學設立)의 건(件) 인가(認可)함」, 「단국대학 설립(檀國大學設立)의 건(件) 인가(認可)함」, 「이사장(理事長) 이사급감사취임(理事及監事就任)의 건(件) 인가(認可)함」이란 세 건의 인가가 있었고,[68] 이는 11월 3일 설립준비위원장 조희재에게 전달되었다.

설립인가를 받은 후, 학생을 모집하고 개교를 준비하였다. 학제는 정치학부와 문리학부로 정하고, 5개 학과로 출발하기로 했다. 그리고 학생을 선발하였다. 1947년 11월 19일과 20일 양일에 걸쳐 중앙여자고등학교에서 문교부 감독관이 입회한 가운데 시험을 치렀다. 이를 통해 960명의 학생을 선발하였다.[69]

정치학부 : 정치학과(240명), 법률학과(240명)
문리학부 : 사학과(240명), 수학과(120명), 물리과(120명)

학생을 선발하면서, 개교를 위한 준비가 마무리 되었다. 교사는 조선정치학관 2층을 사용하기로 하였다. 교주는 조희재, 이사장은

68) 앞의 『檀國大學校三十年史』, 79~80쪽.

69) 앞의 『檀國大學校五十年史』상, 117쪽.

장형이 맡았고, 장도빈을 학장으로 초빙하였다. 그리고 1947년 12월 3일 휘문중학교 강당에서 문교부 차장 오천석(吳天錫)과 미군정 장관 딘 소장을 비롯하여 1천여 명이 참가한 가운데 입학식을 거행하였다.[70)]

6. 맺음말

해방 후 대학을 설립한 주체의 하나는 독립운동 세력이었다. 대한민국임시정부도 환국 후, 국내에서 대학을 설립하고자 하였다. 임시정부는 환국 직후 내무부 산하에 정치공작대와 행정연구위원회를 설치하면서, 행정연구위회에 대학 설립을 맡겼다. 신익희가 내무부장으로 그 책임을 맡았다.

신익희는 임시정부 요인들과 협의하여 '국민의 대학'을 설립한다는 취지 아래 국민대학 설립기성회를 조직하였다. 기성회는 주석 김구와 부주석 김규식을 고문, 외무부장 조소앙을 명예회장으로 하고, 회장은 신익희가 맡았다. 국내의 각계 인사 40명이 이사진으로 참여하였다. 그리고 기성회 중심으로 대학 설립을 추진해 나갔다.

기성회에서 실무를 주도한 것은 회장 신익희와 이사 장형이었다. 장형은 군자금을 모집하며 서간도 지역을 중심으로 활동하던 독립운동가로, 해방 후 심양에서 김홍일을 만나 '국내에 들어가 김구를 도우라'는 말을 듣고 귀국하여 이사에 참여하였다. 기성회

70) 앞의 『단국대학교60년사』상, 97쪽.

는 5천만 원의 대학 설립 기금을 모집한다는 계획을 세웠지만, 여의치 않았다. 이때 장형이 독립운동 시기의 동지였던 박기홍의 미망인 조희재로부터 5만 평의 토지를 기증받았다. 그리고 이를 기본 재산으로 하여 1946년 9월 1일 국민대학을 설립하였다.

국민대학은 임시정부가 세운 대학이었다. 신익희가 학장, 장형이 이사장으로 대학을 운영하였다. 그런데 신익희가 임시정부와 한국독립당을 떠나 이승만 측과 한국민주당에 참여하는 일이 일어났다. 장형은 이를 임시정부와 김구에 대한 '배신'으로 여겼고, 국민대학은 임시정부의 정신을 잇기가 어렵다고 보았다.

장형은 국민대학과 결별하였다. 그리고 임시정부와 김구의 독립정신을 계승하는 대학을 별도로 설립키로 했다. 조희재가 이에 적극 찬동하고, 80만 평의 토지를 기증하였다. 장형은 이를 기반으로 대학 설립을 추진, 1947년 11월 단국대학을 설립하였다. 단국대학을 설립하게 된 것은 국민대학이 임시정부의 정신을 이을 수 없다는 데서 비롯된 것이고, 이를 계승하기 위해 설립한 것이 단국대학이었다.

여기에는 김구와의 관계도 작용하였다. 장형은 김구와 각별한 관계에 있었고, 김구의 노선을 지지하고 있었다. 그리고 김구가 설립한 건국실천원양성소의 이사장을 맡아, 소장 김구와 함께 이를 운영하기도 하였다. '단국'이란 교명도 여기에서 비롯되었다. 장형은 임시정부와 김구가 추진하는 통일국가수립을 지지하였다. 남북통일을 위해서는 민족의 동질성을 찾아야 하는데, 남북이 모두 받들 수 있는 것은 단군의 건국정신이라 보고, 교명을 '단국'이라고 정한 것이다.

결과적으로 해방 후 임시정부와 관련하여 국민대학과 단국대학, 두 개의 대학이 설립되었다. 두 대학 나름대로 임시정부와 깊은 관련이 있다. 그렇다고 해서 어느 대학이 임시정부의 적통이냐를 따질 필요는 없다고 생각한다. 다만 두 대학이 모두 설립의 연원과 과정을 심도 있게 연구하여, 학교의 설립 근거와 뿌리를 제대로 정립할 필요는 있다. 다행히 국민대학은 이러한 노력을 기울이고 있지만, 단국대학은 그렇지 못한 것 같다. 단국대학은 임시정부와 김구의 독립정신을 계승하여 설립된 대학이다. 설립자의 의도와 설립 과정을 더 깊이 연구하여, 대학의 정통성을 확립할 필요가 있다고 생각한다.

해방 후 백범 김구의 건국실천원양성소 설립과 운영

이 홍 구*

1. 머리말

백범(白凡) 김구(金九, 1876~1949)는 한국독립운동의 대표적 지도자이다. 김구는 1900년 초반 황해도에서 교육을 통하여 구국운동을 시작한 이래 일제강점기 대한민국임시정부에서 활동하면서 민족의 독립과 함께 민족국가의 수립을 위해 노력하였다.

김구는 해방을 맞아 국내로 환국한 후에도 임시정부에서 공포한 「대한민국 건국강령(大韓民國建國綱領)」을 바탕으로 하여 독립운동의 최종 목표인 자주적인 민족국가 건설을 위하여 진력하였다. 그는 강대국에 의한 신탁통치를 반대하고, 임시정부가 중심이 되어 국가를 수립하고자 하였다. 그리고 이러한 계획의 실천을 위하여 여러 단체들을 조직하고 자주독립국가 건설에 필요한 역량을 모으고자 하였다.

이러한 해방 후 김구의 건국 구상 실천 과정에서 주목할 만한 것이 건국실천원양성소(建國實踐員養成所)이다. 건국실천원양성소[1)]

---

* 백범김구기념관 학예사

는 1947년 3월 김구의 주도하에 건국에 필요한 청년 인재를 양성하기 위하여 설립되었으며, 1947년 개소부터 1949년 해체될 때까지 모두 9기에 걸쳐 800여 명의 입소생들을 모집하고 교육시켰다. 이에 건실은 김구가 국내로 환국한 후 가졌던 건국 구상과 이를 실천하기 위한 활동을 이해하는 데 있어 중요한 연구 대상이라 생각한다.

그러나 건실에 관해서는 현재까지 그 설립 사실만 알려져 있는 정도이다. 김구의 평전,[2] 그리고 김구의 생애나 정치 활동을 다루는 과정[3]에서 김구가 건실을 설립, 운영하였다고만 언급하고 있다. 이는 건실과 관련하여 공개된 자료가 많지 않기 때문이라 볼 수 있다.

본 논문은 해방 후 김구가 설립한 건실의 실체를 규명하는 데 목적이 있다. 이를 위해 김구가 건실을 설립하게 된 배경과 과정 그리고 그 조직과 입소생, 강사진, 훈련 과정을 살펴보고, 건실이 해산되는 과정에 대해 언급하려고 한다. 이를 위해 《동아일보(東亞日報)》, 《조선일보(朝鮮日報)》, 《대동신문(大同新聞)》 등의 건실 관련 기사를 기초로 하고, 《건실동문회보(建實同門會報)》 등의 백범기념관 소장 자료[4]와 수료생 개인 소장 자료[5]들을 통해 자세

---

1) 이하 '건실'로 약칭함.

2) 김삼웅, 『백범 김구 평전』, 시대의 창, 2005, 548~552쪽.

3) 백범김구선생기념사업협회 백범전기편찬위원회 편, 『백범 김구－생애와 사상』, 백범김구선생기념사업협회, 1982, 442~443쪽.
김희곤, 「대한민국 정부수립과 백범 김구」, 『백범과 민족운동연구』 3, 백범학술원, 2005, 186쪽.
정경환, 『백범 김구』 3, 도서출판 이경, 2005, 253쪽.

4) 建國實踐員養成所, 「第五期修業生名簿」, 大韓民國三十年十二月十九日, 백

한 내용을 다루고자 하였다. 선우진(鮮于鎭) 선생을 비롯한 여러 수료생들의 증언은 공간된 자료를 보완하여주었다.[6)]

2. 건국실천원양성소의 설립과 조직

1) 설립과정

김구는 임시정부와 함께 환국하면서 해방 전부터 가지고 있던 건국구상을 실현하고자 하였다. 그러나 환국 후의 국내 정세의 변화는 김구나 임정 세력이 가지고 있던 건국 의지와는 다른 방향

범기념관 소장 자료.

______________, 「建國實踐員養成所 第八基修業生名簿」, 大韓民國三十一年六月五日, 백범기념관 소장 자료.

건실동문회, 『建實同門會報』 2-30호, 백범기념관 소장 자료.

5) 「建國實踐員養成所 第一期同窓生 會員名簿」, 하상령(1기 수업생) 소장.

6) 본 연구에 도움을 주신 증언자는 다음과 같다.

성명	주요 경력	증언일시 및 장소	주요 증언 내용
鮮于鎭	김구 수행비서	2007.8.25 당산동 자택	김구, 엄항섭, 김석길, 손홍린, 황기성 등 건실 관련 인사들의 활동
田漢斗	건실 5기 입소생 / 7기부터 교관 활동	2007.9.16 거여동 자택	김현묵 등 건실 운영인물의 활동
吳學煥	건실 4기 입소생 / 현, 건실동문회 회장	2007.9.29 인천 송도	건실 입소생의 구성 및 성향 교육과정
河相領	건실 1기 입소생 / 한독당 인천지부장 삼균주의청년동맹 / 건실동문회 2대회장	2007.9.29 인천 송도	건실 입소생의 구성 및 성향 한독당과 건실과의 관계 교육과정

으로 흐르고 있었다.

임시정부의 주석이었던 김구는 중경에서 해방을 맞은 후 임시정부 중심의 국가 건설을 주장하며 환국을 준비하였다. 임시정부는 1945년 9월 3일 발표한 「국내외 동포에게 고함」과 이에 붙여진 14개조의 당면 정책을 통해 정부 수립 3단계안을 세웠다. 3단계안은 먼저 임시정부가 정권을 접수하고, 과도정부를 수립한 뒤, 마지막으로 보통선거를 통해 정식으로 정부를 수립하는 것이었다.[7]

그러나 이러한 건국 3단계안은 제대로 실행되지 못하였다. 환국 과정에서 국내 정세는 급변하고 있었으며, 이러한 과정에서 미군정이나 이승만 계열, 좌파 계열 등은 임시정부가 정부로서 활동하는 것을 견제하였다. 미군정은 정부 자격으로 입국하는 것을 허락하지 않았고, 이승만(李承晩)도 이미 10월에 들어와 '독립촉성중앙협의회(獨立促成中央協議會)'를 조직하여 자신의 세력으로 만들고 있었으며, 박헌영 중심의 좌익 계열도 임시정부를 견제하였다.

정부로서의 활동이 어렵게 되자 김구는 과도정부를 수립하여 건국 구상을 실행하고자 하였다. 이는 1946년 초 반탁운동과 함께 주권을 장악한다는 것을 명시했던 「국자(國字)」 1, 2호 선포[8]에 대해 미군정이 이를 쿠데타로 규정하고 그 실행을 저지한 것과 관련이 있었다. 김구는 이러한 상황에서 민족 각계각층의 인사

---

7) 백범김구선생전집편찬위원회, 「국내외 동포에게 고함」, 『白凡金九全集』 5, 대한매일신보사, 1999, 671쪽.

8) 「국자」 1, 2호는 임시정부 내무부장인 신익희의 명의로 1945년 12월 31일 밤에 발표되었다. 임시정부가 직접 주권을 행사하며, 행정청의 한인 직원이나 경찰의 지휘권까지도 장악한다는 것이 주요 내용이다.

들을 모이게 하여 '비상정치회의'라는 대의체를 결성하고, 이를 통해 과도정부를 실현하고자 하였다.[9)]

그러나 이 과도정부론 역시 제대로 실행되지 못하였다. 하지 중장에 의하여 비상국민회의 내 최고정무위원회가 미군정의 자문기구인 '민주의원(民主議院)'으로 변질된 것이다.[10)] 임시정부의 주권 접수도, 대의체 조직에 의한 과도정부 수립도 어렵게 되면서 임시정부는 이제 한국독립당(韓國獨立黨)[11)]을 기반으로 하는 하나의 우익 정파의 위치로 그 위상이 축소되었다.[12)]

김구는 한독당의 확대, 강화를 통하여 축소된 위상을 회복하고 자신의 건국 구상을 실행하고자 하였다. 한독당은 오랜 외국 생활로 국내 기반이 약하였기 때문에 다른 정당 간의 통합을 통해 세력을 확대, 강화하려 하였다. 그러나 한독당은 1946년 3월 안재홍(安在鴻)의 국민당, 4월 신한민족당과의 합당을 이루었을 뿐 거대 우익 세력이었던 한국민주당(韓國民主黨)[13)]이나 이승만의 독촉 세력과는 통합하지 못하였다.[14)] 특히 이승만이 단정 수립 주장하

---

9) 《대동신문》 1946년 1월 5일자, 「통일공작에 대한 임시정부의 성명」. 1946년 2월에 비상국민회의로 명칭이 약간 변경되면서 변경되어 결성된다.

10) 김구는 최고정무위원의 민주의원화를 달갑지 않게 생각하였지만, 이것이 정부의 기능을 어느 정도 수용한다고 여겼다. 또한 1946년 3월 20일부터 5월 21일까지 열린 미소공동위원회에 대비하여 미군정과 협조관계를 원만히 할 수 있는 기회라 여겼던 것으로 보인다.(김희곤, 위의 글, 179쪽)

11) 이하 '한독당'이라 약칭함.

12) 도진순, 『한국 민족주의와 남북관계』, 서울대학교 출판부, 1997, 82쪽.

13) 이하 '한민당'이라 약칭함.

14) 도진순, 위의 책, 83~84쪽.

고, 미군정은 좌우합작을 지원하는 움직임을 보이면서 김구의 영향력은 점점 축소되었고, 그의 건국 구상 실행은 어려워져 갔다.

이렇게 되자 김구는 건국구상을 실천할 수 있는 방법을 다른 방향에서 모색하고자 하였다. 그것은 바로 자신이 직접 인재를 길러내어 건국 구상을 실천하는 것이었다.

사실 김구는 한말 교육을 통하여 구국운동을 펼쳤으며 일제강점기 「건국강령」을 통하여 교육의 중요성을 깨닫고 있었다. 또한 환국 후 「삼천만 동포에게 고함」이나[15] 「나의 소원」을 통해서도 교육의 중요성을 강조하고 있었다.[16]

또한 실제 교육운동을 실현할 수 있는 교육기관이나 훈련기관을 지원하기도 하였다. 1946년 3월 내무부장 신익희(申翼熙)가 주도한 국민대학 설립운동(國民大學設立運動)에 김규식(金奎植), 조소앙(趙素昻) 등과 함께 참여하였다.[17] 한편, 같은 해 10월 이범석(李範奭)이 미군정의 지원을 받아 조직한 '조선민족청년단(朝鮮民族青年團)'[18]에서 이승만과 함께 정신적 영수로 추대된 후[19],

---

15) 대한매일신보사, 「삼천만 동포에게 고함」, 백범김구전집편찬위원회, 『白凡金九全集』 8, 1999, 111~112쪽.

16) 「나의 소원」(김구, 도진순 주해, 『백범일지』, 430쪽) ; 김구는 나의 소원을 통하여 건국의 3단계로 자주독립국가, 자유국가, 문화국가 건설을 주장하였다. 그는 이러한 국가 건설 과정을 통해 세계일가(世界一家)를 추구하여 세계평화를 실현하고자 하였다.(한시준, 「백범 김구의 신국가건설론」, 《백범과 민족운동연구》 3, 백범학술원, 2005)

17) 김구는 신익희가 조직한 국민대학 설립기성회에서 김규식과 함께 고문으로 참여하였으며, 조소앙은 명예회장으로 참여하였다.(김용달, 「海公 申翼熙의 家學과 民族教育運動」, 《한국근현대사연구》 22, 2002, 217쪽) 고등교육기관의 설립은 김구에게는 건국 역량을 충족할 수 있는 고급 인텔리들을 양성한다는 의미에서 중요한 것이었다.

족청 산하 중앙훈련소에서 독립운동과 관련된 이야기들을 강연하기도 하였다.[20]

그러나 국민대학이나 족청은 김구가 직접적으로 참여하여 주도한 것은 아니었다. 국민대학 설립운동이나 족청 활동이 능동적이었던 것은 아니었다. 게다가 신익희는 김구와 같은 임정 계열이었지만 임정법통론을 중심으로 한 정부 수립을 요구한 김구와 달리 정치위원회·정치공작대·행정연구위원회 등을 창설하여 별도의 기반을 가지고 활동하고 있었다.[21] 이범석도 역시 족청의 규모를 키워 하나의 정치조직화 시키는 모습을 보여주고 있었다.

이러한 배경 속에서 김구는 자신이 직접 자주적인 민족국가 건설에 능동적으로 움직일 수 있는 인새들을 양성해야 하는 상황에 이르렀다. 건실의 개소는 김구의 인재 양성 의지에서 생겨난 것이라 볼 수 있다. 건실의 설립 준비 과정은 다음의 기사를 통해 나타나고 있다.

> 지금 조선이 오직 바라고 원하는 것이 건국실천자라면 이들을 양성하고 추진 지도하는 건국실천원양성이 필요할 것이다. 이러한 피할 수 없는 독립전취 완수의 현실에 봉착하여 남조선에서는 과거 40년간 해외에서 조선독립을 위하여 혈전고투한 우리의 지도자 김구(金九)를 준비위원장으로 추대하고, 진승록(陳承錄) 안호상(安浩相) 황기성(黃基成) 손홍린(孫洪燐) 김석길(金錫吉) 5씨를 위원

18) 이하 '족청'으로 약칭함.

19) 이진경, 「朝鮮民族青年團硏究」, 성균관대학교 석사학위논문, 1994, 15쪽.

20) 《韓國日報》, 2004년 3월 24일, 「나의 이력서/서영훈 3-族青에 들어가서」.

21) 도진순, 앞의 책, 104~111쪽.

> 으로 한 건국실천원양성소기성회를 조직하고 동소 설립 준비에 착수하였는데 이번 획기적 사업에 있어서 특히 김구(金九)는 노구를 무릅쓰고 독립전선에 초석이 될 전위간부의 양성을 맹세하고 동 준비위원회의 위원장에 취임된 것이다.[22]

김구는 늦어도 1946년 12월 초부터 건실을 설립하기 위한 기성회를 조직하였다. 김구는 자신이 직접 준비위원장에 취임하여 건실의 개소를 진두지휘 하였으며 진승록·안호상·황기성·손홍린·김석길이 준비위원이 되어 기성회를 이끌어 나갔다.

위의 기사에는 언급되지 않았지만 김구가 건실을 개소하는 과정에는 엄항섭(嚴恒燮)의 도움이 컸다. 엄항섭은 해방 전부터 임시정부에서 김구의 최측근으로 활동하였던 인물로 해방 이후에도 한독당에서 선전부장을 맡으며 김구의 곁을 떠나지 않았다. 임시정부와 한독당, 그리고 김구의 거의 모든 대외 표현은 엄항섭에 의해 이루어지고 있었다. 김구는 위원장으로서 대강의 계획을 구상하였으며, 실질적인 개소 준비 계획 수립은 엄항섭에 의해 이루어졌을 것으로 보인다.[23]

기성회의 준비위원 5인 중 손홍린을 제외한 4인은 학계와 언론계 등에서 활동하였던 인물들이었다. 우선 진승록과 안호상은 미군정기 교육정책과 깊은 관련을 맺고, 학계에서 활발히 활동하던 인물들이었다. 진승록은 일본 와세다 대학에서 법학을 전공하고, 법학교육 분야에서 활발한 활동을 하였다.[24] 안호상은 독일에서

---

22) 《동아일보》 1946년 12월 8일, 「건국실천원양성소 기성회 조직」; 《自由新聞》 1946년 12월 7일, 「建國實踐員養成所 設立準備」.

23) 선우진 증언, 2007년 8월 25일 녹취(서울 선우진 자택).

철학박사학위를 받은 철학가이자 교육가였다. 특히 안호상은 해방 후 민족의식을 강조하여 미군정의 친미적 교육정책에 대항하여 우리 민족의 주체성을 강조하는 교육정책을 펼쳤다.[25] 족청 산하 중앙훈련소 강사로서 활동한 것은 이러한 그의 신념과 일치하는 것이었다.[26]

황기성과 김석길은 언론계와 관련이 있던 인물들이었다. 황기성은 1946년 2월 대한독립촉성국민회(大韓獨立促成國民會)(독촉) 결성시 부인부장으로, 1946년 6월 독립촉성애국부인회(獨立促成愛國婦人會)에서는 부회장으로 활약하였고, 한독당 부녀부장, 여성신문 사장을 역임하는 등 여성계의 주요 인사 중 한 명이었다.[27] 김석길은 황기성을 통해 건실에 참여하였다고 하는데,[28] 그는 동아일보 봉천지국과 《만몽일보(滿蒙日報)》에 근무하면서 『조선어사전(朝鮮語辭典)』 편찬을 적극 지원하였으며,[29] 해방 직후에도 주요 언론사 주필이나 주간을 역임했다.[30] 선우진에 의하면 이들은 언론 선전을 담당하는 등 엄항섭과 함께 기성회 준비위원 중 적

24) 『大韓民國人士錄』, 1950, 169쪽.

25) 김한종, 「일민주의와 민주적 민족교육론에 나타난 안호상의 역사인식」, 《호서사학》 45, 2006, 314쪽.

26) 김행선, 『해방정국 청년운동사』, 선인, 2004, 394쪽.

27) 《조선일보》, 1946년 02월 21일, 「대한독립촉성국민회 발족」; 《동아일보》, 1946년 06월 23일, 「독립촉성애국부인회 전국부인대표대회 결의안과 역원 명단」; 노경채, 『한국독립당연구』, 신서원, 1996, 319쪽.

28) 선우진 증언, 2001년 1월 19일 녹취(백범기념관).

29) 《조선일보》, 1937년 5월 26일, 「滿洲 奉天의 朝鮮人靑年會는 同地의…」; 《동아일보》, 1937년 5월 26일, 「奉天支局 ; 金錫吉 任總務」 등.

30) 大韓年監社, 『大韓年監』, 4288(1945년), 631쪽. 김석길은 6 · 25 전쟁 후에도 《自由新聞》의 주필로 있는 등 언론계를 떠나지 않았다.

극적으로 건실 건립 준비 작업에 참여했다고 한다.[31]

한편, 손홍린은 활동이 뚜렷하진 않지만 재력을 통해 김구의 활동을 지원한 것으로 보인다. 그가 이미 충무로에 적산 가옥을 불하받았다는 선우진의 증언은 이를 뒷받침한다.[32] 손홍린은 독촉이 1946년 6월 13일 주최한 제1회 중앙상무집행위원회에서 중앙상무집행위원으로 선임되는데, 이즈음 김구와 연을 맺은 것으로 보인다.[33]

건실 기성회는 '독립운동의 제일선에서 초석(礎石)으로 활약할 유능한 간부 인재의 단기양성'이라는 큰 목표를 세우고 개소를 준비해 나갔다. 김구가 추구했던 독립운동의 마지막 목표, 즉, 자주적인 통일민족국가 건설의 기초를 닦을 수 있는 인재를 양성한다는 것이었다.

한편, 건실 기성회는 운영 목표와 함께 그 구체적인 운영 방안도 제시하였다. '독립의 투사로 유기적으로 조직하고, 과학적인 이론으로 무장'한다는 것이 그것이었다.[34] 이는 김석길이 저술하고 건실에서 발행한 『한국민족(韓國民族)의 당면진로(當面進路)』의 자서(自序)에 더욱 자세히 언급되고 있는데, 김석길은 '이론의 몰

---

31) 선우진 증언, 2001년 1월 19일 녹취(백범기념관).

32) 《조선일보》, 1947년 10월 3일, 「건국실천원 제2기 모집」 ; 손홍린은 적산 가옥을 건실 중앙사무소로 쓰기도하였다. 건실 해체 이후 근처에서 연기학원을 운영하였다. 1970년에 재결성된 건국실천원양성소동문회는 손홍린의 연기학원을 사무실로 사용하였다.(선우진 증언, 2001년 1월 19일 녹취)

33) 《조선일보》, 1946년 6월 15일, 「독촉국민회, 제1회 중앙상무집행위원회 개최하고 부서 책임자선정」.

34) 《조선일보》, 1946년 12월 6일, 「건국실천원양성소 탄생」.

비판적 수입으로 인해 건국 의지가 혼선을 겪고 결국 민족 내부의 분열이 일어나게 됨을 경계하고, 건국 의지 실현을 위해 철저한 이론 교육이 이루어질 필요가 있음'을 강조하였다.[35)]

건실은 이러한 준비 과정 끝에 기성회가 결성된 지 약 3개월 후인 1947년 2월 말부터 입소 희망자를 모집하는 한편 3월 15일 개소식을 열기로 하였다.[36)] 그러나 실제 개소식은 제 날짜에 열리지 못하고, 5일 후인 3월 20일에야 열렸다.[37)]

개소가 늦어진 것은 김구가 '임정의 정부활동선언'과 관련이 있었던 것으로 보인다. 김구는 3월 1일에 개최한 '기미독립선언 국민대회'와 3월 3일 국민의회를 통해 자신들이 과도정부로서 활동할 것임을 선언하였다.[38)] 좌익 계열과 미군정은 물론 이승만을 비롯한 우익 세력들마저도 이에 대해 강경한 반대 입장을 취하였다. 특히 경무국 수도청장 장택상(張澤相)은 한독당 본부가 있는 운현궁(雲峴宮)과 김구의 숙소인 경교장(京橋莊)에 경찰을 투입하여 관련 자료를 수색·압수하기도 하였다.[39)] 게다가 건실의 설립

---

35) 김석길, 『한國民族의 當面進路』, 건국실천원양성소, 1948, 5~7쪽.

36) 《동아일보》, 1947년 2월 26일, 「獨立鬪爭의 人材를 養成 金九先生 뜻받어 來月十五日 開所」.
《대동신문》, 1947년 2월 26일, 「建國에 有能人才養成」.

37) 건국실천원양성소의 개소식 기사는 많은 우익계열 신문에 실려졌다.(《동아일보》, 1947년 3월 19일, 「建國實踐員養成所 四월 二十일에 開所式」; 《現代新聞》, 1947년 3월 19일, 「建國實踐員養成所 二十日일 午前 開所式」; 《대동신문》, 1947년 3월 19일, 「建國實踐員養成所 二十日 開所式」.

38) 이철승, 『전국학련 ; 남기고 싶은 이야기들』 3, 중앙일보·동양방송, 1976, 256~262쪽.
《동아일보》, 1947년 3월 5일, 「大韓臨政을 强化 國民議會 緊急代議會」.

39) 《조선일보》, 1947년 3월 6일, 「수도경찰청, 임정봉대문제로 독촉 수색」.

에 큰 역할을 한 엄항섭을 구속하기도 하였다. 결국 이러한 상황에서 김구를 비롯한 건실 기성회는 개소식을 연기할 수밖에 없었던 것으로 보인다.

연기된 개소식은 1947년 3월 20일 오전 11시 용산에 있는 원효사(元曉寺)에서 거행되었다.[40] 개소식에서는 입소생과 관련 인사들을 합하여 약 200여 명이 참석한 가운데 황기성의 사회로 김구가 훈화하는 등의 순서로 진행되었다.

2) 조직 체계

건실은 개소와 함께 조직 체계를 정하였다. 그런데 건실은 건국에 필요한 인재 양성을 목표로 설립된 것이기 때문에 임시 교육기관이라 할 수 있다. 때문에 건실 조직은 정세의 변화 함께 체계나 구성원 변화가 뚜렷하게 나타났다.

초창기 건실은 소장과 상무이사 체계로 조직되어 있었다. 「건국실천원양성소(建國實踐員養成所) 제1기동창생(第一期同窓生) 회원명부(會員名簿)」에 나타난 건실의 조직 체계는 다음과 같다.

---

40) 《현대신문》, 1947년 3월 21일, 「建國實踐員入所式」; 《대동신문》, 1947년 3월 21일, 「建國實踐員養成入所式」.

건실 건물로 쓰이게 된 원효사는 해방 전 일본인의 소유로 있던 일본식 절이었으나 해방 후 金法麟이 적산으로 인수를 받아 소유하고 있었다. 건실이 원효사 건물을 인수한 데에는 효창원과 불과 도보로 10여분밖에 안된다는 점, 그리고 100여 명의 건실 입소생들이 생활할 수 있는 2층 건물이었다는 점, 또한 이 건물 소유주가 김법린이었다는 점이 크게 작용한 것으로 보인다.

소　　장 : 김구(金九)
상무이사 : 황기성(黃基成), 김석길(金錫吉), 손홍린(孫洪璘), 진승록(陳承錄), 안호상(安浩相), 강낙원(姜樂遠)[41]

1기 이사진은 기성회 인물 외에 강낙원이 추가된 것을 알 수 있다. 강낙원은 체육계 유명 인사이자 연희전문 교수로서 입소생들의 훈육을 관리하는 역할로 건실에 합류하였던 것으로 보인다.[42]

그러나 건실을 설립하는 데 주도적인 역할을 하였던 엄항섭은 명단에 빠져 있다. 엄항섭은 이 당시 구속되었다 병보석으로 풀려난 상태였다. 그는 개소일을 20여 일 앞두고 1947년 3월 1일 열린 기미독립선언대회의 준비위원장을 맡고 있었다. 그런데 대회가 과격해지자 경찰이 대회를 준비한 자들을 주동자로 구속하면서 엄항섭을 같이 구속하였던 것이다.[43] 건실의 초반 운영에 엄항섭이 참가하지 않은 것은 이 사건과 무관하지 않은 것으로 보인

41) 「建國實踐員養成所 第一期同窓生 會員名簿」, 하상령(1기 수업생) 소장.

42) 건실은 합숙제로 이루어지고 있었다. 그렇기 때문에 훈육은 필수적으로 이루어져야만 했다. 강낙원은 해방 전후 체육계의 유명 인사로서 검도, 씨름, 유도, 펜싱, 권투 등 격투기에 관심이 많았다. 1920년대 조선체육회의 멤버였으며, 1945년에는 대한검사회(大韓劍士會)의 초대 회장이었다.

43) 《동아일보》, 1947년 3월 5일, 「嚴恒燮氏 拘禁 其他는 全部釋放」. 이 대회에서 김구는 '임시정부를 정식정부로 추대한다'는 결의사항을 발표하여 임정 중심의 통일민족국가 수립을 주장하고자 하였다. 그러나 이러한 움직임을 미군정과 이승만, 한민당 계열은 물론 좌익도 극렬히 반대하였다. 미군정은 김구 주도의 정권 접수 움직임에 강력히 대응하였다.["G-2 Weekly Summary," No.78(1947.3 · 13.)]

다.[44)]

소장-상무이사 체제로 출발한 건실 조직 체계는 이후 더욱 확대되었다. 1948년 12월 「제5기수업생명부(第五期修業生名簿)」를 보면 건실의 조직이 다음과 같이 나타나있다.

명예소장 : 이승만(李承晩)
소　　장 : 김구(金九)
부 소 장 : 엄항섭(嚴恒燮)
이 사 장 : 장　형(張　炯)
이　　사 : 김법린(金法麟), 김석길(金錫吉), 손홍린(孫洪璘), 김정실(金正實), 김학규(金學奎), 설의식(薛義植), 엄상섭(嚴祥燮), 엄항섭(嚴恒燮)
감　　사 : 김현묵(金顯默), 최진후(崔鎭候)
직　　원 : 임종모(林宗模), 김현묵(金顯默), 엄원희(嚴元熙), 최진후(崔鎭候), 김일경(金一京)[45)]

5기 당시 조직 체계를 통해 건실은 이전보다 변화된 양상을 보여주고 있다. 먼저 이승만이 명예소장직을 맡고 있다. 이승만이 건실과 어떤 관계에 있었는지는 분명하게 알 수 없다. 하지만 제1기 수업식(修業式: 수료식-필자 주) 사진에는 이승만과 부인 프란체스카의 모습이 보이고 있다.[46)] 김구는 자신보다 인기가 높았

44) 《동아일보》, 1947년 3월 7일, 「嚴恒燮氏 昨日 保釋」. 엄항섭은 건강이 나쁘다는 이유로 보석을 신청하여 나흘 만에 풀려났다.

45) 建國實踐員養成所, 「第五期修業生名簿」, 大韓民國三十年十二月十九日, 백범기념관 소장 자료.

46) 이 사진에는 촬영일을 1947년 4월 5일로 기록하고 있는데, 이승만은 4월 21일에야 서울에 도착한다. 건실을 매 기수의 수업식(졸업식)이

던 이승만의 명망성을 통하여 유능한 입소생을 모집하고자 하였던 것으로 보인다.

한편, 1기에는 없던 이사장직이 새롭게 등장하고 있다. 5기 당시 이사장은 장형(張炯)이 맡았다.[47] 그는 해방 후 김구와 임시정부 활동을 돕고 있었으며, 1947년 11월에는 박기홍(朴基鴻)의 처였던 조희재(趙喜在)와 함께 단국대학을 설립하여 민족교육에도 큰 관심을 기울였다. 김구는 자신을 지지하며 물질적 지원을 아끼지 않은 장형에게 이사장직을 맡겨 건실이 원활하게 운영될 수 있도록 하였던 것으로 보인다.

이사진들의 변화도 뚜렷하게 나타났다. 1기 이사진이 기성회 출신이 주를 이뤘다면 5기의 이사진은 임시정부 계열과 언론인, 종교계, 학계 등 여러 분야가 망라되어 있었다. 1기 당시의 이사진 중에서 남아 있는 인물은 손홍린 · 김석길 두 명뿐이었다. 5기에서는 새롭게 임시정부 계열에서 김학규와 부소장인 엄항섭이 이사진으로 구성되었으며, 김법린과 설의식 · 엄상섭과 김정실 등이 이사진에 새로 합류한 인물들이었다.[48]

5기는 이사진 이외에도 감사와 직원까지 두었다. 김현묵과 최진후는 감사이면서 직원으로 활동하였고, 임종모 · 김일경 등은 수

끝나고 사진을 촬영하고 있으므로 사진의 촬영일자는 5월 4일이다.

47) 장형은 평안북도 용천 출신으로 보성전문 재학 중 국치를 당하자 만주로 건너가 군자금 조달에 힘쓴 인물이었고, 해방 후에는 중국군으로 활약하던 김홍일 장군에게서 김구와 임시정부를 도우라는 권유를 받고 국내에서 임시정부 요인들의 활동을 도와주었다.

48) 엄항섭은 1기부터 각 기수별 수료식 사진에 모두 보이고 있다. 아마도 제2기 입소생을 선발하기 시작했던 1947년 5월 이후부터 다시 참여했을 것으로 보인다.

업생 출신으로서 건실의 일을 도맡아 해나갔다. 특히 김현묵은 이후 건실이 홍익대로 인수되는 과정에서 매개 역할을 하는 등 이후 건실을 운영하는 데 핵심적인 인물이었다.

건실 조직 체계의 변화는 1949년을 지나면서도 계속되고 있었다. 제8기 당시의 건실 조직 체계는 5기와 똑같지만 임원진은 달라졌다. 「제8기수업생명부(第八期修業生名簿)」에 나타나는 건실의 조직 체계와 임원진은 다음과 같다.

명예소장 : 이승만(李承晩)
소　　장 : 김구(金九)
부 소 장 : 김학규(金學奎)
이 사 장 : 엄항섭(嚴恒燮)
이　　사 : 김법린(金法麟), 김석길(金錫吉), 김정실(金正實), 김덕은(金德銀), 조계철(趙季喆), 김학규(金學奎), 설의식(薛義植), 엄상섭(嚴祥燮), 엄항섭(嚴恒燮), 이긍종(李亘鍾), 이병희(李丙羲), 주석균(朱碩均)
감　　사 : 김현묵(金顯默)
직　　원 : 김현묵(金顯默), 전한두(田漢斗), 박교남(朴敎男), 김학현(金學鉉), 김명용(金明龍), 김일경(金一京)[49]

제8기 임원 체계는 5기 당시의 체계와 차이가 없었다. 그러나 내부적으로 엄항섭이 이사장으로, 김학규가 부소장으로 위치를 옮긴 것이 특기할 만한 것이다. 김구가 서거하기 전 그의 최측근은 엄항섭과 김학규였는데 엄항섭이 이사장으로 옮긴 상태에서 실질

49) 「建國實踐員養成所 第八基修業生名簿」, 大韓民國三十一年六月五日, 백범기념관 소장자료.

적인 건실의 운영은 한독당 조직부장이었던 김학규에게 맡겨진 것으로 보인다.

한편, 8기 이사진은 1949년 2월 17일 이사회를 열어 개편을 단행한 결과였다. 이사회의 개편은 건실 운영상에 나타났던 여러 가지 잡음을 해소하기 위한 것으로 보여진다.[50] 1948년에서 1949년으로 이어지는 시기는 조소앙이 한독당을 탈퇴하여 명제세(明濟世)와 새로이 사회당을 조직하였던 때였다.[51] 이러한 상황에서 김구는 새로운 인사의 영입으로 분위기를 쇄신시키고자 하였던 것이다.

직원들은 김현묵과 박교남을 제외하고는 모두 건실 출신자들이었다. 이들은 주로 입소생 관리 업무를 수행했던 것으로 보인다. 전한두는 건실 제5기 수업생으로 7기부터 직원으로 있었는데, 그의 증언에 의하면 직원들은 사무를 맡아보는 자들과 합숙하는 입소생을 관리하는 교관으로 나뉘어 있었다고 한다. 그는 김일경과 같이 교관으로서 건실 입소생을 관리하였고, 마지막 기수인 9기까지 건실에 몸담았다고 한다.[52]

---

50) 《獨立新聞》, 1949년 2월 23일, 「建國實踐員養成所, 중견청년 양성을 결의하고 이사진을 확충」.

51) 《서울신문》, 1948년 12월 12일, 「趙素昂・明濟世 중심으로 社會黨 결성」.

52) 전한두 증언, 2007년 9월 16일 녹취(서울 거여동 자택). 전한두는 당시 레슬링 선수로서 활약하면서도 학생운동에 적극적으로 참여하였다고 한다. 그를 교관으로 삼았던 것은 운동선수의 자질을 높이 샀기 때문으로 보인다.

3. 건국실천원양성소의 운영

1) 입소생

건실은 개소 직전인 1947년 2월 말부터 입소생을 모집하였다. 모집 인원은 매 기수마다 100명 이내였으며,[53] 이들을 뽑기 위해 입소에 필요한 기본적인 자격을 규정하였다. 다음의 건실 제2기생 모집 기사를 통해 입소 자격을 살펴볼 수 있다.

> 독립운동의 제일선지도자를 단기양성코저 김구(金九) 씨가 과반 설립한 건국실천원양성소(建國實踐員養成所)에서는 금번 제二기생을 모집중이라는 바 응모자격은 二십세이상 四십五세미만의 남녀로서 중등이상의 교육을 바든 자에 한정되며 지원자는 이력서와 애국단체추천서 각 1통을 첨부하야 서울시 충무로(忠武路) 二가 一○九번지 건실중앙사무소(建實中央事務所)로 송부하며 합격자는 十월 二十일에 발표키로 되었다. 그리고 동양성소에서는 오는 十一월一일부터 개소(開所)키로 되엇스며 훈련기간은 一개월, 합숙비용은 三천 원 중 반액은 동소에서 부담한다고 한다.[54]

건실은 20세에서 45세까지의 성인 남녀들을 대상으로 입소생을

---

53) 《조선중앙일보》, 1949년 8월 25일, 「金九가 소장으로 있었던 建國實踐員養成所를 해산하기로 결정」. "同所는 창설 이래 8기에 걸쳐 700여 명의 소년을 훈련 양성하였다."라는 구절로 보아 100명 내외 인 것으로 추측된다(《동아일보》, 1949년 2월 5일, 「建國實踐員入所」). 이 기사에서 6기생 100명을 모집하였다고 한다.

54) 《조선일보》, 1947년 10월 3일, 「건국실천원 제2기생 모집」.

모집하였고, 모집 관련 서류에는 이력서 이외에 애국 단체 추천서를 첨부하도록 하였다. 애국 단체에서 추천한 학생들을 입소생으로 선발한 것이다.

건실의 입소생들은 두 가지 방법으로 입소하였던 것으로 보인다. 하나는 정당 등의 정치 단체나 청년·학생운동 단체에 가입하여 단체의 추천을 받는 방법이 있었고, 다른 하나는 명망가들과 교우하는 가운데 추천을 받아 입소하는 방법이었다.[55)]

건실 입소생들은 직업이나 소속이 불명확한 자들이 다수 보이지만 농업 이외의 다른 업종에 종사하거나 청년·학생 단체나 정치 단체에 소속된 자들도 많았다. 건실 수료생명단의 소속을 보면 대동청년단이나 대한청년단 등 우익 계열의 청년·학생 단체에 소속되어 있는 자들이 다수 보이고 있으며, 독촉이나 한독당 등의 정치 단체에 속해 있는 자들도 있었다.[56)]

기수별로 좀더 자세히 살펴보면 제1기 입소생들은 주로 정치 단체에 소속된 청년들이 보이고 있다. 이 중에는 독촉과 조선민주

---

55) 전한두 증언, 2007년 9월 16일 녹취 ; 하상령·오학환 증언, 2007년 9월 29일 녹취(인천 송도).

56) 건실 수료생들은 수료와 함께 동문회를 조직하고 있었지만 이승만 정권 하에서 활동에 제약을 받고 있었기 때문에 그간의 자료들이 모두 망실되고 말았다고 증언하고 있다.(하상령 증언, 2007년 9월 25일 녹취)
1970년 건실동문회가 재조직되면서 건실 동문들은 과거 자료를 수집하고 동문명부를 다시 만들기 시작하였다. 당시 수집된 동문명부가 1기와 5기, 8기, 9기생 명부였다. 동문 명부는 매기 교육이 종료되면서 발간한 것으로 여기에는 이름과 본적·주소, 그리고 당시 소속이 기록되어 있어 입소자들의 성향을 다소나마 알 수 있다. 2005년에 보간(補刊)된 『건실동문회명부』는 1980~90년대에 찾아낸 명단을 정리해놓았다.

당 소속의 입소생들이 두드러진다. 1기 당시는 아직 김구와 이승만이 연대를 맺은 상황이었기 때문에 독촉에 소속된 청년들의 입소가 많았다. 조선민주당 출신 입소생들은 민주주의와 자주적 독립국가를 추구하는 김구의 건국 구상을 따라 들어왔던 것으로 보인다.[57] 그밖에 대한광복청년회, 서북청년회 등의 청년 단체 출신들도 일부 나타나고 있다.

제5기 입소생들은 청년 단체에 소속된 자들이 다수 보이는데 특히 대동청년단[58]에 소속되어 있는 자들이 많았다. 대청은 1947년 9월 결성된 이후 족청과 비교될 정도로 큰 성장을 보였던 단체였고, 나름대로의 훈련 과정도 가지고 있었다.[59] 그러나 대청은 1947년 12월 이청천이 이승만을 지지하고,[60] 5·10 선거에 참여하면서 정치 단체의 모습으로 변모하는 과정을 겪었다. 이러한 과정 속에서 대청 소속의 입소생들은 이러한 대청 노선 대신 김구의 노선을 지지하고, 건실에 입소한 것으로 짐작된다.

5기생 명단에서는 한독당 소속의 입소생들도 일부 보이고 있

---

57) 조선민주당은 조만식의 주도하에 1945년 평양에서 결성된 정당으로 1946년 이후 최용건 등이 노동당과 보조를 같이하면서 분열되었다. 최용건의 노선에 반대하던 구성원들은 월남하여 서울에서 다시 세력을 규합하였다.

58) 이하 '대청'으로 약칭함.

59) 대동청년단은 광복군 총사령관이었던 이청천(池靑天)에 의해 1947년 9월에 20여 개의 청년 단체가 통합하여 결성된 단체로 1948년 5·10 선거에 적극적으로 참여하였던 단체였다.(김수자, 「대동청년단의 조직과 활동」, 《역사와 현실》 31, 한국역사연구회, 1999, 179~187쪽)

60) CIC Weekly Information Bulletin #21, 1947, 9, 11.(김수자, 위의 글, 181쪽에서 재인용)

다. 건국에 필요한 인재 양성이라는 건실의 설립 목표를 실행하기 위한 가장 좋은 방법은 김구와 임시정부 계열의 당이었던 한독당 내부에서 인재를 발굴, 양성하는 것이었다. 한독당 당원들은 이를 위해 다수 입소했던 것으로 짐작되지만 명부에는 소수만이 나타나고 있다.

8기 명단의 입소생들은 주로 대한청년단[61] 소속의 입소생들이 많았고, 민보단 소속의 입소생도 보이고 있다. 그러나 한청 소속 입소생들은 이승만을 지지했던 세력들은 아니었던 것으로 보인다. 한청은 각 청년 단체들이 연합한 단체였기 때문에 어느 정도 단결력은 있었지만 그 중에는 이승만의 노선에 반대하는 자들도 있었다.[62] 특히 족청 계열은 끊임없이 비족청 계열과 세력 다툼을 하고 있었다. 게다가 족청 계열의 소장파 의원들이 이 당시 건실에서 강사로 활동하였다. 이러한 정황으로 볼 때 족청 계열의 청년들이 이들 중 다수라고 볼 수 있을 것이다.

한편, 각 단체에 소속되지 아니한 입소생들은 임시정부나 여타 다른 인사들에게 개인적으로 추천을 받아 입소했다. 이들 입소생들은 주로 자신을 추천한 인사들과 가족관계이거나 개인적으로 공적이거나 사적인 친분이 있던 자들이 주를 이루고 있었다. 1기

61) 이하 '한청'으로 약칭함.

62) 한청은 1949년 10월에 발생한 좌익 군인들의 여순반란사건에 대항하여 이승만의 주도 아래 공산주의 세력의 일소를 위해 각 청년 단체가 결속하여 만든 단체였고, 민보단은 경찰을 보조하는 조직으로 경찰의 무력이 미치지 못하는 생활 구석구석에서 민중에 대한 통제와 감시 업무를 수행하는 단체였다. 하유식, 「이승만 정권 초기 정치기반 연구－대한청년단을 중심으로」, 《지역과 역사》 3, 부경역사연구소, 1997, 208~218쪽.

생 김영조(金榮祚)는 『건실동문회보(建實同門會報)』에 실은 회고를 통하여 "숙부(叔父) 희산옹(希山翁)의 말씀에 따라 박박 깎은 머리로 김석길(金錫吉) 선생님을 찾아 뵈옵고 소개장을 ㅇ시하였"다고 하고 있다.[63] 또한 4기생 오학환의 경우에는 자신의 모친이 경교장에서 김구의 일을 도와준 관계로 건실 입소를 권유받았고, 건실 운영진의 추천에 의해 입소하였다고 증언하고 있다.[64]

학생이나 교원이었던 자들은 자신이 소속되어있던 교육기관의 장에게 추천을 받기도 하였다. 5기생 전한두의 경우에는 자신이 다니고 있던 단국대학 이사장인 장형의 추천을 받고 건실에 입소하였으며, 이후 7기부터 교관으로 활약하기도 하였다.[65]

2) 강사진

건실은 건국을 위한 임시 교육기관적인 성격이 강했다. 하지만 설립 목적인 '과학적 이론의 무장화'를 위해서는 사회 각계각층의 전문적이고, 지도적인 인물들이 필요했다. 이에 건실 강사진들은 주로 외부에서 초빙한 유명 인사들이 중심이 되었다. 건실은 건실에 초빙된 각 기수별 인물과 그 소속을 표로 정리하면 〈표 1〉과 같다.

---

63) 金榮祚, 「잃어버린 뺏지를 받고서」, 《建實同門會報》 13호, 1972.
64) 오학환 증언, 2007년 9월 25일 녹취.
65) 전한두 증언, 2007년 9월 16일 녹취.

〈표 1〉 건국실천원양성소 각 기수별 강사진[66)]

개소전		1기		5기		8기	
강사명	소속	강사명	소속	강사명	소속	강사명	소속
진승록	고려대	김석길	(조선일보 주필)	안호상	문교부 장관	조완구	한독당 부위원장
안호상	국학대	진승록	고려대 교수	엄항섭	임정 선전부장	나재하	한독당 훈련부장
강낙원	연세대	안호상	서울대 교수	김인기	한독당	김성주	동국대 교수
서두수	연세대	강낙원	연희대 교수	백찬수	고려대 교수	김경수	문리과대학 교수
김순식	서울상대	김순식	서울 상과대 교수	조기준	고려대 교수	최호진	동국대 교수
김의수	고려대	김의수	고려대 교수	엄상섭	서울지방검찰청 차장	엄상섭	대검찰청
손진태	국학대	황의돈	사학가	설의식	새한민보 사장	김정실	검사
민병태	연세대	변영태	고려대 교수	조완구	임정 국무위원	민영규	단대 부학장
변영태	고려대	조기준	서울 상과대 교수	주석균	조수병합회 회장	엄항섭	연대 교수
이용한	고려대	신태익	조선법학회	정낙진	단국대 교수	양주동	본소 이사장
조기준	서울대	장덕수	한국민주당	김학규	한독당 조직부장	김학규	동국대 교수
황의돈		이선근	조선청년당 최고위원	김의수	고려대 교수	설의식	본소 부소장
신태이		설의식	전 동아일보 부사장	김기석	사범대학 교수	김기석	새한민보 사장
신동욱		백찬수	고려대 교수	장도빈	단국대 학장	이상조	사대 교수
장덕수		신도성	서울대 교수	안재홍	한성일보 사장	주석균	법대 교수
이선근		이헌구	민중일보 사장	김정실	단국대 부학장	홍병선	수리조합 회장
설의식		신태영	동양성소 교수	나재하	한독당 훈련부장	김하선	YMCA
김광섭		마 명	서울신문 기자	장 형	단국대 이사장	김석길	철도학교 부교장
김석길				민영규	연세대 교수	안재홍	평화일보 주필
				황기성	대한노총 부위원장	정인보	신생회장
				이종형	대한일보 사장	김법린	감찰위원장
				김석길	평화일보 주필	박순천	감찰위원
				김기창	본소 교수	김약수	감찰위원
						김상덕	국회 부의장
						서용길	반민특위장
						노일환	국회의원
						박윤원	국회의원
						이은상	국회의원
						신정언	전 조선일보 주필
						황기성	평론가, 부인사 사장
19명		18명		23명		30명	

66) 하상령 소장, 「建國實踐員養成所 第一期同窓生 會員名簿」; 백범기념관 소장, 「建國實踐員養成所 第五期修業生名簿」, 「建國實踐員養成所 第八期修業生名簿」.

건실 강사진의 구성은 건실과 비슷한 시기에 운영되었던 여타 청년 단체의 훈련 과정에 나타나는 강사진과 비슷한 구성을 가지고 있었다. 건실은 주로 대학 등의 교육계에서 활약하거나 정치 · 경제 · 언론계 등에서 명망 있는 인사들이 강사진의 대부분을 구성하였음을 알 수 있다. 이 시기 족청이나 대청의 강사진 역시 유명 인사들이 주를 이루고 있었다.[67] 한편, 외부 강사진은 개소 전이나 1기 당시보다 5기와 8기로 가면서 그 구성원이 증가하고 있는데 이는 김구가 가지고 있던 구상들을 강조하기 위한 것으로 보인다.

좀더 구체적으로 살펴보면 개소 전 건실에 초빙된 강사들은 기성회부터 참여했던 진승록 · 안호상 · 김석길 등과 설의식 등의 언론계 인물과 정치계 인사인 장덕수 등이었다.[68] 또한 주요 대학 교수들이 참여하고 있다. 이들은 건실이 추구하는 목적 중 하나인 '과학적 이론의 무장'을 뒷받침 해줄 수 있는 인물들이었다. 한

---

67) 족청은 수원의 중앙훈련소와 각 지방의 지방훈련소를 두었는데, 중앙훈련소의 강사진은 이범석, 정인보, 안호상, 장덕수, 조봉암, 설의식 등이었고, 김구와 조소앙도 특강으로 참여하기도 하여 건실과 유사한 구성을 보였다.(임종명, 「조선민족청년단(1946.10-1949.1)과 미군정의 '장래 한국의 지도세력 양성정책」, 《한국사학보》 95, 1996)

대동청년단은 훈련원, 훈련분과를 조직하고, 오광선이 훈련원장이 되어 이복원, 이성주, 이선근 등과 함께 훈련과정을 이끌어갔다.(김수자, 위의 글, 171~173쪽)

68) 장덕수가 포함되어 있는 것은 1947년 초 우익진영의 움직임과 맥락을 같이하는 것으로 보인다. 1946년 말 김구 · 이승만의 회동을 계기로 임시정부(한독당), 한민당, 이승만의 독립촉성국민회의 우익진영은 반탁운동을 강화하는 한편 좌우합작위원회를 공격하고 있었던 상황이었다.(도진순, 앞의 책, 143~147쪽)

편 안호상·황의돈·이선근 등은 족청이나 대청에서 활약했던 주요 인물들이었다.[69] 이들은 청년단체에서 활동하던 경험을 살려 건실의 또다른 목적인 '독립투사의 유기적인 조직'을 위한 내용들을 강의한 것으로 보인다.

1기 강사진의 명단을 살펴보면 1947년 2월 26일 《동아일보》와 《대동신문》에서 발표했던 인물과 다름을 알 수 있다. 강사들이 갑자기 어떤 이유로 변경되었는지는 알 수 없지만 정치·시사·훈련 등의 과목을 맡던 인물들이 교체된 것으로 보아 김구가 가지고 있던 건실 운영 구상과 합치되는 인물들로 바뀐 것으로 보인다.[70]

그런데 강사진 중에 마명이란 인물이 들어가 있는 것이 특이하다.[71] 마명은 북풍회 계열로서 1925년 조선공산당 사건에 관련하였고, 해방 후에는 《서울신문》 기자였다. 김구는 마명이 좌익 인물이었지만 해방 후 기자 생활을 한 부분에서 건실에 큰 역할을 해줄 것을 기대했던 것 같다. 한편으로는 좌익계열 청년들도 건실

---

69) 안호상과 황의돈은 족청 중앙훈련소에서 강의를 맡던 인물들이었다.(건국청년운동협의회, 《대한민국건국 청년운동사》, 1989, 1140~1151쪽) ; 이선근은 대한독립촉성전국청년회와 대청에서 활동하던 인물이었다.(오유석, 「미군정 하의 우익 청년단체에 관한 연구 : 1945-1948」, 이화여대 사회학과 석사학위논문, 1988, 47쪽)

70) 서두수, 손진태, 민병태, 이용한, 신동욱, 김광섭 등이 빠지고, 백찬수, 신도성, 이헌구, 마명 등이 실제 강사진으로 올라가 있다. 백찬수와 신도성은 각각 고려대와 서울대 정치학과 교수로 있었던 인물인데, 특히 신도성은 해방 후 한민당에 참여하여 문교부원으로 활약했던 경력이 있었다. 신태영은 일본 육사 출신으로 강낙원과 함께 건실의 훈육을 담당하는 교관으로 임명되었다.

71) 『高等警察關係年表』, 1926년 8월 22일.

에 입소하도록 하려는 의도도 내포되었을 것으로 보인다.[72]

한편, 5기 당시 강사진은 임원진들과 마찬가지로 임시정부와 친 김구 인사들이 다수 포함되었다. 이러한 강사진은 김구가 단정 수립에 대항하여 강력히 주장했던 통일정부 수립 의지와 관련이 있었다.

엄항섭·조완구·김학규·나재하 등은 임시정부 요인이자 한독당의 주요 임원들이었다. 이들은 독립을 쟁취하기까지의 노력들을 건실 입소생들에게 인지시키고, 그들의 추구하였던 「건국강령」 속의 자주적인 민족국가와 민주주의 국가, 그리고 통일국가에 대한 내용을 강조하기도 하였다.

임시정부와 한독당 인사들 이외에도 친 김구 계열 역시 다수 포함되었다. 장형·장도빈·김정실·정낙진 등 단국대학을 설립한 주요 구성원들이 포함되어 있음을 알 수 있다.[73] 단국대학의 주요 임원들이 건실과 함께 했던 것은 장형이 5기 당시 이사장으로 있었기 때문이었다. 장형과 장도빈은 민족의식을 되새기고자 하였으며, 김정실과 정낙진은 국가 운영에 필요한 법률지식을 전하였다.

8기 강사진 역시 5기 강사진에 비하여 많은 부분이 바뀐 것을 알 수 있다. 특히 김약수·서용길·노일환·박윤원 등의 국회의원과 반민특위(反民特委) 위원장 김상덕의 참여는 중요한 의미를 가지고 있다. 김구는 이들의 특강이 입소생들에게 민족통일과 친일파 청산이라는 두 가지 주장을 뒷받침하는 데 큰 의미가 있다

72) 하상령 증언자료, 2007년 9월 29일 녹취.

73) 檀國大學校史編纂委員會, 『檀國大學校 50年史』, 檀國大學校出版部, 1997.

고 생각하였고, 소장파 의원들에게는 이승만과 한민당을 견제할 수 있는 중요한 기회라 생각했다.[74]

특히 반민특위 위원장이었던 김상덕의 참여는 김구가 주장한 친일파 청산을 입소생들에게 주지하는 데 힘을 실어주었다. 대한민국 정부가 남한만의 단독정부로 세워진 데에는 이승만과 연대한 친일파들이 다수 연계되어 있었다. 이에 대해 김구는 이미 환국 이전부터 강력한 청산을 주장하고 있었고, 1948년 김규식과의 연대를 통하여 통일정부 수립론으로 방향을 전환하면서도 이 주장은 굽히지 않았다. 이와 더불어 서용길·박윤원 등의 소장파 의원들은 반민특위 검찰관이나 조사관으로도 참여하였기 때문에 그 주장에 힘을 실을 수 있었다. 이러한 김구와 특강자들 간의 일치하는 지향점을 통해 건실은 입소생들에게 친일파 청산에 대한 강의를 효과적으로 할 수 있었다.[75]

3) 교육과정

건실은 거듭 언급하듯이 임시교육기관의 성격을 가지고 있었다. 그렇기 때문에 각 기수별로 교육과정과 내용이 일정하지 않고, 다양한 모습을 보이고 있었다.

---

74) 이들은 정·부통령으로 김구-조소앙을 지지하였으며, 무상몰수-무상분배의 토지개혁을 주장했다. 또한 남북통일 협상안과 외국군대 철수안을 주장하고 있어 김구와 생각이 일치할 수 있었다.(진덕규, 「이승만 권위주의 체제의 시발점, 국회 프락치 사건」, 《한국논단》 36, 1992, 195~196쪽)

75) 이강수, 「친일파청산·반민특위와 백범」, 《한국사학보》 18, 2004, 185~190쪽.

건실의 교육 기간은 기본적으로 1개월을 기준으로 하였다.[76] 그러나 건실은 개소일과 수료일이 일정치 않았으며, 1개월이라는 기본적인 교육 기간 역시 지켜지지 않았다.

개소 일자가 일정하지 않았던 것은 우선 당시 정치 상황의 변화 때문이었다. 특히 건실은 1947년 5월 제1기 수료 후 10월까지 교육이 실시되지 못하였다. 건실은 제1기가 끝난 이후 바로 제2기 입소생을 모집하는 기사를 내보냈다.[77] 그러나 개소 즈음 일어났던 임시정부 봉대 계획의 실패와 제2차 미소공동위원회가 개최된 후 벌어진 김구와 임시정부의 내분으로 인해 건실은 제2기생을 뽑지 못하고 그 운영을 이어가지 못한 것으로 보인다.[78]

---

76) 전한두 증언, 2007년 9월 16일 녹취.

77) 《동아일보》, 1947년 5월 9일, 「建國實踐員養成所 第二回 入所生 募集」. 《현대일보》, 1947년 5월 13일, 「建國實踐員養成生 募集」.

78) 1947년 5월 제2차 미소공동위원회가 열린 이후 모스크바 결정 지지와 미소공위 참여문제로 한국독립당은 안재홍 계열의 신한국민당과 권태석 계열의 민주한국독립당, 조완구(임시정부) 계열의 한국독립당으로 분열되었다(《동아일보》, 1947년 6월 22일, 「新韓國民黨 昨日新發足 韓獨遂三分」). 이어 7월에는 임시정부 내무부장 신익희가 탈당하였다.(《동아일보》, 1947년 7월 20일, 「申翼熙氏 韓獨黨脫黨」)

〈표 2〉 건국실천원양성소 개소 및 수료 일자79)

기수	개소일	수료일
1기	1947년 3월 20일	1947년 5월 4일
2기	1947년 11월 1일	1947년 11월 30일
3기	1948년 1월 7일	1948년 2월 6일
4기	1948년 3월 8일	1948년 4월 7일
5기	1948년 11월 1일	1948년 12월 19일
6기	1949년 2월 6일	미상
7기	미상	1949년 4월 15일
8기	미상	1949년 6월 5일
9기	미상	미상(1949년 12월 추정)

이청천(池靑天)의 귀국과 함께 벌여진 청년단체 통합운동(후의 대동청년단) 역시 건실 1기와 2기 사이 약 6개월간의 공백기가 생기게 된 이유였다. 이청천은 1947년 4월 이승만과 함께 국내에 들어온 이후 청년조직의 중요성을 느끼고 우익 청년조직의 단일화를 주장하였다. 이에 김구는 당시 이승만, 김규식과 더불어 이청천의 이러한 통합운동을 지지하고 있었으나 대청을 조직하며 이청천이 이승만을 지지한다는 성명을 밝히게 되면서 다시 한 번 자신이 직접 건국을 위한 교육을 실시해야 되겠다는 의지를 가지게 되었다.

1948년 4월 제4기생이 수료한 후 10월까지 7개월간 건실은 다시 한 번 교육을 실시하지 못하였다. 다시 교육이 중단된 것은 김구의 남북협상과 관련이 있었다. 남북협상 이후 5·10선거가

79) 개소일은 각 신문에 언급한 날짜를 기록한 것이며, 수료일은 수업식 후 단체로 촬영한 사진 상에 나타나 있는 날짜를 기록하였다.

김구와 한독당이 불참한 가운데 실시되고, 이어 이승만이 대통령이 되어 대한민국 정부가 수립되었다. 더욱이 정부 수립 이후 여수·순천사건이 일어나면서 김구의 활동은 계속해서 제약을 받았고, 이로 인해 건실 역시 운영이 되지 못하였던 것이다.

불안정한 교육 기간 속에서도 건실은 다양한 과목을 입소생들에게 가르쳤다. 각 기수별 교육과목의 전체적인 모습을 살펴보면 정치·경제·법률·역사·선전 과목이 빠지지 않고 개설되어 있는 것을 알 수 있다. 김구는 그의 건국 구상의 실현을 위해 필요한 정치·경제 과목들을 중시하였고, 민족의식을 강조하기 위해 국사나 독립운동사를 강조하였다. 또한 선전에 관한 여러 내용들을 배움으로서 건실에서 습득한 건국 구상의 실천 방법을 다른 사람들에게 전파할 수 있는 능력을 기르려 하였다.

〈표 3〉 건국실천원양성소 각 기수별 교육과목[80]

기수	1기	5기	8기
과목	정치	정치	정치
	경제	경제	경제
	법률	법률	법률
	시사	시사	선전
	선전	선전	독립운동사
	국민운동	국민사상	헌법
	역사	조직	역사
	훈련	독립운동사	민족문화
		농촌경제	국민운동
		민법	철학

80) 「建國實踐員養成所 第一期同窓生 會員名簿」; 「建國實踐員養成所 第五期修業生名簿」, 「建國實踐員養成所 第八期修業生名簿」.

		철학논리 국 사 청년운동 헌 법 민주주의해설 국 경 사 여성운동 민족정신 공산주의비판 웅 변	약소민족문제 농촌문제 협동조합론 사 회 학 공산주의비판 부녀문제 특 강

우선 1기 강사들은 정치 · 법률을 비롯해 경제 · 국사 등의 내용들을 강의하였다. 정치와 법률은 건국의 역량을 기르기 위해 필수적으로 요구되었던 과목이라 할 수 있는데 이는 임시정부의 건국 구상에서 나타나는 정치적 균등을 통한 신민주국의 건설과 그 맥락을 같이하는 것이기 때문이었다. 또한 경제를 강조하여 경제적 균등을 실현하기 위한 그 배경 지식을 습득케 하고자 하였다. 국사 과목을 통해서는 우리 민족의 정체성을 찾을 수 있게 하였고, 국민운동은 우리가 해방 후 한 나라의 국민으로서 살아야 할 길을 찾을 수 있게 한 과목이었다.

한편, 제식훈련 등 군사교육도 강조하였다. 군사교육은 「건국강령」에서도 언급되었던 것으로 중요한 교육과목 중 하나였다. 제식훈련은 강낙원과 신태영에 의해 진행되었다.[81] 강낙원은 1920년대부터 체육교사와 연희전문 교수를 맡고 있었고, 신태영은 일본 육사 출신이었기 때문에 훈련과목을 담당하였던 것으로 보인다.

5기의 교육과목은 1기의 교육과목보다 그 분야가 좀더 세분화

81) 「建國實踐員養成所 第一期同窓生 會員名簿」

되었다. 정치 분야는 민주주의해설 · 공산주의비판 등의 과목을 통하여 단순히 정치의 큰 개념만을 보는 것을 떠나 현실적인 문제로 고민할 수 있도록 세분화하여 교육하였다. 또한 독립운동사를 강조하여 우리 민족이 독립을 쟁취하려 했던 이유를 강조하였다.

5기 교육과목에서 특히 주목할 것은 '공산주의비판'이었다. 이 강좌는 김석길이 맡았던 과목으로 이에 관한 교육 내용은 자신이 쓰고 건실에서 발행한 『한국민족의 당면진로』라는 책에서 설명되고 있다.[82] 이 책에서는 제국주의 국가들의 투쟁이었던 제2차 세계대전이 종료되어 평화가 찾아왔음에도 한국은 진정한 독립이 이루어지지 않았음을 강조하였다. 그 이유는 계급투쟁 중심의 공산혁명을 지향하는 세력이 있기 때문이었다.

그는 독립을 쟁취한 우리 민족이 나아가야 할 길은 공산주의가 가지고 있는 편향적이고 비현실적인 계급투쟁의 모습이 아니라고 비판하고 있다. 결국 현실에 있어서 우리 민족이 당면한 과제는 계급투쟁이 아니라 민족단결임을 재차 강조하고 있다. 이것은 김구가 추구하였던 통일정부 수립에 대한 의지와 그 맥락을 같이하는 것이었다.

8기 교육과목은 5기 교육과목에서 크게 달라진 것은 없다. 하지만 5기에서는 없었던 특강이 8기에 들어서는 하나의 교육 내용으로서 되어 있는 것이 가장 큰 특징이다. 특강의 내용은 특강을 실시했던 강사들과 연결해 봄으로써 그 내용을 유추할 수 있다.

특강 강사들은 제헌국회에서 소장파로 불리던 김약수 · 김상덕 · 서용길 · 노일환 · 박윤원 등의 국회의원과 이은상 · 신정언 등

---

82) 김석길, 위의 책, 5~7쪽.

의 문학가 등으로 구성되었다. 이들 중 특히 소장과 국회의원들은 남북협상을 지향하고, 반민특위를 통하여 친일파를 제거하자는 김구의 의견과 일치하였다. 특강 내용은 김구가 주장하였던 친일파의 처단과 통일정부 수립에 대한 것이라 할 수 있을 것이다.

4. 건국실천원양성소의 운영

1) 재정

건실은 개소를 전후하여 이사진들이나 주변의 여러 지인들의 지원으로 재정을 유지하고 있었다. 선우진의 증언에 의하면 개소 과정과 개소 초기 재정에 큰 도움을 주었던 인물은 손홍린이었다.[83] 손홍린은 김석길과 함께 개소 과정에 참여하여 개소에 필요한 자금을 제공하였고, 손홍린 자신이 적산으로 받았던 충무로에 있는 건물을 건실 중앙사무소라는 이름으로 활용하기도 했다. 하지만 개소 이후에는 그 이전만큼 충분한 지원을 하지 못하였다고 한다.

건실의 운영에는 많은 재정이 필요하였다. 입소생들의 숙식비를 모두 감당해야 했기 때문이다. 건실 입소생들은 합숙을 기본으로 하고 있었다. 이에 따라 입소생들의 숙식비를 마련하는 일이 간단하지 않았다.

더욱이 손홍린의 지원이 충분하지 않게 되면서, 건실은 재정적

---

83) 선우진 증언, 2007년 8월 25일 녹취.

으로 어려운 상황이 되었다. 이를 타개하기 위하여 건실 이사진은 입소생들에게 일정한 합숙비를 납부하도록 하였던 것으로 보인다.[84] 그러나 재정적인 어려움은 쉽게 극복되지 못하였고, 그 결과 건실은 일정한 교육 기간을 준수하기 어렵게 되었다.

김구는 재정의 어려움을 타개하기 위한 방법으로 이사장을 초빙한 것으로 보인다. 제5기생 임원명단에 이사장이라는 직책이 보이는 것이다. 이 때 이사장직을 맡은 인물은 단국대 설립자 장형이었다.[85] 장충식의 증언에 의하면 '김구는 장형에게 부실했던 건실의 재정 운영을 맡겨 건실의 원활한 운영을 기대하였다'고 한다.[86] 이에 장형은 이사장직을 수락하고, 재정 지원을 하는 한편, 단국대 학장이었던 장도빈과 함께 단국대 학생들의 건실 입소를 적극적으로 권유하고, 수료생들을 독려하였다.[87]

그러나 장형 역시도 이사장직을 오래하지는 않았던 것 같다. 1949년 8기 수료생 명부에는 이사장이 엄항섭으로 되어 있다. 이로 보아 장형은 1948년 한 해 동안에만 이사장직을 수행했던 것으로 보인다.[88]

8기 당시의 이사장은 엄항섭이었다. 이것은 외부에서 지원하였던 재정이 다시 자체 지원으로 돌아왔다는 것을 의미하는 것이었

---

84) 《조선일보》, 1947년 10월 3일, 「건국실천원 제2기생 모집」.

85) 「建國實踐員養成所 第五期修業生名簿」.

86) 장충식 전 단국대 이사장 증언, 2007년 3월 녹취(범은장학재단).

87) 전한두 증언, 2007년 9월 16일 녹취 ; 5기 수업식 사진에서 장형은 김구 옆 자리에 위치하고 있어 중요한 역할을 맡고 있었다는 것을 알 수 있다.

88) 「建國實踐員養成所 第八期修業生名簿」.

다. 1948년 말을 지나면서 김구는 다른 일보다 건실 사업에 많은 관심을 기울이고 있었고, 이러한 상황에서 합숙비와 함께 한독당 내부에서 가지고 있던 재정이 건실에 지원되었을 것이다. 하지만 그나마 유지되던 재정도 김구가 암살당하면서 위태로워지게 되었고, 결국 이 재정 문제는 9월 홍익대로 흡수되는 원인 중의 하나로 작용하였던 것으로 보인다.

2) 김구의 서거와 해산

남북협상을 위해 평양에 다녀온 이후 김구에 대한 암살설이 많이 나돌았다. 이에 많은 인사들이 김구를 찾아와 암살음모와 관련된 소문들을 전하였지만 김구는 이에 대해 별다른 반응이나 대응책을 강구하지 않은 것으로 알려지고 있다. 그러나 후일 김구를 암살하려는 계획이나 시도들이 있었음이 밝혀졌다.

김구가 암살되기 전날인 1949년 6월 25일 수원 병점고개에서 그를 암살하려는 계획이 있었다. 김구는 공주 건실 개소식에 참여하려 했다.[89] 88구락부는 6월 25일 새벽 병점고개에서 김구를

89) 이사였던 이병희는 미리 공주로 내려가 개소식에 필요한 제반 사항을 점검하고 있었다. 이병희의 회고에 의하면 12기생을 모집하기 위하여 내려갔다고 하고 있으나 기수가 맞는지는 확실하지 않다.(이병희, 「寄稿-建實의 臨終을 回顧하면서」, 《建實同門會報》 4호, 1971)

한편, 이 이외에도 1949년 4월 군산에서 '건국실천원 단기양성 강좌회'가 있었다는 기사가 보이고 있어 건실이 족청처럼 지방 활동을 하였음을 어느 정도 짐작할 수 있다(《연합신문》, 1949년 4월 20일, 「金九 韓國獨立黨 위원장, 평화통일을 위한 국민운동의 필요성을 역설」). 그러나 이 이외 지역의 활동이나 지방 활동을 추진했다는 기사는 나오지

암살코자 했다.[90] 그러나 개소일 새벽 공주경찰서장이 개소식 행사를 불허하면서 김구는 내려가지 않았다. 교육을 위해 모였던 입소 준비생들은 발걸음을 돌렸으며, 암살 계획도 미수에 그치고 말았다.

김구는 공주 건실 행사가 취소된 다음날인 6월 26일 안두희에 의해 암살당하고 말았다. 김구가 암살당하면서 건실의 운영은 영향을 미쳤다. 이미 한독당은 1947년과 1948년, 두 번의 분당을 경험하면서 안재홍, 조소앙 등의 거두가 떠나고 세력이 많이 약화된 상태였다. 그런데 김구의 서거 이후 정부 당국은 한독당 내부의 분열로 인해 김구가 죽었다고 발표하였으며, 안두희를 가입하게 했다는 이유로 조직부장 김학규를 구속하였다. 이와 더불어 한독당이 친공적인 입장을 띠었다고 호도하면서 한독당에 대한 탄압을 가하였다.

건실에 대한 정부 당국의 탄압 역시 이루어졌다. 건실 관계자들도 당국으로부터 조사를 받았다. 건실 회원들의 다음과 같은 회고는 김구 서거 후 진행된 정부 당국의 조사가 그들에게 얼마나 고통이었는지 말해준다.

> ① 취중(就中) 백범정신(白凡精神)을 부활(復活)시킬 건실 역할(建實役割)은 유야무야(有耶無耶) 속에 중단(中斷)되고 건실 강좌(建實講座)도 자연 옥행불능(自然獄行不能)의 분위기(紛回氣)에서 더구나 건실 관련인사(建實關聯人士)들에게 대(對)한 사찰(査察)이

않고 있어 건실의 지방 활동을 언급하기에는 무리가 있을 것으로 보인다.

90) 권중희, 『역사의 심판에는 시효가 없다』, 돌배게, 1993, 266쪽.

> 강행(强行)되면서 불쾌(不快)의 미행(尾行)과 검문(檢問)을 받게 된 것은 이정권(李政權)(이승만 정권)이 안두희(安斗熙) 장교(將校)를 교사저격(敎唆狙擊)한 사실(事實)이 보도(報道)된 이후(以後) 혹(或) 건실 관계장(建實關係長)들의 보복반발(報復反撥)이 있을까 내심 기우(內心杞憂) 끝에 취(取)해진 조치(措置)로 추정(推定)할 뿐이다. 이로 인(因)하여 건실(建實)의 재기(再起)는 더욱 절망(絶望)의 운명에 빠져 임종(臨終)을 보고도 격수방관 이외(擊手傍觀以外)에 도리(道理)가 없었음은 오직 무능력(無能力)을 자탄(自嘆)할 뿐이었다.[91]

> ② 백범(白凡) 선생(先生)님께서 순국(殉國) 후(後)에 일입니다. 전국각지(全國各地)에 산재(散在)하여 백범정신(白凡精神)을 실천(實踐)하든 동지(同志)들은 공산당(共産黨)과 동일시(同一視)하게 되고 요시찰인(要視察人)이 되었으니 생각(生覺)하면 기(氣)가 막힐 일입니다.[92]

건실과 관련된 인사들이 당국으로부터 조사를 받았음은 물론이고, 미행과 검문을 당하고 있었던 것이다. 건실 수료생들도 김구의 휘하에 있었다는 이유로 요시찰인(要視察人)이 되고, 경찰에 들어가 조사받는 일이 빈번하게 일어났다. 이에 김학규와 엄항섭을 비롯한 건실 임원진들은 이사회를 갖고 '엄청난 재정난과 제반적인 문제'로 인하여 1949년 8월 23일 해체를 결정하였다.[93] 이

---

91) 이병희, 위의 글.

92) 김황식, 「惡夢을 헤치고」, 《建實同門會報》 13호, 1972.

93) 《朝鮮中央新聞》, 1949년 8월 25일, 「金九가 소장으로 있던 建國實踐員養成所를 해산하기로 결정」.

로써 건실은 1947년 3월 20일 개소한 이후 2년 5개월 동안의 운영을 마감하게 되었다.

3) 홍익대로의 흡수

건실은 해체를 선언한 후인 1949년 9월 25일 홍익대로 흡수되었다. 홍익대는 경향신문의 기사를 통해 건실을 그대로 인수할 것임을 밝혔다.[94]

홍익대가 건실을 흡수한 데에는 표면적으로는 홍익대 측이 건실이 사용하고 있던 건물을 교사로 사용하기 위해서였다. 홍익대는 대학을 운영할 교사(校舍)를 제대로 확보하지 못하고 있었기 때문에 이를 교사로 사용하기 위해 흡수하게 되었다.[95]

그러나 한편으로는 홍익대 재단이 대종교와 관련이 있었다는 점을 간과해서는 안 될 것으로 보인다. 홍익대는 이홍수(李興秀)가 이사장으로 들어오면서 종합대학으로 발전할 수 있었고, 조완구 등의 임시정부 인사들도 대종교와 관련을 가지고 있었기 때문이다.

홍익대가 건실을 인수한 데에는 김현묵의 역할이 컸다. 김현묵은 대학 승격 이후 초대 사무처장을 맡아 건실 업무 등 여러 가지 일을 병행하고 있었다. 결국 건실의 사정이 어려워지자 김현묵은 정열모 등 홍익대 임원진들과 상의 끝에 건실을 흡수한 것으로 보인다.

---

94) 《京鄕新聞》, 1949년 9월 25일, 「홍익대 재단, 建國實踐員養成所를 접수하여 경영할 예정」.

95) 홍익대학교 연혁 참고.

건실을 흡수한 홍익대는 새로이 임원을 선출하였다. 선출된 소장과 이사진 명단은 다음과 같다.

명예소장 : 이승만(李承晩)
소　　장 : 정열모(鄭烈模)
상무이사 : 정일(鄭一)
감　　사 : 김현묵(金顯默)
직　　원 : 박교남(朴敎男), 김학현(金學鉉), 김명용(金明龍), 장태수(張泰洙)[96]

홍익대에 흡수된 건실은 김구 암살 후 비어 있던 소장 자리에 다른 인물을 앉히고, 부소장을 없앤 대신 상무이사를 신설하였다. 이승만은 계속해서 명예소장직을 맡고 있는데 이것은 5기, 8기와 마찬가지로 이승만이 대통령으로 재임하고 있는 상황을 이용하려는 건실 임원들의 생각이었다. 이승만의 이름값이면 건실 입소생을 모집하는 데 용이할 것이라는 판단을 한 것으로 보인다.

새로운 소장과 상무이사는 정열모와 정일이었다. 정열모는 초대 홍익대학장으로 한글학자였다. 정일은 홍익대학에서 상무이사직을 맡고 있었다. 두 인물은 모두 대종교의 주요 인사들이었다. 학장과 상무이사가 그대로 건실의 임원이 된 것은 그만큼 건실에도 관심을 기울였다는 증거이다. 직원들은 홍익대로 흡수됨과 더불어 홍익대에서도 직원으로 채용되었다.

홍익대는 건실을 흡수한 이후 제9기생을 모집하였다. 9기 입소생들은 8기 입소생과 마찬가지로 주로 한청, 민보단 소속의 입소

96) 「第九基修業生名簿」, 《건실동문회보》 12호, 1972.

생들이 다수를 차지하고 있었다. 입소생들의 성향은 김구 서거 전과 후가 그다지 다르지 않음을 알 수 있다.

그러나 9기 당시 강사진과 교육과목은 김구 서거 전과 다른 양상을 보이고 있다. 아래 〈표 4〉는 9기 교육과목과 강사진을 정리한 것이다.

〈표 4〉 건실 제9기 교육과목과 강사진[97]

강사명	과 목	직위
나재하	정치	전 철도학교 교장
최호진	경제학개론	중앙대학 교수
최경천	경제	홍익대학 교수
김정실	헌법	단국대학장
최진순	역사	홍익대학 교수
박호선	역사	역사연구회
김정선	철학	국립교통학교 부교장
백문규	사회학	숙대 교수
정의준	국문학개론	홍대 문학부장
설의식	국민운동	새한민보 사장
김원	미술사	이화여대 교수
이상조	약소민족문제	법대 교수
오하영	독립운동사	정치대학장
안재홍	국내외정세	신생회 회장
주석균	농촌문제	농촌개발영단 이사장
홍병선	협동조합론	YMCA
김석길	공산주의비판	조선일보 주필
이호빈	수양강의	중앙신학교장
황기성	부인문제	부인사장

97) 「第九基修業生名簿」, 《建實同門會報》 12호, 1972.

제9기 당시 강사진을 살펴보면 김학규 · 엄항섭 등 임시정부 관련 인사들이 빠진 것을 알 수 있다. 한독당 계열은 나재하가 유일하다. 정부당국의 한독당 분열책으로 인해 임시정부 인사들은 전면에 나서 행동할 수 없었기 때문으로 보인다. 임시정부 인사 외에는 기존 건실에 출강하였던 인물들이 그대로 출강하였고, 홍익대 교수들이 임시정부 인사들 대신 강의를 맡았다.

홍익대 흡수 후 건실의 교육과정에는 대학 교육 체제가 어느 정도 녹아들었음을 알 수 있다. 경제학개론 · 국문학개론 · 미술사 · 수양강의 등의 과목은 기존의 건실 교육과정에서는 볼 수 없었던 것이었다. 홍익대는 건실을 운영하면서 단기 양성 체제를 버리지는 않았지만 교육과정만큼은 대학교육에 준하는 수준으로 끌어올렸음을 알 수 있다.

건실은 제9기 이후 더 이상 입소생을 뽑지 않았다. 1970년대부터 다시 활동하기 시작한 건실 동문회 자료를 살펴보면 제9기 이후 동문 자료들이 나타나지 않고 있으며, 홍익대 연혁에는 건실 인수 후 건실 건물이었던 원효사 건물에 미술과를 설치하였다고 기록되어 있는 것으로 보아 9기 수료 이후 더 이상 입소생을 받지 않은 것으로 보인다.

건실이 교육기관으로서 활동을 종료한 것은 확실히 나타나 있지 않다. 그러나 《건실동문회보(建實同門會報)》에서는 건실 9기 임원명단의 기준일을 4282(194 9)년 12월 25일로 하고 있다. 건실 동문들이 수료식을 기준으로 임원과 강사명단을 발행한 전례로 보아 적어도 12월 말까지는 운영되었음을 짐작할 수 있다. 건실은 1949년 12월을 마지막으로 조용히 해체되고 말았다.

5. 맺음말

지금까지 해방 후 백범 김구가 국내에 돌아와 활동하면서 건국실천원양성소를 설립·운영한 실상을 살펴보았다. 논의된 내용을 요약, 정리하면서 글을 맺고자 한다.

건국실천원양성소는 김구가 환국한 이후 자신이 가지고 있던 건국 구상을 실행할 인재 양성을 위해 만들어진 단체였다. 김구는 미군정과 이승만, 좌파 세력들의 견제 속에서도 궁극적 목표인 자주독립국가 건설에 노력하였지만 그 위상은 점점 낮아지고 있었다. 이에 직접 일선에 나서 자주독립국가 건설을 실천할 수 있는 인재의 양성을 주장하고, 이들을 양성하기 위하여 건국실천원양성소를 개소한 것이다.

건국실천원양성소는 김구의 구상 아래 기성회를 조직하여 개소를 준비하였다. 준비 과정은 엄항섭이 중심이 되어 이루어졌으며, 김석길·황기성·안호상·손홍린·진승록 등의 인사들이 참여하였다. 이들은 건국을 위한 유능한 간부 인재의 단기 양성이라는 목표 아래 독립국가 건설 투사의 조직 및 과학적 이론의 무장이라는 교육 방향을 정하여 자주독립국가 건설의 기반이 되는 인재 양성 기관을 만들고자 하였다. 건실은 개소 준비 과정을 거쳐 1947년 3월 20일 개소하였다.

건국실천원양성소는 임시 교육기관이었다. 이에 개소 당시에는 기성회를 중심으로 소장, 이사진이 구성되었다. 그러나 시간이 지나면서 김구의 주변 인물들이 임원진으로 임명되면서 이사장, 이사, 감사직이 만들어지는 등 조직 체계가 확대되었다.

입소생들은 주로 젊은 청년들이었다. 이들은 자신이 소속된 정치 단체나 학생 · 청년 단체, 개인적으로 친분이 있는 명망가들의 추천을 통하여 입소할 수 있었다. 이들은 직업이나 소속 단체들이 서로 달랐지만 김구가 목표했던 자주독립국가 건설을 위한 일선 인재가 되고자 입소하였다.

강사진은 정치 · 경제 · 언론의 각 분야의 명망가들이었다. 이들은 건국에 필요한 내용들을 강의하였고, 교육과정 역시 건국에 필요한 과목을 공통적으로 다루었다. 하지만 교육 체계가 갖춰지고, 임원진이 체계적으로 구성되면서 강사진과 교육과정도 변화하였다. 특히 이승만을 중심으로 대한민국정부가 수립되자 김구는 통일정부수립과 이승만을 비호하고 있는 친일파의 청산을 강조하였는데 건국실천원양성소의 강사진과 교육과정의 변화 역시 이러한 의도를 반영하고 있었다.

건국실천원양성소는 김구 주변의 인물들에 의해 재정 지원이 이루어졌지만 이것만으로는 운영이 쉽지 않았다. 시기별로 손홍린과 장형 등을 중심으로 운영을 위한 재정을 지원하고 있었지만 입소생들에게 따로 합숙비를 받을 정도로 재정 지원이 이루어지지 못하고 있었다.

이런 상황에서 김구의 암살과 정부 당국의 탄압으로 인해 건국실천원양성소는 더 이상 그 운영이 어려워졌고, 결국 홍익대로 흡수되고 말았다. 홍익대 흡수 후에도 건국실천원양성소는 운영되었으나 9기 이후 더 이상 입소생을 뽑지 않았고, 결국 1949년 말 조용히 해체하였다.

건국실천원양성소는 김구의 해방 후 국내 활동을 이해하는 데 있어서 중요한 의미를 가진다. 설립에서 해체에 이르기까지 건국실천원양성소는 김구의 행보와 함께하였기 때문이다. 또한 국내외 독립운동 세력이 해방 후 설치한 교육기관으로서도, 한편으로는 족청이나 대청과 비견될 수 있는 청년 단체로서도 그 의미가 크다 하겠다.

환국 이후 범정 장형의 사회교육 활동

박 성 순*

1. 머리말

범정(梵亭) 장형(張炯, 1889~1964)은 독립운동가이자 교육자였다. 장형은 1963년 3·1절을 기념하여 정부로부터 독립유공자로 인정받아 독립장을 받았지만, 군자금 조달에 종사했다는 내용밖에는 별로 알려진 바가 없었다.[1)] 최근에서야 김구와 관련된 장형의 행적, 장형의 국민대학 및 단국대학 설립과 관련된 내용들이 밝혀지기 시작했다.[2)] 그리고 그동안 밝혀지지 않고 있던 장형의 독립운동에 관한 내용들도 체계적으로 윤곽을 드러내게 되었다.[3)]

본고에서는 환국 이후 장형이 보여준 교육자로서의 활동상을

---

* 단국대 교양기초교육원 교수

1) 梵亭惠堂紀念事業會, 『梵亭言行錄』, 檀國人會, 1986, 635~636쪽.

2) 張錫興, 「대한민국임시정부의 환국과 민족대학 설립~국민대학 설립을 중심으로」, 『忠北史學』 11·12합집, 충북대 사학회, 2000; 이홍구, 「해방 후 백범 김구의 建國實踐員養成所의 설립과 운영」, 『백범과 민족운동 연구』 6, 백범학술원, 2008; 韓詩俊, 「대한민국임시정부와 단국대학교」, 『東洋學』 47, 단국대 동양학연구소, 2010; 韓詩俊, 「단국대학의 설립정신과 정체성」, 『東洋學』 53, 단국대 동양학연구원, 2013.

3) 박성순, 「梵亭 張炯의 獨立運動과 그 位相」, 『東洋學』 53, 단국대 동양학연구원, 2013.

고찰하고자 한다. 환국 이후 장형은 청년들에게 민족의식을 함양하고, 근대 지식을 교육할 수 있는 사립대학을 설립하였다. 그밖에도 독립정신을 계승하기 위해서 수많은 단체를 설립해서 운영하였다. 그리고 사회적 약자들에 대한 구호 사업도 평생을 지속하였다. 그런 면에서 장형의 환국 이후 행적을 '사회교육 활동'으로 규정하고자 한다.

환국 이후 장형의 사회교육 활동을 고찰할 때 빼놓을 수 없는 것이 단국대학의 설립이다. 8 · 15 이후 한국 사회에는 수많은 유형의 대학들이 설립되었다. 미군정이 세운 대학도 있었고, 일제 때 전문학교가 대학으로 개편한 경우도 있었다. 또 지방 유지들이 세운 대학도 있었고, 독립운동가들이 세운 대학도 있었다.[4] 그중에서 단국대학은 독립운동가가 세운 대학 중 하나였다. 장형의 교육이념은 자주독립과 통일조국 실현을 염원한 김구의 이념과 연결되어 있었다.

본고는 장형의 환국 이후 사회교육 활동을 검토한다. 그중에서도 특히 장형이 단국대학을 세우면서 내걸었던 교육적 이상이 무엇이었는지를 살펴보고자 한다. 그것은 장형의 사회교육 활동을 이끈 이념의 근거였기 때문이다. 본고에서는 장형이라는 독립운동가가 단국대학을 운영하면서 보여준 모든 모습을 가감 없이 기술하고자 하였다. 이를 통해서 우리는 현대 한국 대학 발전사의 이면을 확인하는 것은 물론이려니와, 독립운동가들이 처했던 40년대 말에서 60년대 초반까지 한국 사회의 실상을 추체험하는 경험을

4) 韓詩俊, 「대한민국임시정부와 단국대학교」, 『東洋學』 47, 단국대 동양학연구소, 2010, 304쪽.

하게 될 것이다.

2. 독립정신 계승 활동

1) 건국실천원양성소의 운영과 장형

8·15 직전 만주 길림성(吉林省) 반석현(磐石縣)에서 독립운동 자금 모집 활동에 종사하던 장형이 환국한 것은 1945년 말에서 1946년 초로 짐작된다. 『단국대학교삼십년사(檀國大學校三十年史)』는 장형이 1946년 7월에 환국해서 8월에 국민동지회(國民同志會) 회장으로 피임(被任)되어, 건국 준비에 관련된 많은 분야에 직접 간접으로 참여하였다고 기술하였다.[5] 그러나 장형은 이미 임시정부의 주도로 1946년 3월 3일에 발족된 국민대학 설립기성회에 독립운동계를 대표하는 이사로 참여하고 있었다.[6] 이러한 점을 미루어 보아 1946년 7월 환국설은 잘못된 기록이라고 판단된다.

8·15 이후 장형이 환국하자마자 임시정부가 주도한 국민대학 설립 사업에 관여한 자세한 내용은 이미 선행연구가 있으므로 여기에서는 생략하도록 한다.[7] 본 장에서는 장형과 건국실천원양성소와의 관계에 대해서 먼저 언급하고자 한다.

---

5) 『檀國大學校三十年史』, 단국대학교출판부, 1977, 12쪽.

6) 『국민대학교60년사』, 국민대학교, 2007, 32쪽; 韓詩俊, 「대한민국임시정부와 단국대학교」, 『東洋學』 47, 檀國大 東洋學硏究所, 2010, 308쪽.

7) 韓詩俊, 「대한민국임시정부와 단국대학교」, 『東洋學』 47, 檀國大 東洋學硏究所, 2010.

1945년 8월 15일 일제의 항복 소식은 그동안 식민지 치하에서 고통 받던 한국인들에게 환희를 안겨 주었다. 그러나 엄밀하게 말하면, 현실은 완전한 광복도, 완전한 해방도 아니었다. 『주역(周易)』에서 말하는 것처럼 완전한 본래의 모습으로 돌아온 '광복'도 아니고, 그렇다고 사회과학에서 말하는 것처럼 종속 상태에서 완전히 벗어난 '해방'도 아니었기 때문이다.[8] 8·15 이후에도 독립운동은 현재진행형의 성격을 띠고 있었다.[9] 그래서 중국에서 활동하던 대한민국임시정부의 요인들은 환국 후에도 임시정부를 유지하면서, 완전한 자주독립을 달성하기 위해서 노력을 지속하였다. 자주적 통일 민족국가를 건설하기 위해서는 이를 실천해 나갈 수 있는 인재를 양성하는 일이 시급하였다. 그것을 해결하기 위해 김구는 1947년 3월 20일 건국실천원양성소(建國實踐員養成所, 이하 '건실')를 개소하였다.[10]

건실이 설치될 때 이를 보도한 각종 신문들은 한결같이 이 사업이 독립투쟁의 수단으로서, 독립투사와 건국의 인재를 양성하기 위한 곳이라고 보도하였다.[11] 언론에 보도된 바와 같이, 건실은

---

8) 金喜坤, 「독립운동과 민족통일」, 『한국근현대사연구』 64, 한국근현대사학회, 2013, 97쪽.

9) 박걸순, 「3·1운동과 국내 독립운동」, 『東洋學』 47, 단국대 동양학연구소, 2010, 276쪽.

10) 韓詩俊, 「대한민국임시정부와 단국대학교」, 『東洋學』 47, 檀國大 東洋學硏究所, 2010, 316쪽.

11) 《朝鮮日報》 1946년 12월 7일자, 「建國實踐員養成所 誕生」; 《自由新聞》 1946년 12월 7일자, 「建國實踐員養成所 設立準備」; 《東亞日報》 1946년 12월 8일자, 「金九 先生이 陳頭에 서서 建國實踐員養成所를 期成」; 《東亞日報》 1947년 2월 26일자, 「獨立鬪爭의 人才를 養成~金九 先生

독립운동의 제일선 지도자를 단기 양성하는 임시 교육기관이었다.[12] 건실 입소생들은 대동청년단, 대한청년단 등 우익 계열의 청년 단체나, 독촉과 한독당 등의 정치 단체에 속해 있는 자들도 있었다.[13] 게다가 건실 5기부터는 이승만(李承晩)이 명예소장으로 추대되는데, 김구(金九)는 자신의 추종 세력뿐만 아니라, 이승만(李承晩)을 추종하는 청년 세력들까지 모두 건실로 모아 자신이 가지고 있던 건국의 구상을 전파하려고 하였다.[14]

독립운동 시기부터 김구와 깊은 인연을 맺고 있던 장형은 김구를 도와 건실 설립에 관여하였다. 장형은 1909년부터 신민회 지도자였던 양기탁(梁起鐸), 유동열(柳東說), 김구, 이시영(李始榮) 등에게 독립운동 자금을 제공하였고, 임시정부와 만주 독립군들에게 꾸준히 군자금을 제공하였으므로, 일찍부터 김구와는 깊은 인연을 맺고 있었다. 김구가 임시정부 재무장으로 있던 1930년대 전후에 걸쳐 장형이 김구의 친필 감사 편지를 받았던 사실은[15]

뜻 받어 來月十五日 開所」;《京鄕新聞》 1947년 2월 26일자, 「建國實踐員養成所 開設」.

12) 《朝鮮日報》 1947년 10월 3일자, 「건국실천원 제2기생 모집」. 일각에서는 건국실천원양성소를 김구가 이범석의 族靑에 대항하기 위해 만든 청년정치 결사로 보아야 한다는 견해를 제시하기도 하는데, 건실은 당시 언론에서 보도한 대로 여러 청년·정치단체 출신의 학생들을 모집하여 자주독립과 민족통일 교육을 실시하는 교육기관으로 보는 것이 옳을 것 같다. 族靑의 대항마는 오히려 이청천이 47년에 결성한 大靑으로 보는 것이 더 타당하지 않을까 한다.

13) 李弘求, 「해방후 백범 김구의 建國實踐員養成所 설립과 운영」, 『백범과 민족운동 연구』 6, 백범학술원, 2008, 319~322쪽.

14) 李弘求, 위의 논문, 316쪽.

15) 『梵亭言行錄』, 檀國人會, 1986, 636쪽.

장형이 꾸준히 임시정부의 군자금 조달책으로 활약했음을 보여준다.

그래서 8 · 15 이후 건실이 설립되자, 장형은 김구를 기꺼이 도운 것이다. 소장(김구)-상무이사 체제로 운영되던 건실이 1948년에 조직을 확대 개편하자, 장형이 이사장으로 전면에 등장하였다.[16] 5기 이사진은 임시정부 계열의 인물들이 많이 참여하였다. 건실 『제5기수업생명부(第5期修業生名簿)』에 의하면, 당시 이사장에 장형이었고, 명예소장에 이승만, 소장에 김구, 부소장에 엄항섭(嚴恒燮)이었다. 장형은 단국대학 설립 직후의 어려운 형편에서도 건실 운영비의 상당액을 직접 담당하였다.[17]

건실의 이사장직을 맡은 장형은 재정적 후원뿐만 아니라, 직접 학생들에게 '국민사상(國民思想)' 과목을 강의하기도 하였다. 그리고 단국대 학생들의 건실 참여를 독려하고, 단국대 교수들에게도 건실의 강의를 분담하도록 조치하였다. 그 결과 단국대 학장이던 장도빈(張道斌)이 '국사(國史)'를 강의하게 되었다. 국망 직전부터 항일 언론인과 민족주의 사학자로 널리 알려진 장도빈은 신민회 활동 시절부터 장형과는 동지 관계에 있었다.[18] 그리고 단국대 부학장이던 김정실(金正實)이 '헌법(憲法)'을, 단국대 교수였던 정낙진(丁洛鎭)이 '민법(民法)'을 건실에서 강의하였다.[19]

---

16) 건국실천원양성소 시절 장형이 김구, 엄항섭 등과 함께 찍은 사진들이 전해지고 있다.(백범김구기념사업회 · 백범학술원 · 백범김구기념관, 『백범김구사진자료집』, 2012, 302, 305쪽)

17) 『梵亭言行錄』, 檀國人會, 1986, 628쪽.

18) 박성순, 앞의 논문, 110쪽.

19) 『第5期修業生名簿』, 建國實踐員養成所, 大韓民國 三十年 十二月 十九日.

그러나 건실은 1949년 6월 26일 김구가 급서하자, 8월 23일 이사회에서 해산을 결정하였다. 건실은 창설 이래 8기에 걸쳐 7백 명의 '소년들', 즉 '건국 일선부대'를 훈련, 양성하였다고 언론에 보도되었다.[20] 건실은 해산을 선언한 후인 1949년 9월 25일 홍익대로 흡수되었다. 현실적으로 대학 운영에 필요한 교사(校舍)를 제대로 확보하지 못한 홍익대 측이 건실이 사용하고 있던 건물을 교사로 사용하기 위해 흡수한 것이다.[21] 공석인 소장 자리에는 초대 홍익대 학장이자 한글학자인 정열모(鄭烈模)가 취임하였다.

홍익대는 건실을 흡수한 이후 단 1기(9기생)의 학생만을 모집하였다. 9기생 당시 강사진과 교육과목은 김구 서거 전과 다른 양상을 보였다. 김학규·엄항섭 등 임시정부 관련인사들이 빠진 대신 홍익대 교수들이 강의를 맡았다. 건실은 제9기 이후 더 이상 입소생을 뽑지 않았고, 1949년 12월을 마지막으로 조용히 해체되었다.[22] 홍익대는 건실 사업을 계승한다는 명분하에 건실이 사용하던 건물을 수중에 넣고, 곧 문을 닫은 것이다.

건실 이사회에서 해체 결정이 났을 때, 이사장을 역임했던 장형이 왜 건실을 인수하지 않았을까 하는 의문점이 있다. 그 이유는 첫째, 독립운동의 중심 거물인 김구가 서거함으로써 건실 사업은 사실상 종료된 것으로 인식했던 것 같다. 홍익대가 건실 인수 후 단 1기생만을 모집하고 조용히 건실을 해체한 것을 보면, 장형의 판단이 틀리지 않았음을 알 수 있다.

두 번째 이유는 재정적인 문제였다. 장형은 건실을 재정적으로

---

20) 《朝鮮中央日報》 1949년 8월 25일자, 「建國實踐員養成所 解散」.

21) 홍익대학교 연혁 참고; 李弘求, 앞의 논문, 335~336쪽.

22) 李弘求, 위의 논문. 338쪽.

후원할 때 그리 넉넉한 형편이 아니었다. 장형은 건실 설립 직후 단국대학을 세웠는데, 당시 대학 사정도 운영비 때문에 몹시 어려울 때였다. 그래서 장형을 도와 학교를 운영하던 사람들 중에는 장형의 건실 후원에 불만을 가진 사람들도 있었다. 그러나 장형은 그런 사람들에게 '김구와 자신이 애국운동을 함께 하기로 약속한 사이'라는 점과, '일제 때 김구 주석의 존재는 모든 독립군들에겐 최고의 지도자'였다는 점을 상기시키면서, 불평을 막았다고 한다.[23)]

세 번째로는 김구가 없는 건실을 인수하는 것보다는, 새로운 포부로 자신이 창학한 단국대학에서 김구의 독립정신을 교육, 계승하고자 하는 뜻을 품었던 것 같다. 장형은 단국대학을 세운 후 민족통일과 완전 독립을 주장한 김구의 사상을[24)] 강조하였다. 그러나 장형은 건실이 홍익대 측에 인수된 후에도 계속해서 단국대 부학장이던 김정실을 건실에 파견하여 헌법 과목을 강의하도록 후원하였다.[25)]

---

23) 『梵亭言行錄』, 檀國人會, 1986, 628쪽.

24) 鄭京煥, 「白凡 金九 硏究~政治活動과 理念을 中心으로」, 부산대 정치학 박사학위논문, 1994, 273~283쪽.

25) 李弘求, 앞의 논문, 337쪽에 金正實을 '학장'으로 기술하였으나, 이때 김정실은 '부학장'이었다. 김정실은 보성전문 출신으로 1945년 12월 신익회와 정치공작대의 조직을 논의할 당시부터 중앙본부 총무로서 정치공작대의 실무를 담당하였다. 1946년 3월 3일 '국민대학기성회' 설립시 상임이사, 9월 1일 개교 당시 교무처장으로 학교 운영에 참여하였다(李剛秀, 「해방직후 미군정의 교육통제정책과 민립대학 설립운동-국민대학 설립을 중심으로-」, 『北岳史論』 10, 2003, 395쪽). 그러나 김정실은 장형이 신익희와 결별할 때 장형을 따라 나와서 단국대학을 설립하는 데 조력한다. 신익희의 정치노선 변경이 주된 이유였을 것으로

2) 각종 단체 설립을 통한 독립정신의 계승

1948년 9월 25일 종로 기독교회관에서 전국통일학생총연맹(全國統一學生總聯盟)이 결성되었다. 이 학생 단체는 서북학생총연맹·전국건설학생연맹·대한학생총연맹·조선중등학생연맹 등의 단체가 무조건 통합을 전제로 결성되었다.[26] 이 단체의 후원 인사로는 장형을 포함하여, 대통령 이승만·부통령 이시영·김구·김규식(金奎植)·안재홍(安在鴻)·명제세(明濟世)·엄항섭·이청천(李青天)·김도연(金度演)·설의식(薛義植)·조성식(趙成植)·정인보(鄭寅普)·김태선(金泰善)·고재욱(高在旭)·이종형(李鍾滎)·김성호(金成浩)·정형묵(鄭亨默) 등이었다. 그리고 직접지도위원이라는 것을 두었는데, 역시 장형을 포함하여 안재홍·엄항섭·설의식·이종형·김성호·조성식 등 총 7인이 여기에 속했다.

전국통일학생총연맹을 후원한 단체로는 당시의 정당, 사회단체 및 언론기관이 망라되었다.[27] 대학으로는 장형이 이사장으로 있던 단국대학이 유일하게 참가하였다. 1948년 10월 전국통일학생총연맹 이재고학생(罹災苦學生) 구제대책위원회는 '학자난(學資難)으로 허덕이는 서울 시내 9천여 고학생들의 비참한 정상을 3천만 동포 앞에서 호소하는 동시에 구호 사업을 전개' 하였다고 하는

짐작된다.

26) 《京鄕新聞》 1948년 9월 14일자, 「全國統一學生總聯盟 결성준비」.

27) 전국통일학생총연맹 후원 단체는 한국독립당, 한국민주당, 대한민족청년단, 수도관구경찰청, 서북청년회, 대동청년단, 대한노동총연맹, 애국노인회, 통일독립촉진회, 민족자주연맹, 대한노농당, 애국지사후원회, 조선언론협회, 대한일보사, 평화일보사, 한성일보사, 동아일보사, 국제신문사 등이었다.

데, 이것이 대표적으로 알려진 이 단체의 활동상이다.[28]

8 · 15 직후에는 많은 청년 · 학생 단체가 난립하였다. 1946년에 창단된 대한민주청년동맹 · 전국학생총연맹 · 서북청년회 · 조선민족청년단과, 1947년에 창단된 대동청년단 등이 두각을 나타내고 있었다. 좌익 단체로는 '46년에 결성된 조선민주청년동맹 등이 있었다. 그러나 좌익 청년 단체는 미군정과 경찰의 후원을 받지 못하고 오히려 탄압의 대상이 되었기 때문에 우익 청년 단체보다는 열세에 놓여 있었다.[29]

이와 같은 상황에서 전국통일학생총연맹이 새삼스레 결성된 이유는 무엇인가? 이 단체는 결성 이유에서 '과거 학생운동을 반성하고, 사대성과 당파성을 떠나서' 새로운 학생운동을 전개할 것을 표방하였다.[30] 좌우익의 대립을 지양하는 통합 단체를 목표로 했다는 뜻이다. 전국통일학생총연맹이 당시 좌우익의 제 정당 사회단체를 후원 단체로 망라한 것도 그런 맥락에서 이해된다. 두 번째로 주목되는 점은 이 단체가 '남북통일과 조국광복의 길로 매진하기 위하여' 결성되었음을 천명한 것이다.[31] 좌우의 대립을 지양

---

28) 《漢城日報》 1948년 10월 15일자, 「全國統一學生總聯盟, 서울시 고학생을 위한 구호사업을 전개」.

29) 그에 반해 대부분의 우익청년 단체는 이승만과 김구의 사랑을 받았다. 대한민주청년동맹(대한민청)의 명예회장은 이승만 · 김구 · 김규식, 회장은 유진산, 감찰부장은 김두한이었고, 반탁학생연맹의 후신인 전국학생총연맹(전국학련)도 이승만과 김구에게 무한한 사랑을 받고 있었다.(서중석, 『한국현대민족운동연구: 해방후 민족국가 건설운동과 통일전선』, 역사비평사, 1991, 333~334쪽)

30) 《京鄉新聞》 1948년 9월 14일자, 「全國統一學生總聯盟 결성준비」.

31) 《漢城日報》 1948년 8월 20일자, 「4개 학생단체가 통합하여 전국통일

하고, 남북통일과 조국광복을 강조한 것은 김구의 정국 구상과 관련이 깊다.

그렇다면 이 단체를 누가 주도했겠는가 하는 점이다. 1948년 말 건국실천원양성소의 이사장으로 김구 사상의 전파에 노력하고 있던 장형이 주목된다. 전국통일학생총연맹이 학생 단체임에도 불구하고 단국대학만이 유일하게 참여하고 있었다는 점, 그리고 장형이 이 단체의 후원 인사로서 뿐만이 아니라, 직접지도위원으로 활동하고 있었다는 점을 고려할 때, 전국통일학생총연맹은 장형이 주도적으로 그 결성과 운영에 참여했음을 짐작할 수 있다.

그러나 전국통일학생총연맹은 자주독립과 남북통일을 위한 학생활동을 본격적으로 실행하기도 전에 당시 이념 내립의 강한 자장 속으로 빨려 들어갔다. 여순반란사건을 빌미로 청총(青總)·대청(大青)·서청(西青)·독청(獨青)·국청(國青) 등 5개 청년 단체가 통합하여 민병단 성격의 대한청년의용단(大韓青年義勇團, 대한청년단의 설립 직전 명칭)을 조직하기로 하자, 학생 단체인 전국학련도 무조건 이에 합류하기로 한 것이 시사점을 제공한다.[32] 당시 언론에 의하면, 학생 단체가 청년 단체와 손을 잡으려는 이유는 학생 단체의 통일을 넘어서, 청년과 학생의 재통일을 기하려는 의도라고 보도하였다.[33]

그러나 대한청년단의 결성 막후에는 청년·학생 단체를 통합하

학생총연맹 결성」.

32) 《朝鮮日報》 1948년 11월 25일자, 「각 청년단체대표연석회의, 大韓青年義勇團으로 합동을 결정」.

33) 《민국일보》 1948년 11월 26일자, 「大同青年團, 大韓青年義勇團 가입문제를 검토중」.

여 자신의 일원적인 지휘하에 두려는 이승만의 정치적 의도가 크게 작용하였다. 그 효과는 김구 시해범 안두희가 고등군법회의에서 종신형을 언도받았을 때(1949.8.6) 그대로 나타났다. 8월 12일에 대한청년단과 여당인 대한국민당이 나서서 '안소위(안두희)는 대한민국을 위해 충성을 다한 장렬한 의사이며, 특사를 내려 석방할 것'을 요구하는 연서의 진정서를 대통령이자 대한청년단 총재인 이승만에게 제출하고, 종로 파고다공원에서 안소위 석방을 위한 군중시위를 주도한 것이다.[34)]

1948년 12월 청년·학생조직을 장악한 이승만은 추후 조치로 1949년 1월 5일 담화를 통해, 대한청년단으로의 흡수를 거부하던 이범석의 조선민족청년단(족청)의 해산을 공식 촉구하였다.[35)] 이에 따라 1월 20일 족청 '전국 이사 급 도(道)단장 연석회의'는 족청의 해산을 결의하였다.[36)] 얼마 후 이승만은 이범석도 국방장관에서 해임시켰다. 이러한 상황에서 전국통일학생총연맹도 대한청년단에 흡수 통합되었거나, 자진 해산되었을 것으로 짐작된다.

건국실천원양성소나 전국통일학생총연맹 활동이 뜻하지 않게 중단되었지만, 장형은 독립정신을 선양하는 사업을 멈추지 않았

---

34) 《서울신문》 1949년 8월 13일자, 「大韓靑年團·大韓國民黨 등 7개 단체, 安斗熙 석방을 요구하는 진정서 제출」. 1948년 12월 19일 12시 大靑·西靑·獨靑·國靑·靑總 등 그밖에 군소 청년단체를 규합한 大韓靑年團의 발단식이 서울운동장에서 있었다. 대통령 이승만은 이 자리에서 대한청년단의 총재로 추대되었다.

35) 《京鄕新聞》 1949년 1월 6일자, 「李承晩 대통령, 大韓民族靑年團 해제를 지시하는 담화를 발표」.

36) 《朝鮮日報》 1949년 1월 23일자, 「大韓民族靑年團, 전국 이사 및 道단장 연석회의에서 해산을 선언」.

다. 1956년 장형은 대한순국충렬기념사업협회를 설립하여, 상임부위원장으로서 실무를 담당하였다. 위원장은 부통령 함태영(咸台永)이었고, 위원은 이갑성(李甲成), 김법린(金法麟)이었다. 이 세 사람은 모두 3·1운동과 관련된 인물들로, 장형이 3·1운동 당시 손병희를 도울 때부터 알게 된 사이였을 것으로 짐작된다.[37] 당시 신문에, 대한순국충렬기념사업협회는 종전의 애국선열 기념사업을 빙자한 유사 단체를 해소하고, 통합적으로 조직된 대표기구로서, 일반 모금을 중지하고 독지가로부터 기증을 받아 민영환·이준·안중근·윤봉길·이봉창 등 여러 의사의 동상을 건립하는 단체로 소개되었다. 그해 2월 언론에 의하면, 장형이 1천만 환의 사재를 내어, 장충단공원 안에 안중근 의사의 동상을 건립한다는 기사가 보도되었다.[38]

그렇지만 이 사업은 장충단 공원에 기초 공사를 착수한 후 기금 부족 관계로 중지되었다. 결국 안중근의사기념사업협회에서 나서 각계각층 유지 및 전국 각급 학교 학생들의 성금을 모아 1959년 남산 왜성대 자리에서 제막식을 거행하였다.[39] 그 후 안중근 동상은 남산 중턱 야외음악당 건너편으로 이전하였다가, 1974년 서울 남산어린이회관 앞에 새롭게 개작되어 모습을 드러냈다.[40]

---

37) 박성순, 앞의 논문, 125쪽.

38) 《京鄕新聞》 1956년 2월 21일자, 「안중근의사 동상 건립, 대한순국충렬기념회서」.

39) 《東亞日報》 1956년 6월 6일자, 「안중근의사 동상건립공사추진」; 1959년 5월 12일자, 「23일에 제막식 안중근의사동상」.

40) 《京鄕新聞》 1967년 4월 24일자, 「안중근의사 동상을 옮겨」; 《京鄕新聞》 1974년 7월 11일자, 「안중근의사동상 새로 다듬어」.

장형은 최초에 사재를 들여 안중근 동상을 완공해보려던 꿈을 이루지는 못했지만, 대중의 인식을 제고시켜 국민성금을 통해 안중근 의사의 동상이 건립될 수 있는 단초를 제공하였다.

장형은 그밖에 독립투사들을 선양하는 사업들을 전개하였다. 과거 독립운동가들은 자신의 온 가산을 기울여 독립운동에 투신했기 때문에, 해방 이후의 생활이 넉넉하지 못한 인사들이 많았다. 1959년 5월 장형은 이런 사정을 헤아려, 사비를 들여 애국지사위안회를 개최하였다. 장소는 단국대학이었는데, 당시까지 생존해 있던 항일투사 30명이 참석하였다. 단국대 이사장 장형은 이 자리에 참석한 학생들에게 "만 리 이역에서 가족과 자기 목숨까지 돌보지 않고 투쟁해 온 이 분들과, 또 이미 고혼이 된 분들의 은혜를 한시도 잊어서는 안 된다"고 당부하였다. 임시정부의 일원이었으며, 당시 애국동지위원회 부회장인 양우조는 답사를 통해 "나라에서라면 모르되, 일개 대학에서 우리를 이렇게 환대해 준 데 대해서 일견 놀랍고 일견 기쁘기 한량없다"고 소회를 밝혔다.[41]

독립운동가들을 선양하는 장형의 활동은 1950년대라는 시대적 분위기를 고려하면, 쉽지않은 일이었다. 1949년 백범 김구가 시해되고 반민특위가 해산된 이후 1950년대는 독립운동사를 이야기하는 것 자체가 금기시되던 시절이었다. 이러한 분위기는 1960년 4·19혁명으로 이승만정권이 붕괴될 때까지 계속되었다.[42]

장형이 이렇게 위험을 무릅쓰면서까지 독립운동가들을 추모한

---

41) 《檀大學報》 1959년 5월 11일자, 「愛國志士慰安會, 三十抗日鬪士가 한자리에, 老顔에 洽足한 미소를 不禁」.

42) 韓詩俊, 「독립운동사 연구의 정립(해방 이전~1960년대)」, 『백범과 민족운동 연구』 9, 백범학술원, 2012, 21쪽.

이면에는 김구와의 약속이 내재해 있었다. 장형이 단국대학을 설립한 직후 경교장에서 김구를 모시고 있던 엄항섭이 김구 대리로서 장형을 방문한 적이 있었다. 이 자리에서 엄항섭은 형편이 어려운 독립운동가 및 그 가족들에 대한 원호 문제를 제기했는데, 여기에 장형이 적극적인 후원을 약속하였다.[43)]

1961년 9월 25일에는 장형의 주선으로 단국대학에서 '독립투사친목회(獨立鬪士親睦會)'가 결성되었다. 이 모임은 '독립된 나라를 세우려고 결사항일(決死抗日) 하던 독립투사들이 한 자리에 모여, 통일조국(統一祖國)을 위하여 여생을 바칠 것을 각오하자는' 취지에서 결성되었다. 독립정신과 조국통일의 꿈을 잃지 않으려는 장형의 의지가 결실을 맺은 단체였다. 그것은 김구의 꿈이기도 하였다.[44)] 장형은 이 자리에서 "항일투쟁 당시의 정신과 기백으로 선열의 이름을 더럽히지 않도록 명심해야 하며, 단 한 사람이라도 합심하여 완전독립(完全獨立)이 될 때까지 자유 조국을 위하여 헌신해야 할 것"이라고 역설하였다. 그리고 순국선열의 자녀들에 대해서는 단국대학이 최선을 다하여 그들을 돕고 있으며, 앞으로도 진정한 애국자, 깨끗한 독립투사의 자녀교육을 떠맡겠다고 약속하였다.[45)]

장형이 음양으로 독립투사 가족들에 대한 도움을 아끼지 않자, 이에 찬동한 여러 인사들이 합심하여 1963년 3월 15일 '독립투사

---

43) 『梵亭言行錄』, 檀國人會, 1986, 609쪽.

44) 김구, 「나의 소원」.(도진순 역, 『백범일지』, 돌베개, 1997, 423~433쪽)

45) 《檀大新聞》 1961년 10월 11일자, 「獨立鬪士親睦會, '合心하여 餘生을 祖國에' 張理事長 談, 李甲成翁 外 16名, 柳達永 本部長도 參席」.

자녀장학회(獨立鬪士子女奬學會)'를 창립하였다. 장형은 그해 3월 1일 정부로부터 독립운동의 공을 인정받아 건국공로훈장(建國功勞勳章)을 수상했는데,[46] 이때 함께 받은 연금 전액을 선불로 받아 장학회의 기금으로 희사하였다. 장형은 더욱이 장학회 운영상의 경비 일체까지도 자담하였다. 장형의 후원을 받은 독립투사자녀장학회는 제1차로 독립투사 자녀 중 15명의 남녀 중고생 자녀에게 장학금을 수여하였다.[47]

장형은 독립운동가나 그 유족을 돌볼 뿐만이 아니라, 독립운동가를 선양하는 데 모범을 보이는 인사들도 포상을 하였다. 빈곤한 생활 속에서도 어떤 무명의 부부가 3년 동안 하루도 빠짐없이 남산의 안중근 의사 동상 주변을 청소한다는 미담이 언론에 전해지자, 장형은 즉시 그들에게 표창장과 금일봉을 수여하였다.[48] 그러한 장형의 행동들은 모두 독립운동의 가치에 대한 사회적 인식을 제고하고, 그 정신을 계승하려는 취지에서 나온 것이었다고 평가할 수 있다.

---

46) 《京鄕新聞》 1963년 2월 23일자, 「삼일절에 670명 표창」; 《東亞日報》 1963년 3월 1일자, 「표창받는 독립유공자」; 《檀大新聞》 1963년 3월 11일자, 「張炯先生에 勳章 수여, 3·1節 맞아 政府서 獨立有功으로」.

47) 《檀大新聞》 1963년 6월 21일자, 「巨額을 喜捨, '獨立鬪士子女奬學會'에, 이미 15名의 學生이 혜택입어, 本大學 設立者 張炯 先生」.

48) 《檀大新聞》 1962년 1월 1일자, 「갸륵한 愛國心을 표창, 빈한한 살림에서도 南山의 安重根 義士 銅像을 三年來 손수 돌봐 張理事長 金氏夫婦에 金一封도」.

3. 대학 설립을 통한 민족교육 활동

1) 단국대학의 설립과 김구의 독립정신

장형은 오래 전부터 청년교육에 대한 꿈을 품고 있었다. 장형은 1908년부터 보성전문 법과에 재학하면서, 당시 보성전문 친목회 고문이던 안창호가 행한 애국 계몽 연설에 큰 감화를 받았고, 우리나라 사람들이 배우지 못해서 일본 사람들에게 나라를 빼앗겼다고 생각하게 되었다. 그래서 '청년 남녀들에게 높은 지식을 가르쳐 이 나라를 세계 일등 국가로 만들겠다'는 꿈을 품고 자신이 직접 대학을 설립하게 되었다고 한다.[49)]

처음에 국민대학 설립에 참여했다가 여기에서 손을 뗀 장형은 곧 단국대학을 설립하였다(설립인가 1947.11.1).[50)] 장형의 단국대 설립이 국민대 설립 과정과 겹치는 것은 정치적 이유로 인한 갈등 때문이었다고 한다.[51)] 장형은 대학 설립을 추진하면서 여러 인사들을 만났다. 김구를 비롯하여, 보성전문학교 시절부터 친구이자 민족주의 사학자인 장도빈, 민족주의 사학자이면서 언론인이었던 안재홍, 대종교의 안호상(安浩相) 등 여러 분야의 인사들이

---

49) 박성순, 「梵亭 張炯의 獨立運動과 그 位相」, 『東洋學』 53, 檀國大 東洋學硏究院, 2013, 111쪽.

50) 장형이 국민대학 설립에 관여했다 결별한 내용은 다음 논문에 자세하다. 韓詩俊, 「대한민국임시정부와 단국대학교」, 『東洋學』 47, 檀國大 東洋學硏究所, 2010.

51) 柳東熙, 「美軍政期 大學設立에 관한 硏究」, 明知大大學院 박사학위논문, 2001, 97쪽.

었다. 장형은 이들에게 국민대학과 결별한 이유와 별도로 대학을 설립하고자 하는 취지를 설명하는 한편, 대학 설립에 관한 의견을 구하였다. 이 과정에서 학교의 이름이 '단국(檀國)'으로 결정되었다.[52] '단국'이란 교명은 단군의 홍익인간 정신을 계승하고, 아울러 임시정부와 김구가 나서서 추진하고 있는 남북통일을 상징할 수 있는 의미를 함축한 것이었다.[53]

장형은 독립운동의 동지였던 박기홍(朴基鴻)의 미망인 조희재(趙喜在)의 경제적 지원을 바탕으로 단국대학을 설립하였다. 물론 당장에 학교 설립에 필요한 제반 소요 경비는 장형 본인 소유의 제천(堤川) 소재의 산판(山坂)을 매각하여 충당하였다.[54] 장형은 단국대학의 설립 목적에 대해서, '김구 주석이 상해임시정부에서 윤봉길 · 이봉창 의사 등을 양성한 것처럼, 나도 이 나라를 지키고 이 나라를 이끌고 나갈 지도자를 양성하려는 것'이라고 밝혔다.[55] 단국대학의 설립이 김구의 독립정신을 계승한 것임을 보여준다.

장형이 단국대학을 설립하자 김구는 여기에 깊은 관심을 보였다. 김구는 1948년 1월에 종로구 내수동에 있는 장형의 집을 방문하여, 단국대학 설립을 격려하였다. 장형이 김구에게 "형님이 이렇게 오셨으니, 학생들에게 기억에 남을만한 말씀을 해주시오"

---

52) 韓詩俊, 「대한민국임시정부와 단국대학교」, 『東洋學』 47, 檀國大 東洋學硏究所, 2010, 321쪽.

53) 韓詩俊, 「단국대학의 설립정신과 정체성」, 『東洋學』 53, 檀國大 東洋學硏究院, 2013, 139쪽.

54) 『檀國大學校三十年史』, 단국대학교출판부, 1977, 40쪽.

55) 『梵亭言行錄』, 檀國人會, 1986, 187쪽.

하자, 김구는 학생들에게

> 단국대학은 우리나라 국민 전체의 대학이며, 학생들은 우리 국민 전체를 대표하여 공부한다고 생각하고 열심히 노력하라. 첫째도 나라사랑, 둘째도 나라사랑, 셋째도 나라사랑 하는 사람이 되어 주길 바라며, 더욱이 범정(梵亭) 아우의 애국애족하는 기풍이 단국대 학생들에게 넘칠 것을 바라마지 않는다.[56]

고 훈화하였다.

장형은 김구를 '형님'이라 불렀고, 김구는 장형을 '아우'라고 불렀다. 김구가 장형의 집을 방문했을 때 장형 · 장도빈 · 엄항섭 · 박정숙, 그리고 단국대 학생들과 함께 찍은 사진이 전해지고 있다.[57] 1948년 6월 25일에도 김구는 단국대 전문부 제1회 졸업식에 참석해서 직접 축사를 해주었다.[58] 당시 장형을 지켜봤던 후학들은 '독립운동사적으로 살펴볼 때 범정 선생은 백범 조직의 직계였다'는 자부심을 품고 있었다.[59]

단국대학이 시작부터 김구와의 깊은 인연 아래 설립된 만큼, 자연스럽게 민족의식과 독립정신을 강조하는 학풍이 조성되었다. 단국대학 이사장으로서 장형은 교수들에게 독립정신을 강조하고, 독립운동사를 교육시킬 것을 주문하였다. 교무회의에서 장형은 "독립정신을 헤아리지 못하는 교육은 목적이 없는 활동입니다. 여

---

56) 『梵亭言行錄』, 檀國人會, 1986, 156쪽.

57) 백범김구기념사업회 · 백범학술원 · 백범김구기념관, 『백범김구사진자료집』, 2012, 340, 364, 365쪽.

58) 『專門部政治科第一回卒業記念』, 檀國大學, 4281.

59) 『梵亭言行錄』, 檀國人會, 1986, 582쪽.

러 선생께서는 스스로 독립운동사(獨立運動史)를 읽으시고, 학생들로 하여금 넋으로 받아들이도록 가르쳐 주기 바랍니다"라고 당부하였다.[60)]

독립운동사와 독립정신을 중시하는 장형의 역사 인식은 단국대학 출범 당시의 학과 창설에도 반영되었다. 장형은 단국대학을 설립할 당시 2개 학부[정치(政治), 문리(文理)] 5개 학과를 설치하였는데, 법률, 정치, 사학, 수학, 물리과가 그것이었다. 법률과 정치는 우리가 국제법과 국제 정세에 어두워 남의 나라 식민지가 되었다는 자각에서, 수학과 물리는 기초과학이 곧 근대 문명의 실력을 쌓는 토대가 된다는 현실 인식에 근거한 것이었다.

인문과목으로는 유일하게 사학과를 설치한 장형은 사학과 전임교수로 장도빈을 임명하고, 또 그를 초대 학장으로 추대함으로써 민족주의사학 교육에 힘을 실었다. 장도빈은 1947년부터 1963년 9월 노환으로 작고할 때까지, 교수, 명예교수의 신분으로 단국대학에서 한국상고사 · 한국근대사 · 국사개론 등을 강의하였고, 특히 한국독립운동사(韓國獨立運動史) · 건국사(建國史) 강의에 심혈을 기울였다. 장도빈 이후에도 이선근(李瑄根) · 황의돈(黃義敦) · 김철준(金哲埈) · 천관우(千寬宇) 등 민족주의적 색채가 짙은 학자들이 한국사 교수로 영입되었다.[61)]

단국대학은 설립 당시부터 남한의 20대 대학 중 하나로 손꼽혔다. 1947년 12월 15일 문교부에서는 청년들의 향학열을 이용하는 학원모리배가 속출하자, 유령학원의 학생모집에 주의를 환기시키

60) 『梵亭言行錄』, 檀國人會, 1986, 48쪽.

61) 『檀國大學校三十年史』, 단국대학교출판부, 1977, 632~633쪽.

는 의미에서, 20개의 '남조선 정규고등교육기관'을 발표한 바 있다.[62] 그 안에 단국대학이 포함되어 있었다.

6·25 직전의 대학 실태를 보여주는 내용이 보도되기도 했는데, 대학 입시에서 일부 대학으로만 지원자가 몰리는 등 차이가 극심하다는 내용이었다. 여기에 열거된 학교의 응시율은 서울대 4:1, 고려대 5:1, 이화여대 1:1, 숙대 1.5:1, 동국대 1.3:1, 단국대 3:1의 응시율을 보이고 있어,[63] 단국대학이 '남조선 정규고등교육기관' 발표 때의 교세를 유지하고 있음을 보여준다.

〈표 1〉 문교부 인가 정규대학(1947.12 현재)

연번	대학명	비고	연번	대학명	비고
1	국립서울대학교	국립	11	청주상과대학	사립
2	연희대학교	사립	12	대구의과대학	도립
3	고려대학교	사립	13	대구농과대학	국립
4	이화대학교	사립	14	대구사범대학	국립
5	성균관대학	사립	15	대구대학	사립
6	동국대학	사립	16	국립부산대학교	국립
7	세부란시의과대학	사립	17	광주의과대학	국립
8	중앙여자대학	사립	18	춘천농과대학	국립
9	경성성신대학	사립	19	이리농과대학	국립
10	국학대학	사립	20	단국대학	사립

62) 《東亞日報》 1947년 12월 16일자, 「幽靈學院을 一掃, 文敎部 一般에 注意喚起」; 『獨立新聞』 1947년 12월 16일자, 「南鮮 定規大學은 二十校에 達」.

63) 《自由新聞》 1950년 5월 12일자, 「대학 입시에서 일부 대학으로만 지원자가 몰리는 등 차이가 극심」.

반면, 국민대는 학교 설립의 재원을 담당했던 장형이 떠나면서 재단의 미비로 대학 운영 정지 처분 상태에 놓여 있었다. 그 후 재단 문제로 10개월여에 걸친 분규를 거듭하던 국민대학은 해인사 재산과 경남 남해와 진주에 사는 독지가들이 희사한 재산으로 1949년 4월 29일에 가서야 문교부로부터 재단 확립 인가를 받았다.[64] 그렇지만 그 이후에도 내부 갈등은 진정되지 않았다. 1949년 8월 31일 문교부장관 안호상이 기자회견을 열어 당사자들의 원만한 타협을 주문했지만,[65] 국민대학 재단의 분규는 한 동안 지속되었다. 국민대학의 간판이 창성동(昌成洞)에도 있고 마포에도 있었는데, 창성동 국민대학은 문교부 인가증을 소지하고 있고, 마포의 국민대학은 국민대학의 재단을 가지고 있었다. 그 뒤 마포 국민대학에서 또 분열되어 남산동으로 일부의 재단이 이사를 가서 어느 것이 진짜냐를 분간 못하는 상황에 놓여 있었다.[66]

2) 단국대학의 운영 방침

단국대학 설립 당시의 여러 자료를 살펴보면, 단국대학의 설립은 분단의 민족적 실책을 반성하면서, 청년을 양성하고, 독립운동의 동지를 규합하여 완전한 자주독립을 달성하려는 포부에서 결행되었음을 밝히고 있다.

---

64) 《東亞日報》 1949년 5월 11일자, 「國民大學, 海印寺재산 등을 토대로 재단 확립」.

65) 《東亞日報》 1949년 9월 1일자, 「安浩相 문교부장관, 입학금 · 국민대학교 분규 · 국립극장문제 등에 대해 기자회견」.

66) 《서울신문》 1950년 6월 25일자, 「서울시 소재 각 학교의 부정 실태」.

Ⓐ 해방 이후에 우리 민족은 불행히 분열의 비경(悲境)에 빠져서 국가의 독립이 회복되지 못함을 볼 때에 나는 다시 통탄비애를 느껴 이것이 비록 세계대세의 영향이었다 하나, 실로 우리 민족의 실책이 다대한 것을 알았다. 나는 청년의 양성, 동지의 규합으로 국가민족의 재흥(再興)을 실현하기로 하였다.[67)]

Ⓑ 단국대학은···오천년 유구한 문화를 여기에 재흥하고, 만인공영의 진리를 부흥하고, 혈맥에 흘러온 전통적 우수성을 민족적으로 회복하여, 우리와 세계인류의 영원한 자주적 독립과 발전번영을 기도하는 홍익인간(弘益人間)의 건국정신을, 여기에 광복하는 선도자와 창조자적 역할을 메고나갈 문화사관(文化士官)을 양성하여, 조선과 세계의 부흥을 위하여 동원되는 전선(全鮮)에 배속시키는 사업의 원천지가 되겠다는 자부와 자긍에서 만리붕정(萬里鵬程)에 오르는 배다.[68)]

Ⓐ의 현실 인식과 교육목표는 건국실천원양성소의 교육이념과 동일한 것이고, 문화사관(文化士官)을 양성해서, 조선과 세계의 부흥을 꾀한다고 하는 Ⓑ의 교육목표 또한 김구의 교육적 이상과 완전히 일치하는 것이다. 김구는 『백범일지』에서 "우리나라가 높고 새로운 문화(文化)의 근원이 되고, 진정한 세계의 평화가 우리나라에서 말미암아서 세계에 실현되기를 원한다. 홍익인간(弘益人間)이라는 우리 국조 단군의 이상이 이것이라고 믿는다"라고 하였다.[69)] 김구는 홍익인간 사상을 바탕으로 한 문화국가론(文化國家

67) 《檀大學生新聞》 1948년 3월 1일자, 「檀國大學을 세우고 나서~國家民族의 再興에 寄與」.

68) 《檀大學生新聞》 1948년 3월 1일자, 「檀國大學 設立趣旨書」.

69) 도진순 주해, 『백범일지』, 돌베개, 1997, 431쪽.

論)을 주창하였는데,[70] 이는 장형이 표방한 교육이념과 완전히 일치하는 것이었다.

1964년에 장형은 단국대학이 민족적 지도자의 양성, 애국으로 국가와 인류에 봉사하는 인재를 육성시키는 것을 창학 제일의(第一義)의 정신으로 하여 설립되었음을 재천명한다.[71] 단국대학이 김구의 독립정신과 통일의지를 구현한 실체라는 점에서, 장형은 학교 운영에 다음과 같은 포부와 방침을 갖고 있었다.

첫째, 장형은 단국대학을 이전까지와는 차원이 다른 대학으로 키워보려는 포부를 품고 있었다. 그가 만주에서 돌아왔을 때 우리나라의 대학이라는 것은 모두 일제 때의 전문학교들이 대학이라고 간판만 바꿔단 현실을 개탄하면서, 신설 대학을 세워 청년들을 가르치려 했다.[72]

둘째, 장형은 단국대학이 민족의 전통과 혼을 지키는 민족사학으로 성장하기를 소망했다. 그가 국조 단군을 제사하는 국조전(國祖殿)과 순국선열 봉안묘사(奉安廟祠)를 지어, 단군과 순국선열을 제사하겠다고 한 것도 그런 이유였다.[73] '홍익인간'의 교육이념은 실제로 상해 임시정부의 교육이념으로 제정된 것이었다. 1941년 임시정부는 「대한민국 건국강령」을 공포하면서, 삼균주의에 입각

70) 朴正愛, 「白凡의 政治思想 연구」, 부산대 교육대학원 석사학위논문, 1995, 52~53쪽.

71) 《檀大新聞》 1964년 2월 1일자, 「受難속에 굳어진 信念, 두 번 다시 不幸없도록 大学을 지켜야」.

72) 《檀大學報》 1957년 11월 3일자, 「檀大는 이렇게 자라왔다, 本社 主催 設立者 座談會」.

73) 《檀大學報》 1957년 11월 3일자, 「檀大는 이렇게 자라왔다, 本社 主催 設立者 座談會」.

한 교육이념을 '홍익인간(弘益人間)'과 '이화세계(理化世界)'에 두었다.[74] 장형은 1948년 10월 3일 안호상 · 명제세 및 기타 정부 각료들과 함께 강화도 마니산 답사를 단행하였다.[75] 이것이 이어져 이듬해 4월에도 사회 지도 인사들의 강화도 마니산 답사가 있었다.[76] 이 모임은 오세창을 비롯한 100여 명의 발기로 단군성적호유회(檀君聖蹟護維會)의 조직으로 이어졌다. 그 준비위원들로 장형과 가까운 사이였던 신익희 · 조소앙 · 안재홍 · 김성수 · 유림 · 안호상 등이 알려졌고, 1949년 5월 7일 풍문여중에서 호유회 발기인대회가 개최되었다.[77]

단군을 중시한 장형의 민족주의적 교육 방침은 8 · 15 직후 미군정이 설정한 노선과 다른 것이었다. 미군정청 학무국 산하 '조선교육심의회'가 1945년 12월 20일 최종 결정한 교육이념은 제1분과 위원장인 안재홍이 제안한 '홍익인간'의 건국이상을 바탕으로 한 민주국가의 공민 양성을 주안점으로 한다는 것이었다.[78] 그러나 미군정은 '홍익인간'이라는 교육이념 속에 담긴 민족주의 교육보다는 '민주주의 공민 양성'이라는 교육목표를 일방적으로 우선시하였다. 그것은 첫째 국제정치의 역학 관계 속에서 미국의 국익을

74) 손인수, 『미군정과 교육정책』, 민영사, 1992, 293쪽.

75) 『梵亭言行錄』, 檀國人會, 1986, 118쪽.

76) 《조선중앙일보》 1949년 4월 12일자, 「檀君聖蹟護維會 준비위원회 결성」; 『조선일보』 1949년 4월 24일자, 「檀君聖蹟護維準備委員會, 단군유적의 重修를 강조」.

77) 《東亞日報》1949년 5월 4일자, 「檀君聖蹟護維會 준비위원, 강화도의 摩利天壇 답사」.

78) 柳東熙, 「美軍政期 大學設立에 관한 硏究」, 明知大大學院 박사학위논문, 2001, 53쪽.

우선한다는 원칙, 둘째 그 원칙에 부합되는 교육정책과 목적을 수립하고 설정하는 것, 셋째 그러한 원칙하에 한국의 교육이 민족의 자주성이나 독립성보다는 민주주의의 실현을 우선해야 하며, 이를 위해서 미국식 교육방법과 이론을 한국 교육에 도입하여, 한반도를 동아시아 역학 관계 속에서 반공의 보루로 만들려는 목적 때문이었다.[79]

그러나 장형은 1957년 10월 3일 개천절을 맞이하여, 실제로 단군을 모시는 '국조전(國祖殿)' 정초식(定礎式)을 거행하였다. 이갑성(李甲成)과 이인(李仁) 등 많은 내빈과 학생들이 참석한 가운데, 한남동 캠퍼스 본관 뒤편에 국조전과 순국선열 봉안묘사(奉安廟祠)의 정초식을 함께 진행한 것이다. 장형은 이 자리에서 "국조 단군의 평화적이며 진취적인 홍익인간의 이상을 다시금 마음에

---

79) 柳東熙, 위의 논문, 59쪽. 1946년 6월에 만들어진 미 국무성의 한 정책보고서는, 한국에서 미군정의 교육개혁은 '그 자체가 목적이 아니며, 한국에서의 미국의 기본 정책목적을 수행하는 수단에 불과하다.'고 하여, 미국의 이익에 맞는 교육정책을 지향하고 있음을 극명하게 보여준다(Memorandum by Assistant Secretaty of State for Occupied Areas Hilldring to the Operation Division, War Department, FRUS, 1946, 694쪽; 柳東熙, 위의 논문, 38쪽 재인용). 미군정의 임무는 소련의 팽창정책을 저지하고 한반도에 친미적인 민주주의 국가를 수립하는 데 있었다. 따라서 미군정청의 교육 정책은 명시적으로 한국교육의 민주화를 지향하였으며, 이러한 교육 정책의 방향은 트루먼 대통령의 특사 폴리(Edwin W. Pauley)가 트루먼에게 보낸 서한에 명시되어 있다.[U.S.Department of State, *Foreign Relation of the United States*, Vol. VIII(Washington D.C.: U.S.Department of State), 708~709쪽; 김석준, 『미군정 시대의 국가와 행정』, 이화여대출판부, 1996, 425쪽 재인용; 이혜숙, 『미군정기 지배구조와 한국사회』, 선인, 2008, 407쪽]

새겨야 할 것"을 당부하였다.[80]

장형이 단군을 강조한 것은 '홍익인간'을 중시한 김구의 교육이념을 계승한 것이라는 점 외에도, 시대정신의 반영이라는 측면으로 해석할 수 있다. 친일파 숙청에 거부감을 표시한 이승만 대통령의 담화에도 불구하고, 그 직후인 1948년 7월 7일 국회 제59차 본회의에서 반민족행위처벌법안이 103대 6표로 국회를 통과하였다. 반민법을 통과시킨 국회는 동시에 단기 연호 사용 결의안을 접수하였는데,[81] 이는 단군이라는 상징 속에 친일파 처단과 민족정기의 확립이라는 국민적 열망이 응축되어 있었기 때문이다. 장형의 단군 강조는 그러한 면과 연결지어 생각하는 것이 타당하다.

셋째, 장형은 대학 운영에 어려움이 있더라도 외국의 원조를 받지 않고, 단국대학을 철저하게 자주성과 자립성에 입각해서 운영해보고자 하는 기본 방침을 고수하였다.[82] 장형은 단국대학이 권력의 비호나 도움 없이, 자력에 의해서 운영되어져 온 것을 자랑스럽게 생각했다.[83] 당시 대학 설립 추진자들 중에는 진실로 교육사업을 이해하는 독지가는 많지 않고, 대학 설립을 빙자하여 일본인들이 남기고 간 적산을 불하받으려는 의도를 지닌 사람들이 많았다.[84] 8 · 15 직후 한국의 대학 성장에는 관권과 결탁한 비합

80) 《檀大學報》 1957년 10월 11일자, 「國祖殿 定礎式을 擧行, 檀君聖業을 欽慕, 張理事長 特志로 建立」.

81) 《서울신문》 1948년 9월 8일자, 「제1회 59차 국회본회의, 檀紀年號사용 결의안을 접수하고 반민족행위처벌법안 통과」.

82) 《檀大學報》 1962년 11월 3일자, 「再起飛躍 不遠實現, 오직 우리의 손으로 실망 않고 自立해서」.

83) 《檀大新聞》 1961년 11월 3일자, 「建學精神 다시 宣揚, "修身하여 民族的 指導者 되라" 張理事長 回顧辭」.

법적 적산 불하 과정의 그림자가 존재하고 있었다. 8·15 직후 일확천금을 노린 많은 사람들이 관권과 결탁하여 손쉽게 적산을 불하받는 일들이 비일비재하였다. 당시 언론에서는 이들을 '적산 쟁탈의 암투전을 계속하는 민족반역자' 혹은 '신판 적산모리배'로 칭했다.[85] 8·15 후 5년이 지난 1950년 당시에도 적산, 즉 귀속 재산은 한국 재산의 약 8할을 차지하고 있었다.[86] 이런 때에 현실과 타협하지 않고 학교를 운영하겠다는 장형의 의지는 낭만적인 것으로 비쳐질 수밖에 없었다.

재정난을 타개하기 위해서 장형이 고안한 방안은 1953년 9월 2일에 긴립 착공한 난국제염공사(檀國製鹽公社)의 설립이었다. 장형은 수익용 재산 조성 사업의 일환으로 염전 개발을 착안하여 1952년 8월 11일자 문교부장(文敎部長)의 인가를 받아 충남 서산군(瑞山郡)에 확보한 염전을 수익용 재산으로 확정하였다. 장기간에 걸친 외곽 제방공사와 부대시설의 확충 끝에 1956년 5월 28일에 소금을 처음으로 생산하게 되었다.[87]

재정의 확충이라는 측면과 관련하여 염전보다 먼저 주목할 것은 장형이 1948년 4월 1일자로 설치한 교외대학(校外大學), 즉 통신교육부(通信敎育部) 제도였다. 이 제도는 장형이 국민개학(國

---

84) 柳東熙, 「美軍政期 大學設立에 관한 硏究」, 明知大大學院 박사학위논문, 2001, 97쪽.

85) 《朝鮮日報》 1948년 9월 10일자, 「적산모리배, 관권과 야합하여 소청권 악용하는 사례 속출」.

86) 《국도신문》 1950년 1월 11일자, 「申翼熙 국회의장, 귀속재산 처리는 법률에 의거해야 한다고 언명」; 『민주신보』 1950년 11월 3일자, 「敵產 拂下시 경쟁입찰 全無 상태」.

87) 『檀國大學校三十年史』, 단국대학교출판부, 1977, 62쪽.

民皆學)의 이념에 따라[88] 전국의 근로 독학생에게 대학교육의 문호를 개방하고 기회균등의 실을 거두자는 취지로 설치되었다. 신청 학생들에게 학비를 수령하였으므로 재정적으로도 상당한 수익을 발생시켰다.

단국대학은 1948년 4월 새 학기를 맞아 '단국대학 부속 대학통신교육부' 명의로 「단국대학 강의록」을 편찬하여 1개월에 1회씩 경향 각지의 신청 학생들에게 발송하였다. 통신교육부는 학기별(6개월), 학년별(1년)로 학생을 모집하여 학생증과 배지를 지급하였고, 지방에 지부를 두어 '분학(分學)'이라는 체제로 운영하였다. 「강의록」은 지방학생들뿐만 아니라, 장병 교육을 위해서 국방부에서도 수만 부를 소화함으로써 높은 인기를 누렸다. 통신교육부는 근로독학생들에게 청강의 기회를 주기 위해서 교외생을 위한 이동강의를 실시하였다. 그 결과 1956년 10월 현재 교외생이 9만 명을 돌파하였고, 1957년 3월 현재 강의록 총 발간수가 13만 부에 이르렀으며, 지방과 군대에 총 30개의 지부, 즉 분학(分學)이 설치되었다. 그러나 통신교육부는 1957년 8월 1일 문교부 문고지시(文高指示) 제2491호에 의해서 폐지되었다.[89] 당시에는 '분학(分學)' 운영에 대한 지침이 마련되지 않았기 때문이다.

장형은 사회적으로 비난받던 적산 불하 쪽보다는 교외통신부의 운영이나 염전의 개발 같은 참신한 사업 구상을 통해서 사학 운영과 재단 경영의 내실을 기하려고 노력하였다.

---

88) 이 이념은 1941년 대한민국임시정부가 발표한 「大韓民國建國綱領」의 교육정책과 일맥상통한다.

89) 『檀國大學校三十年史』, 단국대학교출판부, 1977, 98~107쪽.

4. 역경 속의 사회 구호 활동

1) 정치적 역경

장형이 단국대학을 운영하는 과정은 순탄하지 않았다. 단국대 설립 당시부터 문교부 고등교육국장 정준모(鄭駿模)의 농간 때문에 애를 먹었다. 그는 허가 수속 당시부터 제반 서류와 조건이 구비되었음에도 불구하고 차일피일 허가를 거절하며 단대 간부들에게 뇌물을 요구하였다. 부득이 문교부장[현 문교부장관: 유억겸(兪億兼)]에게 직접 교섭하여 인가를 얻을 수 있었지만, 정준모가 계속해서 갖은 회유와 협박으로 뇌물을 요구하는 바람에, 이에 시달리다가 결국에는 그를 검찰에 고소하는 지경으로 발전하였다.[90)]

장형은 1950년 제2대 국회의원 선거에 무소속으로 출마하기도 했다. 장형이 정계 진출을 결심한 배경은 여러 가지가 있어 보이지만, 우선 이승만의 독재 행태를 좌시할 수 없다는 견제 심리가 있었던 것 같다.[91)] 이 무렵 장형의 이승만에 대한 비판적 인식은 절정에 도달해 있었다. 장형은 "이승만이 공산당을 대적하기 위해서는 친일파까지 포섭해야 된다면서 독립운동가나 친일파를 구별하지 않고 등용한 것"을 비판했고, "제헌국회에서 민족정기를 앙양하기 위해서 구성한 반민특위가 친일파를 처벌하는 것을 옳지

---

90) 《국제신문》 1948년 9월 12일자, 「단국대학, 문교부 고등교육국장의 비행을 검찰에 고소」.

91) 이 당시 미국도 이승만에 대해서 '이승만은 제2의 장개석'이라는 독재자의 이미지를 갖고 있었다.(강준만, 『한국현대사산책(1950년대편)』, 인물과사상사, 2004, 36~38쪽)

못하다고 (이승만이) 반대하여 흐지부지하게 만든 것은 국기(國基)를 위태롭게 한 것"이라고 지적했다. "우리 힘으로 독립하지 못했기 때문에 우리가 자유민주주의 물결에 밀려 방황하면서 민족정신을 확립하지 못하고 있는 점, 독립운동가나 친일파를 분간할 수 없는 나라가 된 것이 오늘 우리가 사는 사회라는 점, 권력을 유지하기 위해 국민에게 복종을 바라면서 민족의 상처를 외면하고 있는 점" 등 당시 세태를 조목조목 꼬집었다.[92)]

1950년 총선 당시는 사회적으로도 반이승만 정서가 크게 확산되어 있던 시기이기도 했다.[93)] 이승만의 단독정부 수립에 반대하여 제헌국회에 참석하지 않았던 독립운동가들이 본격적으로 출마하였다. 그들은 대부분 무소속으로 출마하여 '중간파'로 분류되었다. 예상대로 5·30총선은 이승만의 참패였다. 5·30총선의 가장 큰 특징은 무소속 중간파 후보들의 대거 당선이었다. 조소앙·안재홍·원세훈·윤기섭·오하영·장건상·여운홍 등 독립운동가 출신의 중도 및 중도좌파의 진출이 두드러졌다.[94)]

장형은 성동갑구에서 무소속 후보로 등록하였는데, 출마 인물들 면면이 쟁쟁하였고, 또 출마 인원도 14명으로 많은 편이어서, 낙선의 고배를 마셨다. 이 당시 성동갑구의 출마자는 지청천[池青天, 이청천은 '48년 12월부로 본명 지대형(池大亨)으로 복귀하였다고 언론에 보도되었음에도 불구하고, 선거에서는 지청천으로 등록하

92) 『梵亭言行錄』, 檀國人會, 1986, 119~120쪽.

93) 강준만, 『한국현대사 산책(1950년대편)』 1권, 인물과사상사, 2004, 36~37쪽.

94) 강준만, 『한국현대사 산책(1950년대편)』 2권, 인물과사상사, 2004, 39쪽.

였다],[95] 정종세 · 이백규 · 전성률 · 이규동 · 김붕준 · 허범극 · 석의징 · 선우훈 · 이만규 · 전호규 · 최약한 · 장형 · 유종남 등이었다.[96] 선거 전부터 광복군 총사령관 출신인 지청천의 위세가 워낙 높았고, 또 그의 사조직인 대동청년단이 이미 5 · 30총선에 깊숙이 관여하고 있다는 소문이 파다한 상황에서, 지청천이 무난히 당선되었다.[97]

그런데 총선 직후 장형에 대한 부정적 기사가 보도되었다. 장형이 5 · 30 선거에 입후보하여 선거운동비로 대학 재단금을 전용하였고, 이에 더해 대학 재단금을 끌어다 단국흥업공사(檀國興業公社)를 창업하여 구속되었다가, 현재 불구속으로 취조 중에 있다는 기사였다.[98] 이는 선거 직후 장형이 이승만 정권으로부터 보복을 당하였음을 보여주는 것으로 판단된다. 1950년 5 · 30 총선을 전후해서 이승만은 정적들을 압박하는 데 총력을 기울였다. 선거에 입후보한 많은 사람들이 투옥되거나 이승만에게 충성하는

---

95) 池大亨은 20년 전 조국광복의 뜻을 품고 압록강을 건너면서 마치 보름 달빛으로 밤이 낮처럼 밝고 '앞가람'의 푸른 물결이 달빛에 부서짐을 보고 무한한 감회에 잠겼었다고 하는데, 그는 이곳에서 앞으로 청천백일과 같은 공평무사한 단성을 혁명운동에 받치리라는 것을 스스로 맹세코 어머니의 성을 따라 李로, 이름을 靑天이라 정하고 조국광복의 날이 올 때까지 이 이름으로 행세하리라 결심하였던 것인데 UN 승인을 얻어 소원이 성취되었으므로 다시 옛 이름 池大亨으로 돌아가는 것이라 했다.(《서울신문》 1948년 12월 22일자, 「李靑天, 池大亨으로 이름을 환원」)

96) 《경향신문》 1950년 5월 8일자, 「전국 입후보 금명 판명, 서울시 162, 십대일 최고는 마포을구 16명」.

97) 《동아일보》 1950년 6월 1일자, 「총선거결과 착착 판명」.

98) 《서울신문》 1950년 6월 25일자, 「서울시 각 학교의 부정 실태」.

경찰과 관료 조직에 의해서 심한 탄압을 받았다. 이승만은 중간파(다수의 독립운동가 포함)를 모두 좌익으로 몰아 이들의 출마를 원천 봉쇄하려고 하였다.[99] 선거 후에도 자신을 비판했던 후보들에게 보복을 가했는데, 장형이 이에 해당하였다.

장형이 선거비용을 위해서 대학 재단금을 유용했는지는 현재로서는 판단하기 힘들다. 선거 출마 당시 장형은 광활한 제천의 산판뿐 아니라, 수십 군데의 광산을 소유한 자산가였다.[100] 장형은 이들 33광구(鑛口)를 1957년 1월에 단국대학 재단에 기부한다. 이 선거비용 문제가 불거졌을 때 경찰에서 장형을 구속에서 불구속으로 전환한 것을 보면 경찰이 혐의 입증에 애로가 있었던 것으로 추측된다. 한편 장형이 대학 재단비를 횡령해서 개인 회사를 세운 것처럼 보도한 단국흥업공사[정확히는 단국기업공사(檀國企業公社)였다]는 재단이 수익 사업을 위해서 정식으로 운영한 회사였다.[101] 1953년에 착공한 단국제염공사(檀國製鹽公社)와 같은 성

---

99) 선거를 일주일 앞두고는 부산 지역에서 장건상 · 임갑수 · 윤우현 · 김칠성 후보 등이 국가보안법 위반 등의 혐의로 구속되었다. 또 서울에선 검찰과 경찰이 5월 25일 북로당남반부정치위원회 사건을 발표하여 윤기섭 · 조소앙 · 원세훈 · 김붕준 등을 불구속으로 취조하였다. 조병옥과 조소앙이 대결한 성북구에서는 선거일 전날 '조소앙이 월북했다'는 거짓 벽보와 전단이 나돌았다.(강준만, 『한국현대사 산책(1950년대편)』 1권, 인물과사상사, 2004, 39~40쪽)

100) 장형은 일제강점기에도 商工振興會 전국 본부회장을 역임하였다(《동아일보》 1921년 9월 5일자, 「商工振興會에서 宣川支部 設立」). 이 단체는 일제하에서 민족경제 진흥을 위해 노력하였다. 요컨대 장형은 경제적 영리활동에도 뛰어난 재주를 지니고 있었다. 그는 이러한 능력을 독립운동과 교육활동에 적극적으로 활용하였다.

101) 『檀國大學校三十年史』, 단국대학교출판부, 1977, 31쪽.

격의 재단 수익 사업체였던 것이다. 8·15 직후 대학 운영 예산이 넉넉하지 않은 현실은 당시에 어느 학교나 마찬가지여서, 1948년 10월 당시 문교부장관이었던 안호상은 82차 국회본회의 시정방침 보고에서 국회의원들에게 1년 국가예산에서 6~7할을 교육비로 해달라고 공식적으로 요청하는 형편이었다.102) 이런 형편에서 대학 재단이 스스로 수익 사업체를 운영하는 것을 제재할 이유가 없었다. 결국, 일방적인 '피의사실 공표'에 불과했던 당시 장형에 대한 수사는 독립운동가이자, 교육자인 장형의 도덕성에 흠집을 내고자 하는 공작 차원에서 시도된 것으로 이해된다.

1954년 6월 11일자 신문에는, 동월 9일과 10일 양일 간에 걸쳐 단대 이사장 장형이 시경 수사과에 호출되어 문초를 받았다는 기사가 보도되었다.103) 이 무렵 한국대학(韓國大學) 부정입학 사건이 언론에 오르내리던 때였고,104) 장형을 수사한 곳도 한국대학 사건을 담당한 시경 수사과여서, 단국대가 한국대학 수준의 엄청난 부정사건에 휘말린 듯한 인상을 주었다. 당시 '한국대학 사건'이란, 야간 인가를 받은 한국대학이 불법으로 3백 명의 주간 학생을 모집, 등록시켜 적발된 사건이었다. 그런데 6월 17일자 신문에는 서울지법에서 한국대학장 한관섭을 석방한다는 기사가 보도되었다. 석방 이유로는 '한관섭의 학생 불법 모집은 문교부 인가에 대한 예상을 전제로 한 행위로서, 사기에 대한 범의(犯意)가 없었다고 간주된다'는 코미디 같은 판결 덕분이었다.

102) 『대한민국 제1회 속기록』 제82호, 1948.10.5, 496쪽.

103) 《京鄕新聞》 1954년 6월 11일자, 「단대에도 모종 사건 시경서 이사장 문초」.

104) 《東亞日報》 1954년 6월 10일자, 「8일에 送廳 韓國大學長」.

한국대학에 비하면, 단국대는 설립 당시부터 정부로부터 공신력을 인정받던 당당한 주간 학부였음에도, 언론에서 한국대학 사건과 비슷하게 다루어간 것은 의심쩍은 바가 적지 않다. 더구나 단국대 이사장에 대한 조사가 '혐의 사실조차 확실히 밝혀지지 않은 채' 진행되고 있다고 언론에 보도될 정도로 정치적 표적 수사라는 뉘앙스를 짙게 풍겼다.[105] 실제로 장형의 비리 내용은 그 뒤에 전혀 상보(詳報)되지 않았다. 이때 경찰이 장형을 수사한 시점이 주목을 끈다.

장형이 시경에 호출되었다는 1954년 6월 9일은 국회의장과 부의장 선거가 있는 날이었다. 이 선거를 두고 자유당 내부에서 구세력인 이갑성계와 신세력인 이기붕계의 싸움이 지열했다.[106] 1954년은 이기붕이 권력의 핵으로 떠오르던 해였는데, 1954년 3월에 열린 자유당 제5차 전당대회에서 이기붕은 공식적으로 이범석의 족청계를 제거했고, 아울러 자신의 반대파인 배은희와 이갑성을 축출하고 당 조직을 장악하였다.[107] 1954년 6월 9일의 국회의장, 부의장 선출은 이갑성계의 반격 기회였다고 할 수 있으나, 이기붕에 의해서 철저히 봉쇄되었다. 장형이 시경에 호출된 것이 바로 이 날짜였던 것이다. 장형이 3 · 1운동 당시부터 이갑성과 매우 가까운 동지 관계라는 사실은 세간에 잘 알려진 사실이었다. 이갑성 · 장형과 가까운 사이였던 안호상도 이 때 권력의 축에서 밀려났다. 안호상은 이승만의 '일민주의'라는 극우 민족주

105) 《京鄕新聞》 1954년 6월 16일자, 「단대재단도 조사」.

106) 《東亞日報》 1954년 6월 6일자, 「개막 앞둔 신국회 이면 동태」.

107) 강준만, 『한국현대사 산책(1950년대편)』 2권, 인물과사상사, 2004, 156쪽.

의의 이데올로그였을 뿐만 아니라, 이범석과 더불어 원외 자유당 창당의 1등 공신이었다.[108] 이기붕은 6월 9일의 국회의장·부의장 선거를 계기로 정적(政敵)인 이갑성의 배후 세력을 괴롭히거나 거세하는 권력 시위를 한 것이다.[109] 장형에 대한 뜬금없는 경찰 수사는 그런 맥락에서 이해할 수 있다.

1950년부터 장형과 임종상(林宗相) 사이에서 10년 넘게 진행된 재판도 세간의 이목을 끌었다. 1950년 4월 11일 임종상이 경기도 여주·양평·광주·평택 토지 70여만 평과 서울시 동대문구 창신동 소재 대지 7천여 평 및 건평 450평의 재산을 단대 재단에 기부하였는데, 문제가 발생했다. 기부 재산에 대한 임종상과 아들 임평과의 소유권 소송과, 단대 재단과 강문중학(康文中學)에 대한 이중 기부 행위 등으로 문제가 복잡하게 얽힌 것이다.[110] 게다가 임종상은 자신의 재산 기부 행위에 대한 번복을 일삼아, 대법원에서 단대 재단의 승소 확정 판결이 내려진[111] 이후에도, 계속해서

---

108) 강준만, 『한국현대사 산책(1950년대편)』 2권, 인물과사상사, 2004, 157~159쪽.

109) 실제로 6월 9일 국회의장, 부의장 선거 당일 이기붕이 시도한 부정선거방식은 언론의 조롱의 대상이 되기도 하였다. 이기붕이 정적인 이갑성계를 무너뜨리고, 자신의 입지를 확보하기 위해서 모든 수단과 방법을 동원하였음을 짐작할 수 있는 대목이다.(《東亞日報》 1954년 6월 10일자, 「자유당의 강력통일책 주효」)

110) 『檀國大學校三十年史』, 단국대학교출판부, 1977, 44쪽. 1957년 11월 18, 19일 《경향신문》에도 연이틀 관련 기사가 보도되었는데, 워낙 복잡한 내용이어서, 기자가 사실을 제대로 이해했는지조차 의문이 가는 내용이 실려 있다.(《京鄕新聞》 1957년 11월 18일자, 「골육상쟁 소송 단락 창신동갑부 임씨 패소」; 《京鄕新聞》 1957년 11월 19일자, 「임씨의 승소확정 '창신궁갑부소송' 사건」)

장형을 사문서 위조로 고소하였다.[112] 임종상은 소문만큼 내실 있는 부자가 아니었고, 또 사연 많은 자식들과의 갈등으로 생활이 어려웠다고 한다. 그래서 이중 기부 행위를 통해 양쪽에서 생활비를 얻어 썼는데, 지루한 민사재판이 진행되는 것을 이용해 임종상은 생활곤란을 핑계로 단대 재단 측으로부터 상습적으로 생활비를 받아 갔다고 한다.[113]

1960년 장형은 자유당의 정 · 부통령선거중앙대책위원회 지도위원에 위촉되어 큰 홍역을 겪었다. 3 · 15 정부통령 선거를 앞두고 이승만의 장기 집권에 대한 명분에 몰리고 국민 여론에 쫓겨 전전긍긍하던 자유당은 전국에서 인격과 덕망이 높고 영향력이 있는 재야 거물급 명사를 영입하여 협력을 구하고자 하였다.[114] 이승만에 대해서는 반감을 지닌 장형이었지만, "독립운동기부터 동지로서 깊은 관계를 유지해온 이갑성의 간곡한 청과, 혹시 본인 때문에 단국대학에 어려운 일이 생기지나 않을까 하는 염려 때문에, 지도위원직을 수락했다"고 한다.[115]

자유당 선대위 지도위원 영입에 불응할 경우 '단국대학에 어려운 일이 생기지나 않을까'라는 우려는 당시 장형이 지닌 현실적 고뇌를 상징적으로 보여준다. 일개 사학의 설립자로서, 재단의 경

111) 『檀國大學校三十年史』, 단국대학교출판부, 1977, 42~44쪽.

112) 《경향신문》 1962년 4월 29일자, 「단대 장이사장에 구속영장을 발부」; 《동아일보》 1962년 4월 29일자, 「단대 장이사장 등 2명을 구속」; 《경향신문》 1963년 2월 19일자, 「장 전 단대이사장 사기혐의를 수사」.

113) 張忠植, 『시대를 넘어 미래를 열다』, 노스보스, 2011, 173쪽.

114) 『梵亭言行錄』, 檀國人會, 1986, 121쪽.

115) 『梵亭言行錄』, 檀國人會, 1986, 128쪽.

영자로서 현실 정치와 타협하지 않을 경우 발생할 후환을 고민하지 않았다는 것은 어불성설일 것이다.

이에 더해서 장형으로서는 자유당 내에서 실세를 회복하려는 이갑성의 요청을 매몰차게 외면할 수는 없었을 것이다. 현실과의 타협과, 이갑성과의 우정과, 장형 자신의 지조를 두고 고민했던 시간이었을 것이다. 그러나 장형은 결국 자유당 선대위 지도위원을 수락하면서, 이들을 포괄할 수 있는 권도(權道)를 발휘한다.

자유당 선거 대책 회의 석상에서 장형은 "자유당이 공명선거를 않는다면, 선거에서 이기고 당의 앞날이 죽는 결과가 나타난다는 점을 명심하고, 공명선거를 실시해야 한다"는 소신 발언을 한 것이다. 자유당은 표면상 이 전략을 채택하였으나, 공명선거에 대한 구체적인 방안이나 보장은 전혀 논의조차 하지 않았다.[116] 장형은 그 당시 분위기를 아랑곳하지 않는 그 한마디를 남기고 홀연히 자리를 떠나 영영 관계치 않았다고 한다.[117] 자유당은 결국 부정선거를 감행했다가 4 · 19혁명에 의해서 정권이 붕괴되었다.

당시 자유당 정부통령선거 중앙대책위원회 고문으로는 장형과 각별한 함태영과 이갑성이 자리하고 있었다. 지도위원에는 장형을 비롯해 김활란 · 모윤숙 · 박종화 · 백락준 · 유석창 · 윤치영 · 임영신 · 이규갑 · 이선근 · 이은상 · 조동식 등 총 30명의 당시 '저명인사'들이 망라되었다. 그 밑에 실무를 맡은 위원회 위원장, 선거사무장, 기획위원, 상임위원 등이 포진해 있었는데,[118] 장형이 맡은

116) 《東亞日報》 1960년 2월 6일자, 「선전공세에 주력 자유당 선대위, 연석회의를 개최 공명선거주장을 채택」.

117) 『梵亭言行錄』, 檀國人會, 1986, 122쪽.

118) 《東亞日報》 1960년 1월 22일자, 「범여선거대위발족」.

지도위원은 '얼굴마담'의 역할 정도에 머물렀다고 할 수 있다.

그러나 1960년 4·19혁명이 일어나자 장형은 혁명 과업의 일환으로 민의원에서 마련한 4개혁명입법 중 부정선거 관련자로 지목되어 공민권(公民權) 제한 대상자에 포함되는 수모를 겪게 된다. 공민권 박탈 및 제한 대상자는 죄의 경중에 따라 1항에서 13항까지로 분류되었다. 이승만이 1항 대상자였고, 장형을 포함한 3·15선대위 지도위원 30명은 모두 8항에 분류되었다.[119]

장형과 단국대에 불어 닥친 가장 큰 시련은 5·16군사정변 직후 찾아왔다. 장도영 육군참모총장이 반혁명사건(1961.8)으로 구속되자, 장형이 장도영에게 반혁명 사건의 자금을 댄 반혁명 공모자로 수배된 것이다.[120] 그러나 장형과 장도영과는 서로 일면식도 없는 사이였고, 실제로 장형이 반혁명사건에 걸려든 것은 훗날 증권파동의 원흉이라고 지목된 윤응상과 승왈범(承曰範) 형제의 계략 때문이었다.[121]

장형의 아들 장충식(張忠植)의 회고에 의하면, 승왈범은 청량리 소재 목재소를 단국대에 담보로 제공하고 돈을 빌려가서 군납 사업을 하였는데, 그후 원금을 반만 갚고 나서 담보로 제공한 목재소를 돌려달라고 했다는 것이다. 장형에게 이를 거절당하자, 그들은 소송을 걸었지만 민사소송 1심에서 승씨가 패소했고, 고등법원에서도 패소가 기정 사실화된 상황에서, 마침 장도영 반혁명 사건이 터지자, 평소 군납 사업을 하면서 친해진 군인들과 내통하여, 장형이 반혁명 자금을 제공한 인물이라고 투서를 했다는 것이

119) 《東亞日報》 1960년 11월 7일자, 「혁명입법 통과시의 대상자 추계」.

120) 張忠植, 『시대를 넘어 미래를 열다』, 2011, 노스보스, 17쪽.

121) 張忠植, 위의 책, 18, 26쪽.

다.[122)]

물론 승왈범은 장형이 무리한 요구를 통해 자신의 목재소를 빼앗으려 했다고 하여, 장형 측과 다른 견해를 주장하였다. 그렇지만 승왈범이 그 일을 계기로 장형을 군인들에게 무고했다는 것은 사실이었다. 승왈범이 자신의 회고록에다, 몇 번에 걸쳐 권력을 이용해 장형을 괴롭히려고 했다는 사실을 자랑삼아 기록해 놓은 것이다.

승왈범은 자유당 시절에, 또 4 · 19로 민주당 장면 정권이 들어서자 서울지검에 장형을 고소했지만, '매번 무시를 당했다'고 한다. 민사소송 1심에서의 패소와 고등법원에서의 패소를 그렇게 표현한 것이다. 그때 마침 5 · 16군사정변이 일어나자, 승왈범은 장형을 또 다시 고소하였다. "나는 5 · 16군사혁명으로 군인들이 정권을 잡은 당시 절대 권력을 쥐고 있던 중앙정보부에 이 사건을 직소했다. 민사 · 형사 양쪽으로 고소를 제기한 것이다. 그때 내가 정보부에 소장을 내는 데는 국가재건 최고회의 박정희(朴正熙) 의장과 함께 5 · 16군사혁명의 주체인 박종규(朴鍾圭)씨가 중간 역할을 하여 많은 힘을 써주었다. 그리하여 그 이사장(장형-필자)에게는 드디어 구속영장이 발부되었다."[123)] 승왈범이 박종규를 매개로 장형을 구속시켰다고 자랑하고 있는 대목이다.

당시 중앙정보부는 정치자금을 조달하기 위해 증권 · 워커힐 · 새나라 · 빠찡꼬 등 이른바 4대 의혹 사건을 일으킨 '부정부패'의 온상이었다.[124)] 승왈범이 어떻게 박종규와 연결될 수 있었는지

---

122) 張忠植, 위의 책, 28쪽.

123) 承曰範, 『鶴山自敍傳 無休八十年』, 裕進文化社, 1991, 401~404쪽.

124) 강준만, 『한국 현대사 산책(1960년대편)』 2권, 인물과사상사, 2004,

쉽게 짐작이 가는 대목이다. 승왈범의 편에 선 중앙정보부는 단국대 재단이 승씨의 목재소를 돌려주고, 장형이 자수하여 자진 출두하면 없던 일로 해줄 것(무혐의처리)이라고 협박하였다. 이에 장형은 자진 출두하여 서대문형무소에 수감된 다음날 법원의 적부심 심사를 거쳐 불구속 처리되었다.[125)]

1961년 9월 군사정부는 '교육에 관한 임시특례법'을 공표하고 대학 정비 작업을 단행하였다. 그 바람에 단국대 주간부가 폐지되는 일이 발생하였다.[126)] 이때 폐교 조치된 학교는 덕성여대·동덕여대·한국사회사업대·관동대·원광대·동양의대·청구대·마산대·홍익대·단국대·국학대·국민대 등이었다. 주목되는 것은 이때 독립운동가가 설립한 대학들이 거의 폐교 조치를 당했다는 점이다.

단국대학 주간부의 폐지는 정부 수립 이후부터 계획된 문교정책과도 상치되는 것이었다. 문교부장관 안호상은 야간대학이나 대학 2부제보다는 장차 주간부를 중심으로 한 정상적인 대학교육을 강화할 계획을 밝힌 바 있다.[127)] 따라서 군정 기간에 걸친 대학

152~158쪽.

125) 張忠植, 앞의 책, 28, 35쪽.

126) 金鍾喆, 「大學整備 小考」, 『중앙대논문집』 10~1, 1965, 222쪽. 11월 18일 발표된 정비령에서 37개 사립대가 25개교로 축소되었다. 야간대와 초급대를 확대하고, 신학대학은 각종학교로 격하하여 학사학위를 주지 않기로 한 것이 골자였다. 2년제 초급대학은 5·16 이전에 12개(3,208명)이었던 것이 1962년에는 27개(10,590명)로 늘어났고, 10개의 교육대학이 신설되었다.

127) 《국도신문》 1949년 8월 17일자, 「安浩相 문교부장관, 고등학교제 실시와 대학교 2부제 실시 등에 대한 견해를 표명」.

정비는 시행착오적 시책의 강행으로 허다한 부작용을 야기시키고, 대학교육의 기본 질서에 커다란 혼란만 가했을 뿐이라는 비판을 면치 못하였다.[128] 졸속 행정의 희생양이 된 단국대는 주간부 폐지로 학교 운영에 치명상을 입게 된다.[129]

2) 장형의 사회 구호 활동

격동의 50년대와 60년대를 맞이하면서, 장형은 정치적인 위기에 봉착할 때가 많았으나, 좌절하지 않고 개인적인 사회 구호 활동을 지속적으로 실천해 나갔다. 충북 제천의 백만 평이 넘는 산림과 수십 군데의 광산이 그러한 자선사업의 경제적 기반이 되었다. 당시는 노후화된 철도 침목의 교체와 전신주 건설 때문에 목재가 귀한 시절이었다. 그리하여 장형은 단국대를 세울 때도 제천 산림의 목재를 팔아서 필요 경비를 충당했었다.[130] 장형은 늘 억강부약(抑强扶弱)을 강조하였다. 그것은 장형의 교육철학으로도 이어졌다. 장형은 평소 애국애족하는 인재를 양성하여 사회에 배출해야 하며, 그러기 위해서는 단국대 학생들이 억강부약하는 인물이 되도록 가르치라고 당부하였다.[131] 장형의 묘비문에 '늘 억강부약을 몸소 실천하여 불의에 항거하고, 헐벗고 굶주린 불쌍한 사람들을 도와 슬픔과 기쁨을 함께 나눈 그 훈훈한 온정'이라

128) 金鍾喆, 앞의 논문, 229쪽.

129) 張忠植, 앞의 책, 49~52쪽.

130) 張忠植, 위의 책, 48쪽; 『檀國大學校三十年史』, 단국대학교출판부, 1977, 40~41쪽.

131) 『梵亭言行錄』, 檀國人會, 1986, 89쪽.

고[132] 새겨져 있는 것은 결코 과장된 수사가 아니었다.

장형은 그가 회장을 맡고 있던 민강회(民强會)를 통해서도 시민 계몽활동뿐만 아니라, 사회 구호 활동을 실천하였다. 민강회는 장형이 1960년 9월 4일에 독립운동가이자 저명한 정치인이었던 김홍일(金弘壹)과 함께 창립한 것이다.[133] 민강회의 근본 이념과 취지는 '국가 주권의 근간인 민권(民權)을 강화하고, 도의(道義)를 기반으로 하는 웅건(雄健)한 민주정치를 건립함'에 있었다.[134] 민강회는 사회 구호 활동뿐만 아니라,[135] 매주 목요일마다 중앙공보관(中央公報館)에서 교양강좌를 실시하였다. 강사는 주로 단국대학의 교수들이 담당하였다.[136]

장형의 사회 구호 활동 기사는 그가 이사장으로 있던 단국대학의 교내신문[《단대학생신문(檀大學生新聞)》, 《단대학보(檀大學報)》, 《단대신문(檀大新聞)》]이나, 그가 회장을 역임한 평북도민회의 《평북민보(平北民報)》뿐만이 아니라, 중앙 일간지에도 다수 보도되었다. 1959년 배재중학교 2학년에 재학 중이던 백건우가 천재적인 재능에도 불구하고 가난 때문에 피아노 공부를 중단하기에 이르렀다는 기사가 보도되자, 장형은 당시 시가 140여만 환의 독일제

132) 《檀大新聞》 1965년 5월 15일자, 「두 設立者 墓碑 建立」.

133) 장형과 김홍일의 관계에 대해서는 韓詩俊, 「대한민국임시정부와 단국대학교」, 『東洋學』 47, 단국대 동양학연구소, 2010, 313쪽 참조.

134) 《平北民報》 1960년 9월 2?일자, 「民權伸張이 目的」.

135) 《朝鮮日報》 1960년 10월 23일자, 「自殺하려던 어머니 民强會서 金一萬圜」; 《朝鮮日報》 1960년 12월 21일자, 「本社浮浪兒 救護운동, 民强會서 옷가지, 이름없는 女人도 三百點 寄託」; 1961년 3월 15일자, 「行淡島 少年에 教科書 등 百卷 民强會 기탁」.

136) 《京鄕新聞》 1961년 3월 1일자, 「木曜教養講座」.

피아노를 백군에게 증정하였다. 오늘날 세계적인 천재 피아니스트로 활약하고 있는 백건우의 탄생 비화이다.[137]

장형은 민주 인사와 그 유가족을 돕는 일에도 앞장섰다. 4·19 혁명 이듬해인 1961년 구정(2.15)에 낡은 4월혁명유족회 건물 2층 봉안소에서 4월 혁명 희생자 유가족 30여 명이 모여 초라한 정초 차례를 거행하였다. 당시는 이미 4·19에 대한 관심도 미미해져 그 유가족들은 쓸쓸한 새해를 맞고 있었다. 이때 장형이 단대 학장, 이사진 및 교수들을 대동하고 나타나 제수를 바치고 위로하였다. 그리고 4·19유족회 이사장 차명섭(車明燮)에게 약 1천만 환의 예산을 들여 새 봉안소를 마련해줄 것을 약속하여 유족회 회원들을 감격시켰다고 한다.[138] 또 4월 혁명으로 3대 독자였던 한승(韓昇)군을 잃은 부모의 딱한 처지를 구원해 주기도 했다.[139]

이밖에도 장형의 사회 구호 활동은 지면 관계상 일일이 열거할 수 없을 정도이다. 당시 일간지에 소개된 기사들을 표로 정리하면 〈표 2〉와 같다.

---

137) 《檀大學報》 1959년 11월 11일자, 「秀才인 白건우君에 "피아노"를, 그 길 硏磨토록 張理事長이」.

138) 《京鄕新聞》 1961년 2월 15일자, 「'四月의 獅子'들에게 茶禮, 奉安所서 遺族 30餘名이」.

139) 《京鄕新聞》 1961년 4월 1일자, 「또 4月은 왔는데 아들 팔아 살기 싫어, 保證金 없어 貰房도 비울 판, 가난한 革命의 어머니」.

〈표 2〉 일간지에 소개된 장형 관련 기사

《漢城日報》	
1. 全國統一學生總聯盟, 서울시 고학생을 위한 구호사업을 전개	1948.10.15
《京鄕新聞》	
1. "내가 학비 대겠다" 단대이사장이 윤부현군의 궁경 동정	1955.4.5
2. 안중근의사 동상 건립, 대한순국충렬기념회서	1956.2.21
3. 삼남매에 구호의 손 답지, 어머니 찾을 때까지 보호요청	1956.3 · 12
4. 여생을 구제사업, 모진 세파에 쏟아나온 인정의 꽃	1956.4.6
5. 檀大理事長도 寄託	1956.11.17
6. 학비곤란자에 동정 답지=등록금 내주겠다고 독지가 3명이 자원	1957.3.23
7. 효자 박백식군의 표창식	1957.3.24
8. 기뻐하는 할머니들, 청운양로원서 위안회	1957.5.19
9. 김순경에 이만환 단대이사장이 희사	1957.9.13
10. 유기아에 10만환, 장단대이사장이 희사	1957.11.8
11. 육개 영아원에 균배, 장씨가 희사한 성금 전달	1957.11.9
12. 두 남매를 내가 맡겠소, 고지근무하는 김병장에 구호의 손	1958.2.7
13. 장형씨도 금일봉	1958.2.23
14. 박병장 삼남매 내가 맡겠소, 단대이사장 장형씨	1958.7.30
15. 자녀 맡겠다는 두 독지가, 본사서 본인의 연락만 기다려	1958.8.30
16. 장형씨의 연이은 독지, 엄마 찾는 오남매 구호	1958.9.2
17. 나타난 오남매 엄마, 각계온정 받고 희망의 길	1958.9.20
18. 자살가족에 위문금 장형 본사에 기탁	1960.10.19
19. [四月의 사자]들에 다례	1961.2.15
20. 목요교양강좌	1961.3 · 1
21. 빈자의 일등, 굶어죽은 산모유족에 장형씨가 금일봉	1961.3.3
22. 또 4월은 왔는데 아들 팔아 살기 싫어	1961.4.1
23. 장형씨가 만환, 굶주리다 자살한 이씨 유족에	1961.5.13
24. 위문금 이만 환 전달, 자살한 마부 유족에	1961.5.23
25. 효자 이군에 송아지, 단대육영회총재가 증정	1961.6.10
26. 유암 여인에 금일봉, 단대이사장 본보를 읽고	1961.7.7
27. 축복 기다리는 세 쌍둥이	1961.8.20
28. 청빈했던 경관 집에 따뜻한 구원의 손길	1961.9.5
29. [효와 벌] 온정, 본보 읽고 단대 등서돈과 언약	1961.9.12

30. [효]와 [벌] 눈물밖에 드릴 게 없어요	1961.9.17
31. 삶에 지친 노부부의 [자살길] 막은 헌 신문 조각	1961.10.15
32. 세 쌍둥이 두 돌 초대잔치, 단대이사장 장형씨가 베풀어	1961.10.16
33. [움막애화]에 구호의 손	1961.10.18
34. 장명수씨 표창, 23일에 영등포서서	1961.10.20
35. 인정의 순경 장씨를 표창, 단대 장이사장이 영등포서서	1961.10.26
36. 연이은 온정에 새희망	1961.11.5
37. 빈자의 등불 장형씨 가난의 구제 사회에 권장	1961.11.26
38. 안의사 동상 마당을 청소, 가난한 부부의 정성 표창	1961.12.15
39. 임소령과 장대위에 동정금 답지	1962.3.6
40. 생명같은 돈 유효히 쓸 터	1962.3 · 15
41. 다시 찾은 [효]의 양지, [효와 벌]의 임양 출옥	1962.3.22
42. 장거를 높이 찬양, 시민증과 금시계에 정착금 백만원	1962.4.13
43. 김병조씨 수시에 공세워 장형씨가 노형사 등 표창	1962.12.24
44. 삼일절에 670명 표창	1963.2.23
45. [현대판] 고려장 노인에 2천원	1963.4.18
46. 장형씨가 금일봉	1964.2.29
47. 장형씨 별세	1965.1.1
《朝鮮日報》	
1. 강양 유족에 구원의 손길, 단대 장이사장 보호를 자청	1955.6.1
2. 단대장이사장이 금일봉, 풍문여중 조양에게 전해 달라고	1955.7.19
3. 자살하려던 어머니 민강회서 금일만환	1960.10.23
4. 본사 부랑아 구호운동, 민강회서 옷가지	1960.12.21
5. 행담도 소년에 교과서 등 백권 민강회 기탁	1961.3 · 15
6. 장형씨가 성금, 유복자를 기르는 물장사 어머니에	1961.9.9
7. 신씨 모자 생계를 도맡아, 장 단대이사장이	1961.10.15
8. 장형씨가 금일봉, 자살기도한 세 모자에게	1964.2.25
《東亞日報》	
1. 선전공세에 주력 자유당 선대위	1960.2.6
2. 문화소식(민강회 강연회)	1961.3.21
3. 표창받는 독립유공자	1963.3 · 1
4. 오아시스	1964.2.1
5. 부음	1964.12.30

장형의 기사가 유독 《경향신문》에 많이 실린 것도 주목되는 점이다. 이승만 정권 하에서 《경향신문》은 진보적 신문이었다. 1959년 4월 《경향신문》이 폐간당하는데, 이를 자유당 정권의 몰락을 예고한 사건으로 보기도 한다. 당시 《경향신문》은 자유당 정권의 정적(政敵)인 장면 지지 경향을 뚜렷이 하고 있었지만, 20만 부를 발행하는 발행 부수 2위의 신문이었다(《동아일보》 35만 부, 《한국일보》 16만 부, 《조선일보》 10만 부).[140] 1956년 4월 6일자 《경향신문》에 「여생을 구제사업, 모진 세파에 쏟아나온 인정의 꽃」이라는 제하에 장형 관련 기사가 보도되었다. 여기에서 노년의 장형이 "나의 여생을 오직 교육계에 바치고, 불우한 사람들을 끝까지 도와주겠노라"고 한 발언이 소개되었다. 이는 그의 생애 전반(全般)을 스스로 간결하게 압축한 것이었다.

5. 맺음말

독립운동가이자 교육자였던 장형의 일생을 정리하고자 하는 시도의 하나로서, 본고에서는 환국 이후 장형의 사회교육 활동의 측면을 살펴보았다. 장형의 환국 후 활동은 크게 세 가지로 구분할 수 있다.

첫째는 김구를 도와 독립운동을 지속하였다. 임시정부와 김구는 8·15 직후의 상황이 완전한 민족통일국가를 수립하는 데 실

---

140) 강준만, 『한국현대사 산책(1959년대편)』 3권, 인물과사상사, 2004, 247쪽.

패하였으므로, 이를 실현할 수 있는 인재를 양성하는 일이 시급하다고 생각하였다. 그리하여 1947년에 건국실천원양성소를 개소하였다. 장형은 김구를 도와 건실의 이사장직을 수행하면서 재정을 담당하였고, 단국대학의 교직원과 학생들에게 건실 사업에 참여하도록 독려하였다. 그밖에 장형은 전국통일학생총연맹(1948), 대한순국충렬기념사업협회(1956), 독립투사친목회(1961), 독립투사자녀장학회(1963) 등을 조직하여, 독립정신을 선양하고, 그 유족들을 돌보는 일에 앞장섰다.

둘째, 장형은 새 나라를 이끌어갈 젊은 인재 양성을 위해서 대학을 설립하였다. 장형은 환국 후 임시정부에 의해 설립된 국민대학 설립기성회(1946)에 들어가 주도적으로 활동하면서 국민대학을 설립하였고, 1947년에 다시 단국대학을 설립하였다. 장형은 단국대학이 김구와의 각별한 관계에서 설립되었다는 점을 고려하여, 민족적 전통에 기반하여 조국통일을 실현하는 인재를 양성하는 대학, 외부의 도움 없이 자립할 수 있는 진정한 민족 사학을 구현하기 위해 노력하였다. 이는 김구의 교육이념을 구현하려는 것이었다. 실제로 김구는 단국대학 설립에 각별한 애정을 보였다.

셋째, 장형은 사회적 약자에 대한 구호 활동을 지속적으로 실천하였다. 소외 계층에 대한 그의 관심은 어릴 적부터 형성된 것이었다.[141] 장형은 개인적인 구호뿐만이 아니라, 1960년 독립운동가 김홍일과 함께 만든 민강회를 통해서도 사회적 약자들을 위한 사업을 전개하였다. 그래서 그의 활동은 여러 언론을 통해 자

141) 《경향신문》 1961년 11월 26일자, 「貧者의 등불 張炯씨 가난의 救濟 社會에 勸奬. 안방에 '거지' 들여 誤解 받은 일도. 어려서부터 篤行에 앞장」.

주 보도되었다.

그러나 김구의 이념을 계승하면서 전개된 장형의 사회교육활동은 현실의 벽과 부딪히면서 많은 어려움을 겪었다. 8 · 15가 남겨준 완전한 자주독립과 민족통일의 숙제를 청년 교육을 통해 해결하려던 그의 꿈은, 자국의 이해 관계를 앞세워 한국인의 민족주의를 해체하고, 자유민주주의 교육을 앞세웠던 미군정의 반공적 입장과 이를 계승한 이승만의 독재정치에 부딪힐 수밖에 없었다. 그 후 비합리적인 대학정비령에 의해서 장형이 세운 단국대학은 폐교 위기에 처하고 만다. 장형이 환국 이후에 겪었던 시도와 좌절은 당시의 민족운동가들이 처했던 시대상을 압축적으로 보여주는 중요한 사례이다.

단국대학의 설립 정신과 정체성

한 시 준*

1. 머리말

현재 한국에는 2백 개가 넘는 4년제 대학들이 있다. 각 대학들마다 설립자가 다르고, 설립한 정신이나 취지도 다르다. 설립한 정신이나 취지에 따라 대학의 성격이나 정체성은 다를 수밖에 없다. 그렇지만 대부분의 대학들이 당신네 대학은 어떤 대학이냐고 물으면 선뜻 대답하지 못한다. 이는 자신의 대학이 갖는 성격이나 정체성을 찾기 위한 노력을 기울이지 않은 탓도 있겠지만, 대부분의 대학들이 설립의 근거나 정신을 떳떳하게 밝히기 어려운 점이 있기 때문이 아닌가 한다.

단국대학은 설립 이후 여러 차례 교사를 편찬하면서, 설립자와 설립 과정에 대해 연구해 오고 있다. 이를 통해 단국대학은 독립운동가였던 범정 장형(梵亭 張炯) 선생이 조희재(趙喜在) 여사와 함께 설립한 대학이라는 점, 그리고 단국대학이 갖는 정체성으로 '해방 후 최초로 설립된 4년제 정규대학'임을 강조하였다. 이후 장형 선생의 독립운동과 관련한 자료들이 연이어 발굴되고, 대학

* 단국대 사학과 교수, 단국대 동양학연구원 원장.

을 설립하는 과정에 대해서도 대한민국 임시정부, 그리고 백범 김구(白凡 金九) 선생과 밀접한 관련이 있다는 사실 등에 대한 연구가 진행되었다.[1)]

최근들어 설립자 장형 선생의 독립운동과 관련된 많은 자료들이 새롭게 발굴되었다. 장형 선생이 안동[安東, 현 단동(丹東)]과 봉천[奉天, 현 심양(瀋陽)]을 중심으로 서간도 지역에서 활동한 사실을 밝혀주는 평양헌병대장의 정보 보고서를 비롯하여, 상해에 있던 대한민국 임시정부의 활동에 관여한 자료 등이 발굴된 것이다. 새로운 자료의 발굴과 함께 설립 과정에 대한 연구가 진행되면서, 단국대학의 설립 정신과 정체성에 대해서도 새롭게 조명할 필요성이 대두되었다.

이 글은 단국대학의 설립 정신과 단국대학만이 갖고 있는 정체성을 밝혀보려는 데 목적이 있다. 우선 설립자 장형 선생이 독립운동가로 활동한 사실과 그가 단국대학을 설립하는 과정, 단국대학의 설립이 대한민국 임시정부와 백범 김구 선생과의 밀접한 관련속에서 이루어졌다는 사실을 언급하려고 한다. 그리고 이를 통해 단국대학의 설립 정신과 정체성에 대해 살펴보고자 한다.

---

1) 한시준, 「대한민국임시정부와 단국대학교」, 『동양학』 47, 단국대 동양학연구소, 2010 ; 이홍구, 「해방 후 백범 김구의 建國實踐員養成所의 설립과 운영」, 『백범과 민족운동연구』 6, 백범학술원, 2008 ; 장석홍, 「대한민국임시정부의 환국과 민족대학 설립-국민대학 설립을 중심으로-」, 『忠北史學』 11 · 12합집, 충북대 사학회, 2000.

2. 단국대학의 설립과 그 정신

1) 독립운동가 장형

단국대학은 독립운동가가 설립한 대학이다. 설립자 범정 장형 선생(이하 범정으로 약칭)은 독립운동가였다. 범정은 보성전문학교에 다니던 중 경술국치를 맞았고, 다음 해인 1911년 중국으로 망명하였다. 이후 해방을 맞아 환국할 때까지 30여년간 서간도와 국내를 중심으로 독립운동을 전개하였다. 당시 그는 장세담(張世淡)이란 이름을 사용하였고, 최근에 장세담의 독립운동과 관련한 자료들이 연이어 발굴되고 있다.

범정은 1910년대에 안동(단동)과 봉천(심양)을 중심으로 활동하였다. 1914년 평양헌병대장이 조사하여 보고한 정보 자료에 그의 활동상이 나타나 있다.[2] 이는 평양에 있는 청년들이 연이어 사라지자 평양헌병대에서 그들의 행적을 추적 조사하여 보고한 것이다. 이에 의하면 평양에서 사라진 청년들이 간 곳은 안동이고, 그곳에서 이들은 장세담을 만났다. 그리고 장세담은 청년들을 심양으로 데리고 가서 누군가에게 인계하고 있다는 내용이다.

범정의 이러한 활동은 신흥무관학교와 관련된 것으로 보인다. 서간도 유하현(柳河縣) 삼원포(三源浦)라는 곳에 신흥무관학교가 있었다. 신흥무관학교는 이회영(李會榮)·이시영(李始榮) 6형제를 비롯하여 이동녕(李東寧)·이상룡(李相龍) 등 신민회(新民會) 인사

2) 「不平鮮人ノ行動等ニ關スル件」, 憲機제689호, 大正 3년 10월 24일 平壤憲兵隊長報告.

들이 독립군을 양성하기 위해 1911년 6월에 설립한 것으로, 1920년 폐교될 때까지 약 3천5백 명에 이르는 졸업생을 배출한 무관학교였다.3)

범정은 국내에서 청년들을 모집하여 신흥무관학교로 인도하는 활동을 담당한 것으로 보인다. 평양헌병대에서 "장세담은 불령선인(不逞鮮人) 청년들 사이에서 유력(有力)한 자(者)로서 항상 경성·안동·봉천 등지를 왕복하면서 불평동지(不平同志)를 규합하는 데 힘을 기울이고 있다"고 분석한 것이 그것을 짐작케 한다. '불령선인'이란 독립운동가를 지칭하는 것이다. 평양헌병대의 분석으로 보면, 장세담은 독립군이 되고자 하는 청년들을 규합하는 활동을 하고 있었고, 청년들 중에 지도적 위치에 있었다고 할 수 있다.

범정은 대한민국 임시정부의 활동에도 관여하였다. 임시정부는 1921년 워싱턴에서 개최되는 태평양회의에 한국 문제를 상정하기 위해 다양한 활동을 전개하고 있었다. 임시의정원 의장 홍진(洪震)이 태평양회의외교후원회 위원장을 맡았고, 이승만(李承晩)·서재필(徐載弼)을 파견 대표로 선정하였다. 이때 태평양회의에 한국 문제 상정을 촉구하는 「한국인민치태평양회의서(韓國人民致太平洋會議書)」를 국내의 단체 대표 101명이 서명하여 제출하였는데, 범정도 반도고학생대표(半島苦學生代表)로 이에 참여한 것이다.4)

국내에서 반도고학생친목회(半島苦學生親睦會)를 조직하고 계몽강연회를 주도하기도 하였다. 범정이 1921년 8월 조직된 반도고

---

3) 서중석, 『신흥무관학교와 망명자들』, 역사비평사, 2001.

4) 雩南李承晩文書編纂委員會, 『雩南李承晩文書』 東文篇 8, 연세대 한국학연구소, 1998, 394쪽.

학생친목회에서 총재로 선임되었다는 것과,[5] 이후 반도고학생친목회 강연단의 강사로 전국 각지를 순회하며 강연회를 개최하였다는 내용이 《동아일보》에 보도되었다. 1921년 12월부터 다음 해 5월에 이르기까지 여운홍(呂運弘)·강봉한(姜鳳漢) 등과 함께 경기도 안성을 비롯하여 전라도 목포·영광·나주·정읍, 경상도 대구·포항·상주·왜관, 충청도 조치원·청주, 평안도 박천·정주 포항 등 전국 각지를 순회하면서 「우리의 급무(急務)」, 「단합(團合)의 능력」, 「깨어라 조선인아」, 「우리의 생로가 어덴가」 등을 주제로 강연하였다. 이러한 강연 활동은 민중들을 계몽시키기 위한 국민계몽운동이었고, 동시에 이를 통해 독립운동 자금을 모집하였던 것 같다.

범정은 독립운동 자금을 모집하는 활동도 전개하였다. 독립운동 자금을 모집하고 이를 조달하는 일은 주요한 독립운동이었다. 국외에 독립운동 기지를 마련하는 데는 물론이고, 독립군을 양성하고 무장을 갖추는데 있어 가장 필요한 것이 군자금이었다. 이회영·이시영 6형제가 전 재산을 처분하여 서간도 유하현에 독립운동 기지를 건설하고 신흥무관학교를 세웠던 일, 상해에서 활동하던 심산(心山) 김창숙(金昌淑)이 국내에 들어와 자금을 모집하다가 발각된 일 등이 대표적인 사례이다.

범정은 서간도에 근거를 두고 활동하면서, 국내에 들어와 독립운동 자금을 모집하였다. 독립운동 자금을 모집하는 활동을 하면서 침술의 명의로 행세한 것으로 알려져 있다. 일제 경찰의 감시와 경계를 피하기 위해서였다. 그렇지만 자금을 모집하던 중 두

---

5) 《동아일보》 1921년 8월 20일자, 「半島苦學生親睦會」.

차례에 걸쳐 일제 경찰에 체포되었다. 1930년 9월 신의주에서,[6] 그리고 1938년 서울에서 일제 경찰에 피체되었고,[7] 서대문 감옥에 투옥되어 옥고를 치렀다.

독립운동 자금을 마련하기 위해 정미소를 운영하기도 하였다. 안동과 길림성(吉林省) 반석현(磐石縣)에서 정미소를 운영한 사실이 확인된다. 안동에서는 조카 김제현(金濟鉉)과 함께 미곡상을 차려 운영하였고, 반석현에도 정미소를 차렸다. 지난해 범정의 독립운동유적지를 조사하면서 반석현에 있는 정미소터를 확인하였다. 정미소는 독립운동 자금을 마련하는 주요한 수단이었다. 청산리전투에서 크게 활약한 김좌진이 북만주 해림(海林)에서 한족총연합회를 조직하여 활동하면서 군자금을 마련하기 위해 산시역(山市驛) 앞에 금성(金星)정미소를 차리고 직접 운영한 일이 그러한 예이다.[8]

범정은 서간도와 국내를 중심으로 독립군 양성과 독립운동 자금을 모집하는 활동을 전개하였고, 이러한 독립운동의 공적을 인정받아 1963년 대한민국 정부로부터 건국훈장 독립장을 수여받았다. 그리고 2009년에는 독립기념관에 "독립은 남이 갖다 주는 것이 아니고 오직 자신의 힘으로 쟁취해야 한다"는 범정의 어록비가 건립되어 그의 독립운동의 행적을 기리고 있다.

---

6) 《동아일보》 1930년 9월 4일자, 「心靈術로 愚民詐欺 數萬圓을 騙取, 신의주에 잡혀잇는 장세담 二日附로 豫審終結」.

7) 1938년에 피체되어 대전지방법원 서산지청과 경성복심법원에서 재판을 받은 판결문 3건이 발굴되었다. 「昭和13年刑公第316號」, 「昭和13年刑控第391號」, 「昭和13年刑上第167號」.

8) 徐紘一·李賢周, 「北滿洲에서의 韓國獨立運動」, 『中國東北地域 韓國獨立運動史』, 집문당, 1997, 490쪽.

2) 장형의 단국대학 설립

범정은 길림 반석현에서 해방을 맞았다. 그리고 심양에서 평북 용천 출신으로 같은 고향인 김홍일(金弘壹)을 만나 그의 도움으로 귀국하였다. 김홍일은 귀주강무당(貴州講武堂)을 졸업하고 중국군에서 활동하며 소장까지 올랐던 인물이다. 그는 일제가 패망한 직후 심양에 파견되어 동북한교사무처(東北韓僑事務處)를 설치하고, 만주지역의 동포들을 보호하는 업무를 맡고 있었다.[9] 그는 범정에게 "임시정부가 국내에 들어갔으니, 국내에 들어가서 김구(金九) 선생을 도우라"며 통행증을 만들어 주었다. 범정은 김홍일이 만들어 준 통행증을 가지고 곧바로 귀국하였다.

범정이 국내에 들어와 추진한 일이 있었다. 대학을 설립하는 일이었다. 그가 대학 설립에 관여하게 된 것은 대한민국 임시정부와 관련이 있다. 임시정부는 환국 후 대학 설립을 추진하였다. 민족정기를 발양하고 국민도덕과 자치 능력을 배양하여 온전한 국민을 양성하기 위해 대학을 설립하자는 것이었고, 이를 추진하기 위한 기구로 1946년 3월 '국민대학 설립기성회'를 발족시켰다.

범정은 임시정부가 추진하는 대학 설립에 참여하였다. 국민대학 설립기성회는 주석 김구 · 부주석 김규식(金奎植) · 외무부장 조소앙(趙素昂) · 내무부장 신익희(申翼熙) 등 임시정부 요인들이 직접 관여하였다. 김구와 김규식은 고문, 조소앙은 명예회장, 신익희는 회장을 맡았다. 그리고 교육계 · 학계 · 법조계 · 언론계 · 문인 · 독립운동가 등 여러 계통의 인사들로 이사진을 구성하였는

9) 金弘壹, 『大陸의 憤怒』, 文潮社, 1972, 383~391쪽.

데,[10] 범정이 기성회 이사로 참여한 것이다. 범정은 독립운동계의 인사였다.

범정은 기성회 이사로 신익희와 함께 실무를 맡아 대학 설립을 추진하였다. 기성회는 설립기금으로 5천만 원을 모집한다는 계획을 세웠다. 그러나 기금은 제대로 마련되지 못하였다. 기금을 모집하는 일이 여의치 않게 되자, 범정이 앞장서서 기금을 마련하였다. 독립운동 시기에 그의 동지였던 박기홍(朴基鴻)의 부인 조희재(趙喜在) 여사로부터 5만 평의 토지를 기부받은 것이다.[11]

범정이 마련한 기금을 기반으로 대학이 설립되었다. 기성회는 9월에 시작되는 신학기에 맞추어 개교한다는 목표로 대학 설립을 추진하였고, 기금을 모집하는 일과 더불어 교사(校舍)를 마련하고 학생도 모집하였다. 목표한 기금이 확보되지 않아 별도의 교사를 마련하지 못하였지만, 보인상업학교 별관을 빌려 1946년 9월 1일 개교하였다. 개교 당시의 명칭은 '국민대학관'이었고, 이후 '국민대학'이 되었다.

범정은 국민대학을 설립하고 신익희와 함께 이를 운영해 나갔다. 신익희는 학장이었고, 장형이 이사장을 맡은 것이다. 그러나 1947년 7월 신익희가 임시정부와 한국독립당을 떠나 이승만 측과 한국민주당에 참여한 것을 계기로[12] 국민대학과 결별하였다. 신익희의 행동을 임시정부와 김구에 대한 '배신'으로 여긴 것이고, 국민대학은 더 이상 임시정부와 김구의 독립정신을 잇기가 어렵다는 생각 때문이었다.

---

10) 국민대학교, 『國民大學校60年史』 통사편, 2007, 32쪽.

11) 앞의 『國民大學校60年史』 통사편, 36쪽.

12) 《동아일보》 1947년 7월 20일자, 「신익희 한독당 탈당」.

장형은 국민대학과 결별한 후, 독자적으로 대학 설립을 추진하였다. 대학 설립 문제를 조희재와 의논하였다. 조희재는 대학 설립에 적극 찬동하고 자신이 소유하고 있던 토지를 내놓았다. 이를 기반으로 대학 설립을 추진하였다. 대학 설립을 위한 기구로 조희재를 위원장으로 한 단국대학 설립준비위원회를 조직하고, 자신은 이사장을 맡았다.[13] 설립준비위원회를 조직하면서 대학 설립을 위한 준비가 본격적으로 추진되었다.

설립준비위원회는 미군정청에 재단법인과 대학 설립을 요청하여 승인을 받았다. 1947년 9월 15일 재단법인 · 대학 설립 · 이사장 승인 등을 미군정청에 요청하였고, 한달 보름만인 11월 1일 남조선과도정부 문교부장 유억겸(兪億兼)이 이를 인가한 것이다. 설립인가를 받은 후 학생을 선발하고 개교를 준비하였다. 교주는 조희재, 이사장은 장형이 맡았고, 자신의 동지이자 민족주의 사학자인 장도빈을 학장으로 초빙하였다. 그리고 1947년 12월 3일 휘문중학교 강당에서 문교부 차장 오천석(吳天錫)과 미군정 장관 딘 소장 등이 참가한 가운데 입학식을 거행하였다.[14]

3) 설립 정신 : '불가능하다'는 것을 '가능하다'고 믿는 독립정신

단국대학의 설립 정신은 '단국대학 설립취지서'에 나타나 있지만, 일반적으로 단국대학의 설립 정신을 단군(檀君)과 연계를 짓

13) 檀大30년사편찬위원회, 『檀國大學校30年史』, 단국대학교출판부, 1977, 80쪽.

14) 《(환국속간)독립신문》(백범학술원 영인본, 2012) 1947년 12월 3일자, 「檀國大學開校式 오늘 徽文講堂서」.

거나 단군의 홍익인간(弘益人間) 정신에서 찾고 있는 것 같다. 그러나 단국대학의 설립은 단군과는 거리가 있다. 단국대학의 설립 정신은 설립자의 정신, 그리고 대학을 설립하게 된 계기와 과정 등을 통해 찾아야 하지 않을까 한다.

단국대학은 독립운동가였던 장형에 의해 설립된 대학이다. 그리고 단국대학을 설립한 계기나 과정에 있어 대한민국 임시정부·김구 등 독립운동과 밀접한 관계가 있었다. 단국대학의 설립 정신을 찾아야 한다면, 이러한 것들을 근거로 하여 찾아야 한다고 생각한다. 단국대학의 설립 정신은 여러 가지로 규정할 수 있겠지만, '독립정신'을 단국대학의 설립 정신으로 보아야 하지 않을까 한다.

독립정신은 '애국(愛國)' '애족(愛族)'의 정신이다. 동시에 '불가능하다'는 것을 '가능하다'고 믿는 정신이기도 하다. 독립운동은 일제에게 빼앗긴 국토와 주권을 되찾기 위한 활동을 말한다. 그러나 객관적 상황으로 보면, 한국 민족의 독자적인 힘으로 독립운동을 전개하여 일제를 패망시키고 독립을 쟁취한다는 것은 사실상 불가능한 일이나 다름없었다.

독립운동의 상대는 일본 제국주의였다. 일제는 조그만 섬나라가 아니었다. 1910년 한반도를 차지하였고, 이어 계속적인 세력 팽창을 추진하고 있던 나라였다. 그리고 한반도를 기반으로 1931년에는 일본보다 다섯 배나 큰 만주를 점령하였고, 1937년에는 노구교사건을 일으켜 중국 대륙을 침략하였다. 일제의 세력 팽창은 여기서 멈추지 않았다. 태평양의 남양군도를 비롯하여 필리핀·인도네시아·말레이시아·베트남·버어마 등 동남아시아 전

지역을 차지하였고, 1941년에는 하와이 진주만을 선제 공격하여 미국과 태평양전쟁을 벌였다. 당시 미국이 최강 대국이었다는 점을 감안하면, 일제는 세계 제패를 시도하고 있었던 것이나 마찬가지였다.

독립운동은 세계 제패를 꿈꾸던 일제를 상대로 한 것이었다. 이러한 일제를 패망시키고 독립을 쟁취한다는 것은 불가능에 가까운 일이었다. 흔히 독립운동을 '계란으로 바위치기'에 비유한다. 계란을 던져 바위를 부수려고 하는 것이 독립운동이었다는 말이다. 계란으로 바위를 깨뜨릴 수 없다는 것은 삼척동자도 판단할 수 있다. 많은 인사들이 일제에 협력하는 길을 택하였던 데는 현실적으로 독립을 불가능하다고 생각하였기 때문이었다. 그렇지만 독립운동가들은 계란으로 바위를 부술 수 없다는 것을 알면서도, 바위를 향해 계란을 던졌다. 그것이 독립운동이었다.

단국대학은 계란으로 바위를 부술 수 있다고 여긴 독립운동가 장형이 설립한 학교이다. 장형은 독립운동 시기뿐만 아니라 해방 후 국내에 들어와서도 계란으로 바위를 부수려고 한 대한민국 임시정부, 그리고 김구와 함께 활동하였다. 이들과 함께 활동한 것을 계기로 설립한 것이 단국대학이었다. 이런 점에서 단국대학의 설립 정신은 '독립정신'에, 즉 '불가능하다'는 것을 '가능하다'고 믿는 독립정신에 두어야 하지 않을까 생각한다.

3. 단국대학의 정체성

1) 독립운동가가 설립한 대학

한국에서 대학이 설립되기 시작한 것은 해방 이후부터이다. 일제식민지 시기에 경성제국대학이 설립되었지만, 이는 일제에 의해 설립된 것이었다. 해방과 더불어 다양한 주체들이 대학 설립을 추진하였고, 미군정 시기에 모두 41개교가 설립되었다.[15] 대학을 설립한 주체로 보면, 몇 가지 유형으로 나누어 볼 수 있다.

하나는 미군정이 주도하여 대학을 설립한 경우이다. 미군정은 대한민국 임시정부 요인들이 대학 설립을 추진할 때, 경성제국대학을 중심으로 법학전문학교·의학전문학교·광산전문학교·공업전문학교·수원농림학교 등의 전문학교를 합쳐 대학 설립을 추진하였다. 이러한 방안은 1946년 7월 13일 국립서울대학안으로 발표되었다. 그리고 8월 27일 '국립서울대학교 설립에 관한 법령'을 공포하고, 미군 대위 앤스테드(Harry Bidwell Ansted)를 총장으로 임명하여 국립서울대학교를 설립하였다.[16]

둘째는 일제 시기의 전문학교가 종합대학으로 개편 승격한 경우이다. 보성전문학교·연희전문학교·이화여자전문학교 등의 전문학교들이 미군정청 문교부에 각각 고려대학교·연희대학교·이화여자대학교란 이름으로 종합대학 설립을 요청하였고, 미군정청

15) 柳東熙, 「美軍政期 大學設立에 관한 硏究」, 명지대 대학원 박사학위논문, 2001, 86쪽.

16) 서울대학교50년사편찬위원회, 『서울대학교50년사』 상, 서울대출판부, 1996, 9~10쪽.

에서는 1946년 8월 15일 이에 대해 일괄적으로 설립을 인가하였다.[17)]

셋째는 종교 재단에서 대학을 설립한 경우이다. 대표적인 예로 불교계에서 설립한 동국대학교를 들 수 있다. 불교계에서는 일제 식민지 시기에 혜화전문학교를 운영하다가 해방 직전 폐교되었다. 해방 후 불교계에서 이를 재건하기로 하였고, 중앙교무회의를 통해 기금을 마련하여 대학 설립을 신청하였다. 그리고 1946년 9월 20일자로 미군정청으로부터 동국대학교의 설립 인가를 받았다.

넷째는 지방의 유지인사들이 대학을 설립한 경우이다. 부산의 부산대학교와 동아대학교가 그러한 사례이다. 해방 후 부산 지역에서는 유지 인사들이 민립대학 설립추진위원회를 조직하고 대학 설립을 추진하였다. 추진 과정에서 의견이 나뉘어졌다. 일부 인사는 미군정청 문교부장 유억겸(兪億兼)과 연계하여 국립부산대학을 설립하였고, 일부 인사는 동아대학을 설립하였다.

다섯째는 독립운동을 전개하였던 세력이나 독립운동가들이 대학을 설립한 경우이다. 국민대학교 · 단국대학교 · 국학대학 · 신흥대학 등이 그러한 경우이다. 국민대학은, 앞에서 언급하였듯이, 대한민국 임시정부의 주도하에 설립되었다. 그리고 단국대학은 범정 선생에 의해 설립되었고, 국학대학은 정인보(鄭寅普)에 의해, 신흥대학은 임시정부 국무위원으로 활동하였던 이시영이 설립하였다.

대학 설립 주체로 보았을 때, 단국대학은 독립운동가가 설립한 대학에 해당된다. 독립운동가들에 의해 국민대학 · 단국대학 · 국학

17) 柳東熙, 「美軍政期 大學設立에 관한 연구」, 93쪽.

대학 · 신흥대학 등이 설립되었지만, 지금까지 남아 있는 것은 국민대학과 단국대학뿐이다. 신흥대학은 경희대학교가 차지하였고, 국학대학은 우석대학으로 되었다가 고려대학교로 편입되었으며, 국민대학의 경우는 1958년 재단이 바뀌었다. 이러한 점을 감안하면, 독립운동가가 설립한 대학으로 그 정신을 이어가며 현재까지 남아 있는 것은 단국대학뿐이라고 하겠다. 현재 2백여 개의 대학 중 단국대학이 유일하게 독립운동가가 세운 대학이다.

2) 대한민국임시정부와 김구의 독립정신을 계승한 대학

단국대학은 그 설립 계기와 과정에 있어 대한민국 임시정부, 그리고 백범 김구와 밀접한 관련이 있다. 설립자 범정이 대한민국 임시정부 및 김구와 깊은 관련을 맺고 있었고, 이것이 단국대학을 설립하는 데 커다란 작용을 한 것이다.

범정은 독립운동 시기부터 임시정부와 관련되어 활동하고 있었다. 앞에서 언급하였듯이 1921년 임시정부가 워싱턴에서 개최되는 태평양회의에 한국 문제를 상정시키기 위한 활동을 전개하고 있을 때, 그 활동에 참여한 것이다.

임시정부에 독립운동 자금을 전달하기도 하였다. 임시정부의 국무위원을 역임하였던 김승학(金承學)이 범정의 활동을 언급한 가운데 "현금과 패물 등을 수집하여 송병조(宋秉祚) 목사를 통해 임시정부 이시영에게 전달하였다"는 내용이 있다.[18] 송병조와 이시영은 1919년 상해에서 임시정부를 수립하고 1940년대까지 국

18) 金承學, 『韓國獨立史』, 獨立文化社, 1967, 712쪽.

무위원과 재무부장 등을 맡으며 임시정부를 유지 운영하였던 핵심 인사들이었다.

해방 후에도 임시정부와 관련을 맺고 활동하였다. 앞에서 언급하였듯이, 임시정부가 국내로 환국하여 주석 김구 · 부주석 김규식 · 외무부장 조소앙 · 내무부장 신익희를 중심으로 대학 설립을 추진하고 있을 때, 기성회의 이사로 참여하여 국민대학을 설립한 것이다. 특히 함께 대학 설립의 실무를 담당하였던 신익희는 당시 내무부 산하에 행정연구위원회와 정치공작대를 조직하고, 비밀리에 독립국가 건설과 임시정부의 조직을 지방으로 확대하는 임무를 수행하고 있었다.[19)]

범정은 백범 김구와도 각별한 관계에 있었다. 김구는, 잘 알려져 있듯이, 주석으로 임시정부를 이끌며 독립운동을 주도하였던 독립운동의 상징이나 다름없는 인물이었다. 범정이 언제부터 백범과 관계를 맺었는지는 명확하지 않지만, 해방 후 국내에서 각별한 관계를 맺으며 함께 활동하였다. 김구가 국내에 들어와 경교장에 머물면서 자주독립국가 건설과 통일정부수립을 추진하고 있을 때 함께 활동한 것이다.

범정은 백범과 함께 건국실천원양성소를 운영하였다. 건국실천원양성소(이하 건실로 약칭)는 1947년 3월 김구가 건국에 필요한 인재를 양성하기 위해 설립한 임시 교육기관이었고, 김구가 직접 소장을 맡았다. 이때 범정이 건실의 이사장을 맡아 소장 김구와 함께 활동한 것이다.[20)] 범정은 이사장으로 건실에 대해 재정적으

---

19) 한시준, 「海公 申翼熙와 대한민국임시정부」, 『한국근현대사연구』 41, 2007, 115쪽.

20) 대한민국 30년(1948년) 12월 19일자로 작성된 〈건국실천원양성소 第5

로 적극적인 후원을 하였다. 뿐만 아니라 자신을 물론이고 단국대학의 학장·교수·학생들을 건실에 참여시켰다. 부학장 김정실(金正實)로 하여금 건실의 이사를 맡도록 하였다. 그리고 자신이 직접 강사로 참여하여 국민사상(國民思想)이란 과목을 강의한 것을 비롯하여, 학장 장도빈(張道斌)과 교수 정낙진(丁洛鎭)은 강사로 국사(國史)와 민법(民法)을 강의하였다.[21)]

범정은 개인적으로도 백범과 각별한 관계에 있었다. 범정과 김구는 편지를 통해 수시로 연락을 하고 있던 관계였다. 백범의 아드님인 김신(金信) 장군은 자신이 '아버지의 편지를 장형 선생에게 전달하였다'고 하며,[22)] 또 장충식 명예총장도 자신이 편지를 전달하는 심부름을 하였다고 한다.[23)] 범정과 백범은 호형호제(呼兄呼弟)하는 사이였다. 백범이 범정의 집을 방문하였을 때 그 자리에 있었던 강재훈(姜在勳)은 범정이 백범에게 "형님이 이렇게 오셨으니 학생들에게 기억에 남을 만한 말씀을 해주시오"라고 했다고 하면서, "장형은 김구를 형님이라 불렀고 김구는 장형을 아우라고 불렀다"고 하였다.[24)]

백범이 범정의 집을 방문하고, 단국대학 졸업식에 참여하여 축

期受業生名簿〉(백범김구기념관 소장 자료)에 소장 김구, 이사장 장형

21) 이홍구, 「해방 후 백범 김구의 建國實踐員養成所의 설립과 운영」, 『백범과 민족운동연구』 6, 백범학술원, 2008, 317~338쪽.

22) 김신 장군의 증언(2011년 10월 19일, 백범김구선생기념사업협회 회장실에서 청취).

23) 장충식 명예총장의 증언(2007년 3월 17일 자택에서 이성규 교수와 함께 청취).

24) 姜在勳, 「白凡 金九선생과 梵亭 張炯선생」, 『梵亭言行錄』, 檀國人會, 1996, 154쪽.

사를 한 것도 이들의 각별한 관계를 말해주는 하나의 사례이다. 백범은 1948년 1월 종로구 내수동에 있는 범정의 집을 방문하였다. 단국대학 설립을 격려하기 위한 것이었다. 이때 내수동 집마당에서 찍은 사진이 두 장 전해지고 있다. 하나는 김구 · 장형 · 장도빈 · 엄항섭 · 박정숙 · 김정실 · 양주동이 함께 찍은 것이고, 다른 하나는 이들을 포함하여 단국대학 학생들과 함께 찍은 사진이다. 그리고 1948년 6월 단국대학 전문부 졸업식 때 백범이 참석하여 축사를 하는 사진도 남아 있다.

이상에서 언급한 것처럼 범정은 임시정부와 함께 활동하였고, 김구와도 각별한 관계를 맺고 있었다. 이것이 단국대학을 설립한 계기였다. 앞에서 언급하였듯이, 신익희가 임시정부와 한국독립당을 떠났을 때 그의 행위를 임시정부와 김구에 대한 '배신'으로 여긴 것도 이 때문이었고, 그것을 계기로 국민대학과 결별하고 단국대학을 설립한 것이다. 단국대학을 설립한 것은 임시정부와 김구의 독립정신을 잇기 위한 것이었다. 이런 점에서 보면 단국대학은 대한민국 임시정부와 김구의 독립정신을 계승하여 설립한 대학이라고 하겠다.

한 가지 더 언급할 것은 장형과 백범과의 관계는 후대에까지 계속되고 있다는 점이다. 장충식 명예총장이 백범김구선생기념사업협회 회장을 맡아 활동한 것이 그것을 말해준다. 장충식은 "아버지께서 평소 내게 간곡한 가르침을 주셨다"고 하면서, 그 첫 번째가 "독립운동가들의 가족을 돕는 일이 생기면 어떤 어려움이 있더라도 거절하거나 피하지 말라는 것이었다. 특별히 백범 김구 선생님을 추모하는 일에 정성껏 봉사하고 공을 들이라는 것이었다"

고 하였다.[25] 그는 아버지의 가르침을 어기지 않았고, 백범김구선생시해진상규명위원회의 위원장, 그리고 백범김구선생기념사업협회의 이사 · 부회장 · 회장 등을 맡아 활동하면서, 백범 선생의 추모 사업에 열정을 쏟았다.

3) 민족통일을 대비하는 대학

흔히 단국대학을 '단군'과 결부되어 설립된 것으로 생각한다. '단국'이란 교명 때문이다. '단국'이란 교명은 단군의 홍익인간(弘益人間)이란 건국 정신을 기리는 데서 나온 것이고, 단국대학은 단군에 뿌리를 두고 설립된 대학으로 이해하고 있다. 단국대학의 교사(校史)에도 '단국'이란 교명을 결정한 데 대해 다음과 같이 설명하고 있다.

> 우리 민족은 단일민족으로 국호야 어찌되었든 단군성조(檀君聖祖)의 한 자손으로 우리는 이 땅의 주인이며, 이 땅을 지키고, 이 나라를 번영시켜야 할 책임이 있는 것이야. 이 땅을 번영시키기 위해서는 무엇보다 온 국민이 올바른 교육을 받아야 되며, 그 올바른 교육이란 곧 단군성조의 홍익인간(弘益人間) 정신이라 믿으며, 그 정신은 단군으로부터 이어오는 하나의 핏줄의식을 강조하고, 그것을 이 나라 후손들이 가슴속에 심어서 나라사랑과 겨레사랑의 의욕을 고취해야 됨으로 교명을 단국대학이라 명명하고, 단군의 건국이념을 곧 건교이념(建校理念)으로 삼고자 하였기 때문일세.

---

25) 장충식, 『시대를 넘어 미래를 열다』, 노스보스, 2011, 355쪽.

> 내가 어린 나이였지만 나의 선친과 장도빈 선생님, 그리고 뜻을 같이 했던 분들이 모여 학교 이름을 놓고 여러 가지 말씀을 하는 것을 들었어요. 결국 국조(國祖) 단군(檀君)의 홍익인간(弘益人間)을 교육이념으로 하기 위해서는 단군에서 '단(檀)'자를 따고 애국사상을 고취하기 위해서는 애국에서 '국(國)'자를 따서 '단국'으로 하는 것이 좋겠다는 이야기를 하시면서 만족해 하셨어요.

이는 단국대학의 교명과 관련한 것으로, 앞의 인용문은 동문인 조동규가 범정으로부터 들었다는 하는 내용이고, 뒤의 것은 장충식 명예총장의 증언이라고 한다. 증언을 채록한 분들이 정확하게 기록하였을 것이지만, 장충식 명예총장의 증언은 앞부분이 누락된 것이 아닌가 생각된다.

필자도 몽골학과 이성규 교수와 함께 장충식 명예총장의 증언을 채록하는 작업을 진행한 적이 있었다. 그의 증언에 의하면 범정은 단국대학 설립을 추진하면서 여러 인사들을 만났다. 김구를 비롯하여 보성전문학교 시절부터 친구이면서 동료였던 민족주의 사학자 장도빈, 민족주의 사학자이면서 언론인이었던 안재홍(安在鴻), 대종교의 안호상(安浩相) 등 여러 분야의 인사들이었다. 장형은 이들에게 국민대학과 결별한 이유, 그리고 별도로 대학을 설립하고자 하는 취지 등을 설명하면서 교명에 대한 의견을 물었다고 한다. 인용문에 있는 "나의 선친과 장도빈 선생님, 그리고 뜻을 같이 했던 분들이 모여 학교 이름을 놓고 여러 가지 말씀을 하는 것을 들었어요"라는 것과 일치하는 증언이다.

이들과 만나 대학 설립에 관한 의견을 구하는 과정에서 학교의 이름이 '단국(檀國)'으로 결정되었다. 범정은 이들에게 교명에 대한 의견을 구하면서, '지금 임시정부와 김구가 나서서 남북통일과 통일정부수립을 주장하고 있는데, 학교의 이름은 남북통일에 기여하고 그것을 상징하는 의미를 담으면 좋겠다'는 의견을 피력하였다. 이에 대해 장도빈 · 안재홍 · 안호상 등은 '통일국가를 수립하려면 민족의 동질성을 찾아야 한다. 우리 민족은 단군의 자손이 아니냐. 남북을 막론하고 단군의 건국정신을 받아들여야 한다'는 의견을 내놓았다. 그리고 남북통일과 통일정부수립을 위해서는 단군의 건국정신을 고취해야 하고, 이러한 뜻에서 교명을 '단국'으로 결정하였다.

당시 범정은 정치 운동에는 참여하지 않았지만, 대한민국 임시정부와 김구의 정치 노선을 지지하고 있었다. 1946년 6월 3일 이승만이 정읍 발언을 통해 단독정부수립을 제의하면서, 해방 정국은 단독정부와 통일정부 문제를 둘러싸고 의견이 나뉘었다. 이때 임시정부와 김구는 남북이 각각 단독정부를 수립하면 민족은 분단되고, 민족이 분단되면 민족적 비극이 초래될 것이라고 하면서, 통일정부수립운동을 전개하고 있었다.

범정은 임시정부와 김구의 통일정부수립을 지지하면서, 대학의 이름에 이러한 뜻을 담고자 하였다. 그 결과 '단국'이라는 교명이 결정된 것이다. '단국'이란 교명을 결정하는 데는 단군도 관련되어 있지만, 단군의 정신을 담고자 하는 취지는 아니었다. 민족의 통일과 통일정부 수립의 희망을 담고자 한 것이 근본적인 취지였다. 이러한 의미에서 본다면, 단국대학은 민족통일을 바라고 이에 대비하는 대학으로 설립된 것이라 할 수 있다.

범정은 이러한 뜻을 후대에도 계속 이어지기를 바랐다. "남북한

이 같은 민족으로 화합하는 일이나 통일에 도움이 되는 일이라면 언제라도 앞장서야 한다"는 아버지의 가르침이 있었다는 장충식 명예총장의 증언이 그것이다.[26] 장충식 명예총장이 남북체육회담 대표로 남북단일팀을 구성하는 데, 대한적십자사 총재로 이산가족 상봉을 추진하는 등 남북교류와 통일운동에 앞장서서 활동한 것은 이러한 단국대학의 설립 정신을 실천한 것이라고 하겠다.

4. 맺음말

단국대학은 독립운동과 관련이 깊다. 무엇보다도 설립자인 범정 장형 선생이 독립운동가였다는 점에서 그렇다. 또 대학이 설립되는 계기와 과정도 대한민국 임시정부, 그리고 백범 김구 선생과 밀접한 관계가 있다.

범정은 일제식민지 시기에 서간도와 국내를 중심으로 독립운동을 전개하였던 독립운동가였다. 최근에 1914년 평양헌병대장이 조사 보고한 일제측의 정보 자료를 비롯하여, 임시정부의 활동에 참여한 자료 등, 그의 독립운동과 관련된 자료들이 연이어 발굴되고 있다. 그리고 1963년에 대한민국 정부로부터 독립운동의 공적으로 건국훈장 독립장을 받았으며, 독립운동가들의 시어록비를 세우는 독립기념관의 공원에 범정의 어록비도 건립되었다.

단국대학은 독립운동과 밀접한 관련 속에서 설립되었다. 범정은 해방 후 임시정부가 추진하는 대학 설립에 이사로 참여하여

26) 장충식, 『시대를 넘어 미래를 열다』, 노스보스, 2011, 356쪽.

국민대학을 설립하였고, 임시정부의 내무부장이었던 신익희(학장)와 함께 이사장으로 국민대학을 운영하였다. 그러다가 1947년 신익희가 임시정부와 한국독립당을 떠나 이승만 측에 가담하면서 국민대학과 결별하였다. 신익희가 임시정부와 김구를 배신한 것이라는 생각 때문이었다. 그리고 임시정부와 김구의 독립정신을 계승하는 대학의 설립을 추진하여, 그해 11월 단국대학을 설립한 것이다.

설립의 주체나 과정으로 보면, 단국대학을 설립한 정신은 '독립정신'이었다. 설립자가 독립운동가였고, 또 대한민국 임시정부와 김구의 독립정신을 계승하는 대학으로 설립되었다는 점에서 그렇다. 독립정신은 '애국' '애족'의 정신이기도 하지만, '불가능하다'는 것을 '가능하다'고 믿는 정신이기도 하다. 독립운동은 한반도와 아시아 전체를 점령하고 세계 최강 대국인 미국과 전쟁을 일으켜 세계 제패를 시도하던 일본을 상대로 한 것이었다. 객관적으로 보면, 한국 민족이 일본을 패망시키고 독립을 쟁취한다는 것을 불가능한 일이었다. 흔히 독립운동을 '계란으로 바위치기'에 비유하는 것도 이 때문이다. 그렇지만 독립운동가들은 '불가능하다'고 하는 것을 '가능하다'고 믿고 계란을 가지고 바위를 부수려고 하였다. '불가능하다'는 것을 '가능하다'고 믿는 독립정신, 이것이 바로 단국대학의 설립 정신이라고 할 수 있다.

단국대학은 다른 대학에서 찾아볼 수 없는, 즉 단국대학만이 갖고 있는 정체성이 있다. 하나는 독립운동가가 세운 대학이라는 점이다. 설립자인 범정은 독립운동가였다. 해방 후 임시정부를 비롯하여 독립운동가들이 대학을 설립하였다. 국민대학 · 단국대학 ·

국학대학 · 신흥대학 등이 그것이다. 지금까지 남아 있는 것은 단국대학과 국민대학뿐이다. 신흥대학은 경희대학이 차지하였고, 국학대학은 우석대학이 되었다가 고려대학으로 흡수되었다. 그리고 국민대학은 1958년 재단이 완전히 바뀌었다. 이로보면 독립운동가가 세우고 그 정신을 이어가고 있는 대학은 단국대학뿐이다.

둘째는 대한민국 임시정부와 김구의 독립정신을 계승한 대학이라는 점이다. 범정은 해방 후 귀국하여 임시정부가 추진하는 대학 설립에 이사로 참여하여 국민대학을 설립하였다. 그리고 김구와도 건국실천원양성소를 함께 운영하는 등 각별한 관계를 맺고 있었다. 그러나 신익희가 임시정부와 김구를 떠나 이승만 측에 합류한 것을 계기로, 국민대학과 결별하고 단국대학을 설립하였다. 결별한 이유는 임시정부와 김구를 배신하였다는 생각 때문이었고, 단국대학을 설립한 것은 임시정부와 김구의 독립정신을 계승하기 위해서였다.

셋째는 민족통일을 대비하는 대학이라는 점이다. 범정은 대학 설립을 추진하면서 장도빈 · 안재홍 · 안호상 등에게 교명에 대한 의견을 구하면서 "임시정부와 김구가 나서서 남북통일과 통일정부 수립을 주장하고 있는데, 학교의 이름은 남북통일에 기여하고 그것을 상징하는 의미를 담으면 좋겠다"고 하였다. 이에 '통일국가를 수립하려면 민족의 동질성을 찾아야 하는데, 우리 민족은 단군의 자손이 아니냐'며 교명을 '단국'으로 결정하였다고 한다. '단국'이란 교명은 단군에서 비롯된 것이 아니라, 남북통일과 통일정부 수립을 상징하는 의미를 담는 데서 비롯된 것이다.

이러한 단국대학의 설립 정신과 정체성은 대(代)를 이어 그 맥락이 계승되고 있다. 장충식 명예총장에 의하면 범정은 "독립운동가들의 가족을 돕는 일이라면 어떤 어려움이 있더라도 거절하거나 피하지 말라. 특별히 백범 김구 선생님을 추모하는 일에 정성껏 봉사하고 공을 들이라"는 것과 "남북한이 같은 민족으로 화합하는 일이나 통일에 도움이 되는 일이라면 언제라도 앞장서야 한다"는 가르침을 주었다고 한다.

장충식 명예총장은 범정의 가르침을 그대로 따라 실행하고 있다. 백범김구선생시해진상규명위원회 위원장을 비롯하여 백범김구선생기념사업협회의 이사 · 부회장 · 회장으로 활동하면서, 백범선생의 추모사업에 정성을 쏟은 것이다. 그리고 남북체육회담 대표로 남북단일팀을 구성하는 데, 또 대한적십자사 총재로 이산가족 상봉 등을 추진하면서 남북교류 및 통일운동에도 앞장서서 활동하였다. 단국대학의 설립 정신과 정체성은 설립자로부터 후대에 이르기까지 일관되게 이어져 오고 있다. 이는 다른 어떤 대학에서도 찾아볼 수 없는 단국대학만이 갖고 있는 독특한 점이다. 이에 대해 더 깊은 연구를 진행하고, 단국대학만이 갖고 있는 설립 정신과 정체성을 드러낼 필요가 있다고 생각한다.

한인의 단동 이주와 생활

문 종 철*

1. 머리말

단동(丹東)은 역사상에서 '안동(安東)'이라고 불리었는데 시기에 따라 '안동현'(1876~1965), '안동성'(1934~1949), '안동시'(1837~1965)로 행정구역이 여러 번 바뀌고 관할지역도 변화되곤 하다가 1949년에 안동성은 요동성(遼東省)으로 개칭되고 1965년에 '안동시'는 단동시로, '안동현'은 동구현(東溝縣)으로, 1994년에 동구현이 동항시(東港市)로 개칭되었고 관할지역도 지금의 진흥(振興), 원보(元寶), 진안(振安) 3개 구, 봉성(鳳城), 동강(東港) 2개 현급시, 관전만족자치현(寬甸滿族自治縣) 1개 현으로 변화되었다.

단동지구의 총 면적은 10,490평방 킬로미터이고 인구는 240여만 명(시내인구 69만 명)인데 그 중 약 1만7천 명의 우리 민족이 한족(漢族), 만족(滿族), 몽고족(蒙古族), 회족(回族), 석백족(錫伯族) 등 29개 민족과 잡거하여 남다른 특성을 갖게 되었다.

단동지구는 중국 요녕성 동남쪽에 자리 잡고 있으며 압록강을 두고 조선 평안북도와 서로 바라보며 남쪽에는 황해와 인접하고 있다. 독특한 역사와 지리 위치는 단동 한인으로 하여금 우리 민

* 요동대학교

족 연구사에서 가장 중요한 위치를 차지하게 되었다. 필자는 본문에서 단동지구 한인(조선족)의 이주, 경제 활동, 동립 운동, 교육 상황 등 여러 면에서 한인(조선족) 사회를 소개하고자 한다. 진술의 편리를 위하여 1945년 광복 전의 우리민족을 '한인'이라고 하고 그 후는 조선족으로 부르기로 한다.

2. 한인의 단동 이주와 인구 분포

『봉천통지(奉天通志)』에는 중국 수당시기(隋唐時期)에 단동지구에는 고구려인이 살고 있었는데 당 태종(唐太宗) 이세민(李世民)이 고구려를 멸망시키고 고구려인을 중국 장강(長江), 회수(淮河) 유역으로 이주시키고 남은 소수 유민은 밀려 들어오는 한족(漢族)에게 동화되었다고 기록되었다. 『수암현지(岫岩縣志)』에는 당조 말기 고구려 유족 박, 김, 백 등 성씨가 있었는데 연대가 유구하여 언어와 풍습이 완전히 현지 거민에 혼화되었다고 하였다.

중국 명청시기(明淸時期) 단동 동북쪽 압록강 유역에는 한인이 한족(漢族), 여진족(女眞族)과 잡거하고 있었다. 『주요석화(籌遼碩畫)』에는 압록강 서쪽과 탕참보(湯站堡) 동쪽 그리고 남북 강변 일대에 요동인과 고려인이 잡거하고 있었다고 하였다. 『요동지(遼東志)』에는 요동지구에 화인(華人)이 10명 중 7명이고, 여진인에게 귀화한 고려인이 10명 중 3명이라고 하였다.

중국 명 만력년간(明萬曆年間)에 명장 이성량(李成梁)이 관전(寬甸), 영전(永甸) 등 지방의 거주민을 강박적으로 이사시킴으로써 다수 한인은 조선반도로 도망가고 남은 유민은 여진족으로 귀화되었다.

1621년 여진족이 요동 70여 개 성을 돌파한 후 1627년과 1636년 전후로 두 차례나 조선반도를 침략하여 한인과 수많은 재물을 약탈하고 조선에서 통역관을 선발하여 중국으로 이주시켰다. 『봉성문가씨족보(鳳城文佳氏族譜)』에는 시조 문서(文瑞)는 원래 조선 옥상좌동(朝鮮玉尚左洞)에서 살고 있었는데 청 순치(清順治) 연간에 통역관으로 중국에 뽑혀 와서 봉성 이태자(鳳城二台子)에 거주하였고 후에 청만주팔기양백기(清滿洲八旗鑲白旗)에 편입되었다고 하였다. 봉성 이태자 문씨 가족은 오랜 세월을 거쳐 끝내 만족으로 융합되고 말았다.

청 강희(康熙) 연간 압록강 남쪽에 살고 있던 한인들은 중조 양국 정부의 금지령을 무시하고 압록강을 건너 단동 변경지대에 들어와서 농사를 짓고 사냥을 하기 시작하였다. 『동삼성기략(東三省記略)』에 따르면 그 때 한인은 다수가 봄과 여름에 압록강을 건너와서 모여 농사짓고 가을에 곡식을 거두어 조선으로 돌아가곤 하다가 후에 수확이 많아지자 아예 압록강 북안에서 집을 짓고 거주하게 되었다고 하였다.

18세기 중엽에 산동(山東), 하북(河北) 등 지방의 한족인들이 단동지구로 밀려 들어와서 압록강 연안 일대에서 사냥하고 농지를 개간하며 벌목하여 압록강과 바다로 운송하여 중국 남방에 가져다 팔았다고 하였다. 이 때에 한인은 한족들의 뱃사공[水手]으로 단동지구에 입주하였다. 『중화민국사료총고(中華民國史料叢稿)』에는 특히 1690년 후에 조선 북부 일대에 연년 재해를 입게 되면서부터 수많은 굶주림에 시달리는 한인들이 중조 양국 정부의 금지령을 어기고 가족을 데리고 목데(뗏목)를 타고 압록강을 건너 단동지구로 이주하였다고 기록하였다. 『안동성의 선인 이민 조사(安東省的鮮人移民調査)』에는 1845년 조선 평북 초산군(楚山郡) 80여 호 농민이 관전 하로하(寬甸下露河), 태평초(太平哨) 등 지방에 이주하여 황무지를 개간하고 농사를 지었다고 하였다.

1910년 일본제국주의가 조선반도를 점거한 후에 수 많은 한인은 제국주의 노예 생활을 견디지 못해 압록강을 건너 단동지구에 입주하였다. 조사에 의하면 당시 관전의 하로하(下露河)·홍통구(弘通溝)·보달원(步達遠)·진강(振江)·석주자(石柱子)·포석하(蒲石河), 봉성의 석성(石城)·대보(大堡)·동탕(東湯)·애양(靉陽), 동구(東溝)의 탕지(湯池)·소전자(小甸子)·용왕묘(龍王庙) 등 여러 곳에 모두 한인이 살고 있었다. 1905년 안동(지금의 단동시구와 동항시), 봉성, 관전 3개 현의 한인은 총 1,190여 호, 4,920여 명이었다. 1915년에 관전현만 해도 한인 수는 무려 2,040호, 11,307명에 달하였다. 1919년 3월 1일 조선반도에서 일본제국주의를 반대하는 3·1운동이 폭발한 후에 많은 지식분자와 애국자들이 일본제국주의의 체포와 살해를 피면하기 위하여 중국으로 망명하여 반일활동을 진행하였는데 그중 일부분은 단동지구에 이주하였다. 독립운동가 안병찬(安秉贊), 성석은(成錫殷) 등은 안동(지금 단동시) 구시가 풍순잔(舊市街 豊順棧)에서 반일 단체 '청년단(靑年團)'을 건립하였다. 1926년 봉성현 한인은 456호, 2,689명이었고, 안동현(단동시구와 동항시)은 1,752호, 8,260명, 관전현은 2,267호, 16,291명이었다.

1927년 중국 군벌통치자(軍閥統治者)들은 한인에 대해 배척 정책을 실시하였다. 군벌통치자들은 한인이 한족 지주에게서 임차한 땅을 몰수하고 한인 학교를 폐쇄시키는 등 한인을 강박적으로 조선반도로 내몰았다. 이 때문에 이 시기에는 단동지구의 한인 인구가 많이 줄어들었다. 1930년에 관전현만 해도 한인 인구가 1,259호, 8,171명으로 줄어들었다. 1931년 일본제국주의가 9 · 18사변을 발동하여 중국 동북이 일본제국주의의 식민지로 전락한 후부터 중국과 조선반도 사이의 변경 관리가 해이해지자 수많은 조선반도에서 사는 한인들이 생계를 위하여 단동지구로 이주하였다. 1936년에 김충호(金忠浩) 등 한인 농민들은 조선 신의주(新義州)에서 안동현(지금 동항시) 소전자(小甸子)에 이주하여 한족지주 조익산(曹益山)에게서 황무지 250무[편집자 주: 무(畝)는 조선시대 임야의 면적 단위. 1무는 30평이므로 7,500여 평으로 추산됨]를 임차하여 농사를 하였다. 1940년에 봉성현(지금 봉성시) 인구는 9,690명, 관전현은 8,927명, 안동현(지금의 단동시와 동항시)은 24,231명, 총 인구는 42,848명으로 급격히 늘어났다. 1945년 단동지구의 한인은 광복을 맞이하면서 대다수가 조선반도로 돌아가 단동지구의 한인 인구는 급격히 줄어들었다.

1949년 중화인민공화국이 성립된 후 단동지구 조선족(한인) 인구는 변화가 빈번하였다. 1952년 단동지구의 일부분 조선족은 공산당과 인민정부의 호소에 호응하여 내지로 이주하였는데 관전현만해도 약 3,000여 명의 조선족이 땅이 넓은 흑룡강성으로 이주하였다. 1953년 단동지구 조선족 인구는 18,298명이었는데 그중 시구 인구가 1,459명, 관전현이 11,124명, 봉성현이 5,787명, 동구현(지금 동항시)이 314명이었다. 6 · 25전쟁이 끝난 후 단동지구의 일부 조선족인은 전후 조선 건설에 참가하기 위하여 조선으로 이주하였다. 1959년 단동시구 조선족은 130호, 653명이 조선 건설로 조선에 이주하였다. 1960년대 재해로 인해 많은 조선족이 단동지구를 떠나 외지로 이사하였다. 1964년에 단동지구 조선족 인구는 14,719명으로 줄었는데 그 중 시구 인구가 1,627명, 관전현이 9,017명, 봉성현이 3,306명, 동구현이 769명이었다. 문화대혁명(文化大革命) 시기에 벼농사가 제한을 받고 조선족 학교가 폐지되자 일부분 조선족은 심양(沈陽), 길림(吉林) 등 외지로 이사하였다. 1978년에 단동지구 조선족 인구는 11,191명밖에 남지 않았는데 그중 시구 인구는 1,544명, 관전현은 6,017명, 봉성현은 2,660명, 동구현은 1,000명(많은 논밭으로 인해 한인 인구가 늘어남)이었다. 1979년부터 인민정부에서 공산당의 민족 정책을 관철 집행하면서 조선족 학교를 회복시키고 조선족의 벼농사를 지지하여 조선족 인구가 점점 늘어나기 시작하였다. 1982년에 단동지구 조선족 인구는 13,215명으로 늘었는데 그중 시구 인구가 2,388명, 관전현이 6,100명, 봉성현이 3,669명, 동구현이 1,058명이었다. 그리고 중국의 개혁개방 정책이 심도 있게 진행됨에 따라 단동지구 조선족 사회도 크게 변화하여 외지 조선족인의 주목을 끌게 되었다. 1990년 제4차 인구조사에 따르면 단동지구 조선족 총인구는 14,888명인데, 그 중 시구 인구가 3,539명, 관전현이 6,193명, 봉성현이 3,740명, 동구현이 1,417명이다. 조선과 변경 무역을 하기 위하여 전국 각지의 조선족 상인이 단동 시내에 입주하여 조선족 인구가 지속적으로 늘어났다. 1998년에 단동지구 조선족 인구는 16,493명인데 시구 인구가 3,539명, 봉성시는 4,146명, 관전만족자치현은 6,844명, 동항시 1,566명이다. 『제6차전국인구조사(第六次全國人口調查)』에 따르면 지금 단동지구 조선족 인구 총 수는 16,974명인데 진홍구는 4,995명, 원보구는 1,299명, 짐안구는 792명, 경제개발구는 393명, 봉성시는 2,819명, 동항시는 2,385명, 관전만족자치현은 4,291명이다.

단동지구는 조선 평안도와 인접하였기 때문에 대다수가 평안도에서 이주하였다. 조사에 따르면 단동지구 조선족의 본적은 주로 아래와 같다.

평안도 : 신의주(新義州), 의주(義州), 청수(淸水), 삭주(朔州), 벽동(碧潼), 창성(昌城), 용천(龍川), 선천(宣川), 정주(定州), 태주(泰州), 평양(平壤) 등.

경상도 : 경주(慶州), 안동(安東), 상주(尚州), 선산(善山), 창녕(昌寧), 울산(蔚山), 영천(永川) 등.

황해도 : 개성(開城) 등.

강원도 : 울진(蔚珍) 등

전라도 : 김제(金堤) 등.

경기도 : 서울(漢城) 등.

95% 이상이 조선 평안도이고 주로 관전만족자치현의 하로하(下露河) · 진강(振江) · 영전(永甸) · 보산(寶山) · 보달원(步達遠) · 청의산(青椅山) · 고루자(古樓子) · 관전진(寬甸鎭), 봉성시의 초하(草河) · 백기(白旗) · 애양(靉陽) · 제형산(弟兄山) · 변문(邊門) · 석성(石城) · 동탕(東湯) · 봉성진(鳳城鎭), 동항시의 전양(前陽) · 양수(楊樹) · 동항진(東港鎭)과 단동 시내의 삼마로(三馬路) · 오룡배

(五龍背) 등 지방에 분포되어 있다. 그리고 경상도와 기타 도의 조선족은 주로 봉성시 대보(大堡)·봉성진과 단동시내 삼마로에 분포되어 있다.

3. 단동지구 한인의 경제생활

1) 단동지구 한인의 수전 개발

단동지구에 이주한 한인 인구의 90% 이상이 농민으로서 주로 벼농사를 하였다. 그때 한인 농민은 대부분 돈 한 푼, 밭 한 고랑 없는 소작인이었다. 『중화민국사료총고』에는 한인 농민의 98%가 소작인이어서 지주의 땅을 빌어 농사짓고 생활을 유지하였다고 기록하였다. 『안동성의 선인 이민 조사(在安東省的鮮人移民調查)』에는 1845년 평안북도 초산군(楚山郡) 80여 호 농민이 관전 하로하·태평초 등지에 이주했는데 그 다음 해부터 논을 개척하고 벼농사를 지었다고 하였다. 1861년 안동 삼도랑두(三道浪頭)에 사는 한인은 벼농사에 성공하여 추운 동북지역의 벼농사 역사를 시작하였다. 그 후로부터 단동지구의 백채지(白菜地)·맥월산(脉月山)·소단산(小團山)·사리채(沙里寨)·탕산성(湯山城) 등 지방은 수전을 개척하고 벼농사를 시작하였다. 1907년 안동현 탕지향(湯池鄕) 30여 호 한인은 한족 지주 양신흥(梁新興)의 80여 무(畝)의 황무지를 임대하여 벼농사를 하였다.

중국의 신해혁명(辛亥革命) 후에 단동지구 한인은 대규모로 벼농사를 하였다. 1916년 한인 이귀상(李貴相)은 안동현 전양석불촌(前陽石佛村) 한족 지주 심(沈)씨와 강(姜)씨네 알칼리성 토지[鹽碱地] 500여 무를 사서 수전(水田)으로 만들고 벼농사를 하였다. 1928년 한인 이의선(李義善), 홍찬명(洪贊明) 등 농민은 봉성현 황기(黃旗), 홍기(紅旗) 일대에서 수전 무려 1,600여 무를 개척하였다. 1921년부터 1931년까지 봉성현 대보에 사는 김정선(金正善)·김보준(金寶俊)·홍택룡(洪澤龍)·김내운(金乃云) 등 한인 농민은 한족 농민의 도움으로 인공 수로를 개척하여 물을 끌어들여 무려 3,780여 무의 수전을 만들었다. 관전현 통강촌(通江村) 한인 농민 계항운(桂恒運)·김구택(金久澤)·김운룡(金云龍)·김재원(金在元) 등은 선후로 1,000여 무의 수전을 만들고 벼농사를 하였다. 1931년 9·18사변 후에 김성운(金成允)·홍순욱(洪淳郁) 등은 봉성현 습인촌(習寅村) 보산(寶山), 봉산 주가보(鳳山周家堡) 등에서 수전 2,500여 무를 개척하였다. 1932년 안동민회(安東民會)의 통계에 따르면 단동지구 700호 한인 농민이 무려 수전 27,860무를 개척했는데 평균 매호가 39무나 개척하였다. 그중 관전현 팔하탄(八河灘) 13호, 71명이 750무, 호당 57.6무, 인당 10.5무이고 봉성현 대보 50호, 261명이 3,780무, 호당 615무, 인당 14.5무에 달하였다.

〈표 1〉 1932년 단동지구 한인의 수전 개척 면적 통계

구 역	수전면적(무)	농 가	
		호 수	인 구
안동현(단동시구+동항시)	4,368	181	1,057
관전현	10,020	299	1,740
봉성현	13,472	220	1,172
합 계	27,860	700	6,360

* 1무는 30평에 해당

동북 지구가 일본제국주의의 식민지로 변화된 후 일본제국주의는 미친듯이 약탈을 시작하였다. 제국주의자들은 한인 농민들의 벼 농사에 대해 '보호정책'을 실시함으로써 단동지구의 수전 면적이 대폭적으로 늘어났다. 1935년에 단동지구 수전 면적은 15만8천 무로 늘어났는데 총생산량은 5천54만4천 근(편집자 주: 중국의 1근은 500g에 해당되므로 25,270톤으로 추산됨)에 달하였다. 1945년 광복전에 봉성현 대보(大堡)·백기(白旗)·보산(寶山)·홍기(紅旗)·탕산성(湯山城)·봉성진(鳳城鎭)·초하(草河)·애양(靉陽)·장가보(張家堡)·석성(石城) 등 지방의 한인 농민이 개척한 수전 면적은 3만5천 무에 달하였다. 단동지구 한인 농민들은 수많은 수전을 개척하고 벼농사를 하였지만 생활은 여전히 어려웠다. 그 때 논밭을 상·중·하로 구분했는데 수전 매 천지(天地, 1천지=12무)에 벼 생산량은 상급 17~18석(1석=100근), 중급 15~16석, 하급 10석 가량되었다. 그런데 한인 농민이 지주에게 상급 60%, 중급 50%, 하급 40%를 납부해야 했고 또 각종 세와 비용을 납부한 후에 남은 것은 별로 없었다.

1947년 단동지구는 공산당의 영도하에 토지개혁(土地改革)이

시작되면서 조선족 농민은 자기의 토지를 얻게 되었다. 1948년 봉성현에는 조선족 농민 5,534명이 수전 5,488무를 분배받았는데 평균 인당 0.99무이었다. 1949년 새 중국이 건립된 후 공산당과 인민정부에서는 벼농사를 지지하여 조선족 농민의 적극성을 불러일으켰다. 1957년 안동시교 오룡배(五龍背)에 사는 조선족 농민은 반복적인 실험을 통해 냉상(冷床)에 벼모를 기르는 기술을 성공시켜 생산량을 무당 200근이나 늘려 벼농사의 새로운 역사로 기록되었다. 신문 《안동일보》와 《요녕일보》에서 선후로 냉상에 벼모를 기르는 기술을 소개하였다. 문화대혁명 시기에 단동지구는 곡식의 생산량을 늘인다는 명분을 걸고 수전을 옥수수 밭으로 바꾸면서 조선족 농민의 벼농사에 큰 영향을 끼쳤다. 1976년 관전현 보달원향 신흥촌(步達遠鄕 新興村)의 조선족 농민의 수전 140무가 80무로 줄어들었다. 중국공산당 11기 3중전회(中國共産黨第十一屆三中全會) 후에 단동지구는 '책임제'를 실시하면서 농민들의 생산 적극성을 불러일으켜 조선족 농민들의 벼농사의 생산량도 많이 늘어났다. 특히 조선족 농민들은 전통적인 벼농사의 구속에서 벗어나 도시로 진출하여 수입을 늘이고 생활수준도 놀랍게 변화되고 있다.

2) 단동지구 한인의 공상업

해방 전 단동지구의 한인 공상업도 상당히 발전하였다. 1887년 관전현 하로하(下露河) 등지에서 거주하는 한인은 광석으로 금석을 제련하여 생산과 생활에 사용하는 도구와 그릇들을 만들었다.

조사에 따르면 한인 서병옥(徐炳玉)과 지형호(池亨浩)·양윤호(楊允浩) 등은 만보동광(萬寶銅礦)에서 동과 철을 제련하여 고려솥 등 각종 생활용품을 만들었다고 한다. 1911년 신해혁명 후에 단동지구의 한인 공업으로는 주로 정미소, 운수, 목재가공, 종이상자 제작 등의 공장이 있었는데 그 중 정미소가 가장 번창하였다. 봉성진에 한인 백원락(白元洛)·김서직(金瑞稷)·백룡기(白龍基)가 합자 경영하는 동성정미소(東星精米所)는 규모가 가장 컸다. 『안동공상명감(安東工商名監)』에는 1927년 단동지구에 한인 공업이 10여 개 분야로 분류되어 있는데 정미소 7개, 운송 회사 6개, 그리고 종이상자 제작, 인쇄 등의 기업이 있었다. 김영하(金榮河)가 경영하는 고려회사(高麗公司)에 속하는 정미소는 정미기계가 12대였는데 연간 정미량은 7만2천 킬로그램이었고 현미(玄米) 36만 킬로그램이었다. 그리고 무역회사 9개, 상점 18개, 여관 5개, 요리집 8개, 이발관 1개가 있었다. 『안동부속지개황(安東附屬地概況)』에는 1939년 단동지구 한인 공업 10여 종으로 기업이 몇 십 개에 달한다고 기록되었는데 주로 정미, 목제가공, 인쇄, 기계, 고무가공, 운송, 금속가공 등의 기업이었다. 상업기업 100여 개, 10여 종류인데 그 중 상점이 40개, 냉면점 12개, 여관 7개이고 그 외에 이발관, 사진관, 각종 주식회사와 무역회사가 있었다. 1941년 한인 송산정오(松山正午)는 관전진에서 유동천(裕東泉) 양주공장을 세웠는데 공인(工人)이 20여 명이나 되었다.

1945년 '광복'을 맞으면서 단동지구의 조선족 공상업자들은 대다수가 조선반도로 이주하고 남은 공상업자들은 국가 집체기업의 노동자로 되었다. 그리고 어떤 기업자는 농촌에 내려가 농사를 짓게 되었다. 새 중국이 건립된 후 모든 공상기업은 국가에 속하였다. 중국공산당과 인민정부에서 개혁개방 정책을 실시하면서부터 단동지구에는 조선족의 공상기업이 나타났다. 주로 정미 공장, 기계 공장, 가열관 공장, 목재가공 공장, 벽돌 공장, 복장제조 공장, 여관, 요리집, 무역회사, 양식장 등이 나타났다.

4. 단동 한인의 독립운동

단동지구 한인의 독립운동은 주로 관전현 산악 지역에서 전개되었다. 1896년 의병의 반일투쟁이 조선 봉건정부와 일본제국주의의 진압으로 인해 불가피하게 중국 동북 지역으로 이주하게 되었다. 그때 일부 의병 단체가 단동 동북 산악 지역에 잠입하여 관전현의 향로구(香爐溝)·홍통구(紅通溝)·현양랍자(玄羊砬子)·누방(樓房)·보달원(步達遠)·하로하(下露河) 등 지방에서 숙영지를 만들고 반일 투쟁을 진행하였다. 보달원·고령지(高岭地)·간구자(干溝子) 일대에만 해도 의병 250여 명이 주둔하였다. 1907년 보달원·고령지 일대에 주둔하고 있는 의병 수령 유인석(柳麟錫)은 동변도(東邊道)를 근거지로 하여 반일 투쟁을 유지하는 '북계책략(北計策略)'을 제기하였다.

1910년 한일합병(韓日合併) 후에 조선반도는 일본 제국주의의 식민지로 전락되었다. 이때에 의병 장병들은 망국의 한을 품고 동변도 압록강반에서 반일 단체를 조성하여 반일 투쟁을 계속하였다. 1913년 3월에 조선 독립운동 13도 의병부 총재인 백삼규(白

三圭)가 관전현 평정산(平定山), 아하(雅河)에서 '향약회(鄕約會)'를 세우고 조병준(趙秉准)·전덕원(全德元) 등 의병 장령이 향로구에서 '농무계(農務契)' 등 반일 단체를 건립하여 민족주의 사상을 전파하고 한인 이주민을 모집하여 군용 자금을 모았다. 1914년 반일 투사 조맹선(趙孟善)·박화남(朴化南)·문경빈(文景斌)·김명봉(金明奉)·서도신(徐道信) 등은 관전현 하로하(下路河)·연강(連江), 통강(通江) 등 지방에서 '한조독립단(韓朝獨立團)'을 세웠다. 유림파(儒林派) 애국 지사들과 학생 기독교 신자들이 주요 성원이었는데 혼강(渾江) 양쪽의 관전, 환인(桓仁) 산간 지대를 근거지로 하고 일본 경찰소를 습격하고 헌병들을 살상하였다.

1919년 조선반도에서 '3·1 반일운동'이 폭발한 후 동북 지역에서 거주하고 있는 한인들도 반일 시위를 모집하였다. 3월 12일부터 4월 22일까지 관전진과 관전보달원·하로하·모전자(毛甸子), 황구(荒溝) 등 지방에서 한인들이 반일 집회를 가졌고 시위를 하면서 일본제국주의가 조선반도에 대한 침략과 통치를 격렬히 규탄하였다. 4월 말에 한인 안병찬(安炳贊)·조재건(趙在健)·성석은(成錫殷)·오학수(吳學珠)·지중진(池中振)·박승우(朴承祐) 등 혁명 지사들은 일본제국주의의 박해를 피하고 조선독립의 길을 찾기 위해 압록강을 건너 단동지구로 잠입하였다. 그들은 안동구시가 풍순잔에서 '대한독립청년단'을 조직하였는데 안병찬이 총재직을 맡았다. 안병찬·조재건·박승우 등 7명 의사는 반일 활동할 때 일본 경찰에게 체포되어 조선반도로 압송되어 심판을 받게 되었다. 그런데 안병찬은 1년 6개월 후에 병으로 출옥하였다. 그는 관전현 홍통구에 와서 오동진(吳東振)·김승만(金承萬)·김시점(金時漸) 등 반일 투사들과 함께 청년 반일 단체를 연합하여 새로운 반일 단체를 건립하기 위해 분주하였다. 1919년 11월 26일에 '대한청년연합회'가 성립되었는데 회원 수는 무려 3만여 명에 달했다고 한다. 1920년 봄 현암철(玄庵哲) · 이원호(李源浩) · 현정경(玄正卿) 등은 관전현 향로구에서 유지 지사를 모집하여 반일 무장 단체 '광한단(光韓團)'을 건립하였다. 동년 4월 19일에 조선의용대(朝鮮義勇隊)가 조성되었다. 그 해 6월에 조선의용대와 대한독립단, 서로군정서, 광복단 · 광한단 · 의열단 등 반일 단체가 연합하여 전투력이 있는 무장 단체 광복군사령부를 조성했는데 모두 6개영, 3,800여 명이나 되었다. 광복군은 소규모의 무장대오를 파견하여 압록강을 건너 평안북도 벽동(碧潼), 창성(昌城), 의주(義州) 등 지방의 일본 경찰소를 습격하고 일본 관원과 매국자들을 암살하였다. 그리고 한인을 소집하여 반일 독립사상을 선전하고 자금을 모으고 부대를 확장하였다.

1920년 10월 일본제국주의는 경신년 대토벌을 시작하였다. 일본 관동군 보병 제19연대와 기마병 제20연대는 독립군을 소멸하기 위하여 압록강을 건너 관전 산간 지역으로 덮쳐들었다. 일본군은 가는 곳마다 불을 지르고 무고한 마을 사람들을 잔인하게 살해하였다. 『관전향토교재(寬甸鄉土敎材)』에는 당시 상황을 아래와 같이 기록하였다.

> 1920년 가을 일본군은 관전에서 한인 70명을 체포하였는데 삼도구(三道溝)에서 7, 8명을 생매장하고 포도가령(葡萄架岭)에서 10여 명을 살해하고 기타 사람들은 행방불명하였다.
>
> 일본군은 관전현 홍통구에서 한국독립군 책임자 안병찬 등 3명

을 체포하여 살해하려 할 때 현지 관원이 소식을 듣고 달려와 저지하였다. 후에 안병찬 등은 관전현 정부로 압송되었는데 현지사(縣知事) 황조안(黃祖安)이 그들을 풀어주었다.

일본군은 독립군에 대해 미친 듯이 토벌하여 광복군은 큰 손실을 입게 되었다. 광복군사령부는 부대를 분산시키고 산속에서 계속 항일투쟁을 할 수밖에 없었다. 제2영 영장 오동진은 관전 산간 지대에서 일본군과 전투를 벌였다. 오동진은 적극적으로 부대를 정돈하고 병력을 모집하고 무기를 사들여 광복군 총영을 편성하였다. 1920년 6월부터 1921년 3월까지 광복군은 일본군과 78차례나 전투를 벌였고, 일본 경찰소 56개를 습격했으며, 사무소 29개를 불태워버렸고, 일본 경찰 95명을 처형하였다. 1921년 4월에 향로구, 홍통구 일대에서 활동하는 광한단, 광복단 등 7개 독립 단체가 연합되어 통군부(統軍府)가 편성되었다. 동년 9월 광복군총영은 통군부와 연합하여 통일부가 편성되었는데 광복군총영을 핵심으로 하는 무장 부대로서 9개 중대, 46개 소대, 인원수는 무려 1,200여 명이나 되었다. 이 부대는 주로 관전, 환인(桓仁), 신빈(新賓) 등 산간 지역에서 활동하였다. 1923년 5월 독립군 장령 최지풍(崔志豊)이 부대를 거느리고 조선 평안도 창성군(昌城郡), 초산군(楚山郡)을 습격하고 사무소를 태워버렸다. 6월 의주군(義州郡)을 습격하여 일본군 10여 명을 쏴 죽였다. 1924년 11월 동변도(東邊道) 8개 반일 단체가 연합하여 정의부(正義府)가 편성되었고 다음 해 동북 지역에서 활동하는 반일 단체들이 연합하여 참의부(參義府)와 신민부(新民府)로 편성되어 3개부가 형성되었다. 정의부는 관전에서 관할지역을 설치하였는데 관서총관(寬西總管)

은 김항해(金亢海), 관동총관(寬東總管)은 이익진(李益珍), 관남총관(寬南總管)은 한재조(韓在朝)였다. 그리고 검무감(檢務監), 검무원(檢務員), 서기(書記) 등 직무를 설치하였는데 주로 군용 물자와 자금을 모으는 책임을 지었다. 1929년 4월에 정의부, 참의부와 신민부가 합병하여 국민부(國民府)가 형성되어 중앙위원회가 조성되고 조선혁명군이 창건되었다. 1930년 관전 일대의 독립군 사무는 국민부에서 사람을 파견하여 관리하였는데 김보안(金保安)이 총장직을 맡고 강옥성(康玉成)이 연장(連長)직을 맡았으며 김석산(金石山)이 부연장, 오동오(吳東梧)가 경무감(警務監), 강창봉(姜昌鳳), 김대호(金大浩), 김병수(金炳洙)가 경무원(警務員)직을 맡았다. 그리고 관동, 관서에 지방공소(地方公所)와 백가장(百家長), 십가장(十家長) 등 관직을 설치하였다.

1931년 9·18사변 후, 중국 동북 지역 각지에서는 항일 불길이 세차게 타올랐다. 1932년 4월 중국 동북군 제1단 단장 당취오(唐聚五)는 동북군 사령 장학량(張學良)의 명령을 받고 요녕성 환인(桓仁)에 와서 요녕민중자위군을 건립하고 항일 투쟁을 선포하였다. 조선혁명군 부사령 양세봉(梁世峰)은 200여 명의 관병을 거느리고 요녕민중자위군에 의탁하였다. 그해 7월 16일 독립군 문영찬(文英燦)은 특무대을 거느리고 요녕민중자위군 제5군 장종주(張宗周)부대와 함께 관전과 환인의 교차 지역 간천령(刊川嶺)에서 괴뢰군[僞軍] 사령 서문해(徐文海)가 거느린 800여 명 괴뢰군과 격렬한 전투를 벌여 40여 명을 격살하였고 많은 무기와 탄약을 노획하였다. 동년 독립군 사령 박대호(朴大浩)가 부대를 거느리고 관전 동부 산간 지역에 진입하여 군사부(軍事部)를 설립했는데 박대호가 부장직을 맏고 홍근산(洪根山), 최응선(崔應善), 김석하(金錫夏), 문학빈(文學彬) 등이 대대장직을 맡았으며 대대 안에 중대와 소대가 있었다. 박대호는 독립군을 거느리고 주로 관전의 보달원, 태평초, 대천두(大川頭), 협피구(夾皮溝), 모전자(毛甸子) 등 곳에서 항일 투쟁을 벌였다. 11월에 조선혁명군 총사령 양하산(梁荷山)이 관병 30여 명을 거느리고 하로하(下露河) 일대에서 청년들을 모집하고 부대를 확대하여 지방대(地方隊)를 조성하였다.

조선 초산 수비대는 양하산이 거느린 조선혁명군을 소멸하기 위하여 대규모적인 토벌을 시작하였다. 양하산은 산간 지역의 유리한 지형을 이용하여 적들과 유격전을 벌였다. 1933년 1월 16일에 양하산이 경위부대 10여 명을 거느리고 관전현 하로하 연강사도구(連江四道溝)에서 숙영할 때 일본군이 마을을 포위하였다. 양하산은 포위망을 뚫고 마을 밖으로 이동하면서 적들과 격렬한 전투를 벌였다. 그러나 수많은 적을 이기지 못하고 양하산을 비롯한 조선혁명군 경비대 관병은 모두 장렬히 전사하였다.

1933년 4월 일본군과 괴뢰군은 더욱 미친듯이 조선혁명군과 독립군에 대한 토벌을 발동하였다. 신빈, 환인 등 지방에서 활동하던 독립군 일부는 관전현 하구(河口), 고루자, 하로하, 입고초(砬古哨) 일대에 진입하여 요녕민중자위군 왕봉각(王鳳閣)부와 연계를 갖고 중한항일동맹을 건립하고 양정우(楊靖宇)가 거느린 항일연군과 통일전선을 맺었다. 1934년 10월 독립군 제4차 전체회의에서 고이허(高而墟)를 비롯한 조선혁명군정부 집행위원회를 조성하고 국민부를 취소시켰다. 1935년 일본군은 조선혁명군에 대한 토벌을 감행하였다. 적들은 가는 곳마다 재물을 빼앗고 불을 지르고 무고한 서민들을 몰살하였다. 일본군의 '삼광정책(三光政策)[편집자 주: 항일 무장투쟁을 말살하기 위해 벌인 일본군의 탄압정책. 소광(燒光), 살광(殺光), 창광(搶光)으로 해당 지역의 모든 것을 태우고, 모두 죽이고, 모든 재화를 약탈하여 황폐화시키는 데 주력했다]으로 조선혁명군은 전례 없는 피해를 입고 곤경에 처하게 하였다. 조선혁명군정부 집행위원장 고이허는 관전 보달원 간구자(干溝子)에서 체포되었고, 외교관 홍심원(洪深元)은 태평초 탕석구(湯石溝)에서 체포되었다. 1936년 6월에 관전 하로하에서 항일 투쟁을 견지하고 있던 박대호(朴大浩)가 거느린 부대는 항일연군에 가입하여 중국공산당의 영도하에 항일투쟁을 하게 되었다.

5. 단동 한인의 교육 상황

단동지구의 한인 교육 체계는 소학교(초등학교), 초등중학교(중학교), 고등중학교 (고등학교), 성인교육으로 조성되었다.

1) 소학교육

민국 초기(편집자 주: 신해혁명의 결과로 1911년 건국한 중화민국의 초기) 단동지구에는 한인 소학교가 설립되었다. 관전, 봉성, 안동 등 지방에 한인이 집중 거주하는 곳에는 서당과 사숙(私塾)이 있었다. 1914년 안동소학교에는 안동성향한인소학(安東城鄕

韓人小學)이 설치되어 있었다. 1917년 안동소학교는 안동보통학교로 개칭하고 전면적으로 한인 학생을 모집하였다. 20년대 후에 관전, 봉성 등 한인 집거 지역에는 선후로 한인 사립학교가 설립되었다. 수업 과정은 조선어문, 한어(漢語), 계산(計算), 역사(歷史), 지리(地理), 도화(圖畵), 체육(體育) 등이었다.

〈표 2〉 20년대 단동지구 한인 사숙(私塾) 상황

학교명칭	소재지	개교시기	교사수	학생수
이도외자의숙(二道崴子義塾)	안동(安東)	1929.8	1	21
섭리수의숙(接梨樹義塾)	안동(安東)	1929.8	1	20
혼수포의숙(渾水泡義塾)	안동(安東)	1929.8	1	29
괘강구의숙(褂綱溝義塾)	안동(安東)	1923.3	1	26
대보사립학교(大堡私立學校)	봉성(鳳城)	-	1	30
석성서구사립학교(石城西溝私立學校)	봉성(鳳城)	-	1	20
석성동두욕명신소학(石城東頭峪明新小學)	봉성(鳳城)	-	1	20
봉성보통소학(鳳城普通小學)	봉성(鳳城)	-	2	60
하로하소학(下路河小學)	관전(寬甸)	-	5	150

1931년에서부터 1945년까지 관전현 하로하·입고초(砬古哨), 봉성현의 대보(大堡)·석성(石城)·백기(白旗)·동탕(東湯)·계관산(鷄冠山)·고려문(高麗門), 안동현(今東港)의 소전자(小甸子) 등 곳에는 한인 학교가 설립되었다. 그중 관전입고초국민우급학교(寬甸砬古哨國民優級學校)에는 선생 30명이었고 학생이 무려 500여 명에 달하였다. 하로하국민학교(下露河國民學校)에는 선생 5명이고 학생이 150명이었다. 1932년 봄에 봉성진의 한인 사립학교를

기초로 하여 정부에서 관리하고 민간에서 돕는 형식으로 한인학교를 설립했는데 이름을 봉황성보통학교(鳳凰城普通學校)로 정하였다. 선생은 4명이었고 학생수는 100여 명이었다. 수업 과정은 조선어문, 일어, 산수(算數), 체조(體操), 도화(圖畵) 등이었다. 교재는 조선총독부에서 편찬한 것이었다.

1939년 후로부터 한인 학교에서는 한어(漢語) 과정을 증가하고

〈표 3〉 1936년 단동지구 한인 학교 상황

학교 명칭	소재지	운영형식	교사수	학생수
대정보통학교(大正普通學校)	안동(安東)	공립	24	1081
소화보통학교(昭和普通學校)	안동(安東)	공립	29	1283
육영학교(育英學校)	안동(安東)	사립	1	40
봉성보통학교(鳳城普通學校)	봉성(鳳城)	공립	5	269
대보보통학교(大堡普通學校)	봉성(鳳城)	사립	2	54
림가태보통학교(林家台普通學校)	봉성(鳳城)	사립	3	89
봉산학원(峰山學院)	봉성(鳳城)	사립	2	30
계관산명신학원(鷄冠山明新學院)	봉성(鳳城)	사립	2	17
탕산성승명학원(湯山城升明學院)	봉성(鳳城)	사립	1	22
포석하보통학교(蒲石河普通學校)	관전(寬甸)	민회	2	110
동명보통학교(同明普通學校)	관전(寬甸)	사립	1	30
대청구일신학교(大靑溝日新學校)	관전(寬甸)	사립	1	41
석주자일승학교(石柱子日升學校)	관전(寬甸)	사립	1	40
추과실삼성학교(秋果實三省學校)	관전(寬甸)	사립	1	46
만보학교(萬寶學校)	관전(寬甸)	사립	1	35
추벽과타통학원(秋碧果打通學院)	관전(寬甸)	사립	1	23
자구승흥학교(子溝升興學校)	관전(寬甸)	사립	1	39
대고산보통학교(大孤山普通學校)	관전(寬甸)	사립	1	40

조선어문을 취소하고 일본어로 수업을 하였다. 교재는 일본 문부성(日本文部省)에서 편찬한 것을 사용하였다. 농촌 학교는 모두 '욱일국민학교(旭日國民學校)' 혹은 '욱일국민우급학교(旭日國民優級學校)' 등으로 개칭하였다. 1946년 단동지구가 해방을 맞이한 후에 공산당과 인민정부에서는 민족 정책을 실시하면서 민족 교육을 중시하여 민족 교육사업을 발전시켰다. 1947년 단동시(丹東市)정부에서는 안동북광소학교(安東北光小學校)를 설립하고 관전, 봉성 등 지방에서도 조선족학교가 세워졌다. 1949년 말 단동지구에는 조선족소학교(부) 30개, 선생 126명, 학생 2,930명이었다. 1952년에 소학교육이 전 지구에 보급되었다. 1956년에 조선족 학교(부)가 41개로 늘어났는데 선생 149명, 학생 1,660명에 달하였다. 1957년부터 민족 연합학교를 추구하면서 조선족 학교가 한족 학교에 합병되어 민족 교육이 커다란 충격을 받게 되었다.

중국 공산당 11기 13중 전회 후 조선족 학교는 새로운 발전을 맞이하게 되었다. 단동시 정부에서는 농촌의 조선족 인구가 도시로 이주하여 농촌의 학생 수가 줄어들고 도시의 학생 수가 늘어나는 구체적인 상황을 고려하여 농촌 소학교(부)를 취소하고 도시에 6년(초등학교), 10년(초등학교+중학교), 12년(초등학교+중등학교+고등학교) 일관제(一貫制) 기숙 학교를 꾸리어 교육 수준을 향상시키었다. 지금 단동지구에는 조선족 6년 일관제 학교 1개, 10년 일관제 학교 3개, 12년 일관제 학교 1개로 학생수는 1,029명인데 단동조선족학교(12년 일관제 학교) 학생수가 533명으로 절반을 초과한다.

2) 중학교육

민국 초기 단동지구에는 한인 중학교 교육이 시작되었다. 1921년 안동한인보통 학교 안에 중학부가 설립되었다. 1937년 봉황성보통학교를 봉황성부도보통학교(鳳凰城敷島普通學校)로 개칭하고 고등과를 설립하였는데 학제는 2년제였고 교재는 일본 문부성에서 편찬한 것을 사용했으며 수업 과정은 일본역사와 지리를 증가시켰다. 1939년 한인 김호찬(金虎贊)은 단동시 4경가 2위로(丹東市 四經街 二緯路)에 한인 고등학교를 건립했는데 이름을 안동사립신흥국민고등학교(安東私立新興國民高等學校)로 정하였다. 교학반 수는 4개고 학생 수는 200여 명이었다. 1940년 후에 봉성현의 대보(大堡) · 백기(白旗) · 석성(石城) · 동탕(東湯), 그리고 관전현의 입고초(砬古哨) 등 지방에도 2년제 고급 소학교가 설립되었다. 수업 과정은 한어(漢語), 일본어, 수학 등이었는데 일본어로 수업하였다.

〈표 4〉 1942년 단동지구 한인 중학교 상황

학교 명칭	학급수	교사수	학생수
안동국민고등학교(安東國民高等學校)	7	17	413
안동여자국민고등학교(安東女子國民高等學校)	4	5	240
합계(合計)	11	22	653

1943년에 단동시 도원가(桃源街)에 안동제2여자국민고등학교(安東第二女子國民高等學校)가 설립되어 전면적으로 여학생을 모집하였다. 1945년 전에 단동시내 한인 중학교 3개가 있었는데 선

생은 10명이었고 학생 수는 280명이었다. 그리고 일부 한인 학생은 안동 제1국민고등학교에 다니었다. 1947~1948년 전후로 인민정부에서는 단동 시내와 관전 하로하에 북광중학(北光中學)과 홍광중학(紅光中學)을 설립했는데 선생 수는 30여 명이었고 학생수는 465명이었다. 1950년 조선전쟁이 발발한 후 북광중학교는 정부의 호소에 따라 관전진으로 이주하여 홍광중학교에 합병되었다. 1956년 단동지구에 조선족 중학교는 1개였고 선생은 28명, 학생수는 345명이었다. 1957년부터 정부에서 민족연합학교를 추구하면서 단동지구의 조선족 학교는 한족(漢族) 학교에 부속되었다. 1959년 안동시제5중학교(安東市第五中學)와 봉성진중학교(鳳城鎭中學)에 조선족 학생반을 설치하였다. 문화대혁명이 끝난 후 공산당의 민족 정책이 다시 실행되면서 봉성, 관전의 조선족 중학교가 다시 회복되고 단동시내에 조선족 중학교가 건립되었다.

1977년 단동지구 조선족 중학교 수는 4개이고 선생 수는 112명, 학생수는 500여 명이었다. 1981년에 조선족 중학교 5개로 고등반을 설치하고 '3 · 3제(중학+고등)'를 실시하였다. 1983년 교육수준을 높이기 위하여 단동시 교육국에서는 단동시 조선족 중학교에 고등부를 설치하고 단동지구에서 학생을 모집하도록 하였다. 1985년 단동지구 조선족 중학교는 5개이고 선생수는 64명, 학생수는 445명이었다. 그리고 고중부에는 교학반 3개이고 선생수는 15명, 학생수는 99명이었다. 같은 해 단동조선족중학교고중부 대학 입학률은 85%로 요령성 조선족 고등학교 중에서 제1위를 차지하였다. 지금 단동지구에 중학부 4개 고등학부 1개가 있다.

3) 성인교육

단동지구 성인교육은 20년대에 시작됐다고 한다. 그 때 관전현 하로하 일대에 조선 독립군이 야학을 세우고 한인 성인을 모집하여 글을 가르쳐 주고 독립 사상을 선전하였다. 농민동맹(農民同盟)의 영도자인 이장청(李長青)이 하로하에서 한인들에게 글을 가르쳐주고 반일 활동을 하여 한인들의 환영을 받았다. 1936년 단동시구에 공제(工濟), 동명(東明) 등 한인 성인학교(야학)가 3개 있었는데 선생수는 14명에 학생수는 무려 354명에 달하였다. 1949년 단동시내 야학을 집중하여 북광중학에 성인 야학을 설립하였다. 김소묵(金小默)이 주임직을 맡고 김명석(金命碩) · 정익경(鄭益京)이 총무직을 맡았으며 박창범(朴昌范) · 김천보(金天寶)가 교도주임직을 맡았다. 그리고 학생을 갑(甲), 을(乙), 병(丙), 정(丁) 4개 반으로 나누었는데 학생 수는 71명이었다. 수업 과정은 사회 발전사, 정치 상식, 대중 독본과 시사이었다. 새 중국이 건립된 후 한인 지식인들은 인민 정부의 '식자운동(識字運動)'에 감화되어 낮에는 학교에서 수업하고 밤에는 농촌에 내려가 조선족 농민들에게 글을 가르쳐 주었다. 1951년 11월에 단동시내에 안동 조선족야교위원회가 성립되어 조선족 성인교육을 지도하였다. 문화대혁명이 시작된 후 조선족 야학은 취소되고 중공 11기 3중전회 이후부터는 조선글 신문과 방송대학, 성인대학을 통해 문화수준을 향상시켰다.

참고문헌

王树楠, 吴廷燮, 金毓绂 等,『奉天通志』(影印本), 东北文史丛书编辑委员会, 1983年.

金毓绂 主编,『辽海丛书』(影印本), 辽海出版社, 1985年.

王介公 修, 于云峰 纂,『安东县志』, 民国二十年.

沈国冕 等修, 蒋龄益 等纂,『凤城县志』, 民国十年.

程廷恒 修,『宽甸志略』, 民国4年.

刘天成 等修 张拱坦 纂,『辑安县志』, 民国十九年.

沈国冕 修, 苏民 纂,『兴京县志』, 民国十四年.

凤城市地方志办公室 编,『凤城市志』, 1997年.

姜克夫,『中华民国史料丛稿』, 中华书局, 1987年.

丹东市地方志办公室 编,『丹东市志』, 辽宁科学技术出版社, 1991年.

赵万兴, 康慨, 康爱琴 等,『凤城市只』, 方志出版社, 1997年.

宽甸县志编纂委员会 编,『宽甸县志』, 辽宁科学技术出版社, 1993年.

东沟县志编纂委员会 编,『东沟县志』, 辽宁人民出版社, 1996年.

丹东市民族事务委员会 编,『丹东朝鲜组志』, 辽宁民族出版社, 2001年.

조룡호, 박문일 주필,『21세기로 매진하는 중국조선족 발전방략연구』, 요녕민족출판사, 1997년.

1910～1945년 길림 지역의 한인과 독립운동 개황

廉 松 心*

1. 서론

만주의 길림 지역 한인 사회 및 독립운동과 관련된 자료는 많지 않다. 중국 내의 주요 참고자료는 길림시민족사무위원회가 1999년에 편찬한 『길림시조선족지(吉林市朝鮮族志)』와 길림성 정협문사자료위원회(政協文史資料委員會)가 1993년에 편찬한 『길림조선족(吉林朝鮮族)』이 있을 뿐이다. 그런데 두 자료의 공통적인 문제점은 자료의 출처를 명확히 밝히지 않았다는 데에 있다. 『길림시조선족지』의 후기 안에 작자가 길림시 도서관, 길림시 당안관, 길림성 도서관, 길림 지역 각 현의 사지판(史志辦)에서 자료를 수집하였다고 밝히고 있으나, 구체적인 자료의 출처는 밝히지 않고 있다. 이 자료의 주필인 원시희(元時熙)가 이미 세상을 떠나 직접 출처를 확인할 수도 없는 상황이다. 필자 역시 본 논문을 집필하는 과정에서 시간상의 제한으로 상술한 도서관, 당안관 자료들의 출처를 일일이 확인하지 못하였다. 그 외에도 조선총독부

* 중국 북화대학 동아시아역사와 문화연구센터

가 펴낸 일문 자료로 1934년에 출판된 『재만조선인상황(在滿朝鮮人狀況)』, 1926년에 출판된 『만주급서비리아지방조선인사정(滿洲及西比利亞地方朝鮮人事情)』, 그리고 1922년에 출판된 『남만급동몽조선인사정(南滿及東蒙朝鮮人事情)』 등과 1931년 김삼민(金三民)이 저술한 『재만조선인적궁상급기해결책(在滿朝鮮人的窮狀及其解決策)』이 있다. 그러나 이 네 권의 자료에는 본 논문의 주제와 관련된 내용이 개괄적으로만 서술되어 있어 참고할 수 있는 내용이 많지 않다. 그러나 본 발표가 범정(梵亭) 장형(張炯) 선생이 길림 지역에서 전개한 반일독립운동 연구의 배경 자료가 되기를 희망해 본다.

2. 길림 지역 한인 거주 상황

우선 길림시(吉林市)의 행정연혁에 대해 살펴보자면, 청대에 이미 길림에 청(廳)이 설치되었고, 이후 부(府)로 승격되었다. 1913년 민국정부 시기 길림현으로 변경되었으며, 1929년 그 이름을 영길현(永吉縣)으로 고쳐, 1936년 위만주국 시기에 들어서 길림시로 부르기 시작하였다. 길림시는 영길현(永吉縣)·교하현(蛟河縣)·반석현(磐石縣)·화전현(樺甸縣)·서란현(舒蘭縣)·돈화현(敦化縣)·쌍양현(雙陽縣) 등 7개의 현을 관할지역으로 두고 있다. 현재 돈화현이 연변 지역으로, 쌍양현이 장춘 지역으로 편입되어 다섯 개의 현 중에서 영길현을 제외한 나머지 네 개의 현이 현급시로 승격된 상태이다.

길림 지역은 한인 인구가 비교적 많았던 지역에 속한다. 한인들이 길림 지역으로 이주하기 시작한 것은 1907년으로, 대부분은 1910년 이후에 이주하였다. 1910년 일본의 한국 강점 이후 망국노로의 전락을 원치 않았던 식자층과 일본의 식민통치에 의해 파산한 농민들이 계속해 압록강과 두만강을 넘어 중국 경내로 이주해 왔다. 그중에 적지 않은 사람들이 길림 지역에 정착하였다. 특히 1919년 3·1운동 이후, 민족독립운동을 전개하기 위해 길림 지역으로 이주하는 한국 독립운동가들의 수가 격증하기 시작했다. 1932년 위만주국 성립 이후에도 많은 한인들이 일본제국주의의 '집단이민'에 의해 길림 지역으로 이주하게 되었다.

한인들은 주요하게 두 가지의 경로를 통해서 길림 지역으로 이주하였다. 첫째 함경남, 북도에서 두만강을 건너 길림성 동부 지역으로 들어와, 그 중 일부가 서쪽으로 이동해 연길(延吉) · 동불사(銅佛寺) · 명월구(明月溝) · 돈화 · 교하를 거쳐 길림 지역에 도착하는 경로이다. 또 다른 한 가지는 경상도, 전라도, 충청도, 평안도에서 압록강을 건너 요녕성과 길림성 동남부 산악 지역를 지난 후 요녕성 봉성(鳳城) · 관전(寬甸) · 환인(桓仁)을 거쳐 길림성의 혼강(渾江) · 통화(通化) · 류하(柳河) · 삼원포(三源鋪) · 해룡(海龍) · 반석 · 화전을 경유해 최종적으로 길림 지역에 도착하는 경로이다. 길림 지역에 도착한 후 한인들 대부분은 심양-길림 간 철도의 동측 산악 지역과 장춘-도문, 길림-하얼빈 철도 연선 지역에 정착해 생활하였다.

중화인민공화국 수립 후, 1953년 제1차 전국인구조사에서 길림시의 조선족 수는 8,188명, 교외지역은 1,536명, 영길현 2,048명,

반석현 1,120명, 화전현 815명, 교하현 978명, 서란현 1,549명으로 길림 지역의 조선족 수가 모두 16,234명에 달했다. 1982년 전국인구조사에서는 길림 지역 내 조선족 인구가 모두 168,829명으로 조사되어 30년 동안 10배 가까이 증가한 것으로 나타났다. 1990년 전국인구조사에서도 길림 지역 조선족 수가 167,157명으로 나타나 큰 변동을 보이지 않았다. 현재 길림 지역 조선족 인구는 약 17만 명에 달한다.

1) 길림시 시내의 거주 상황

한인들의 길림시 시내로의 이주 초기에 대한 정확한 자료는 찾지 못하였다. 다만, 안중근(安重根)의 '단지동맹(斷指同盟)'에 가담했던 하문걸(河文杰)의 구술에 의하면, 1907년 이전 이미 길림시 경내에 거주하고 있던 한인이 있었다고 한다. 하문걸과 장작림의 부관은 서로 교섭하여 1908년 안중근이 하얼빈 기차역에서 이토 히로부미[伊藤博文]를 저격할 때 이토 히로부미의 길림시에서의 동향을 감시하는 책임을 맡고, 만일 이토 히로부미가 길림역에서 하차하면 현장에서 바로 저격하기로 했다. 1910년 이후 길림시 시내의 한인 수가 점차 증가하였는데, 1911년 김학규(金學奎)는 덕승문(德勝門)에서 여관을 경영하였고, 황의영(黃義榮)은 광거호동(廣居胡同)에서 농사를 지었다. 또한 1912년 강빈(姜斌)은 조양가(朝陽街)에서 신문 발간과 관련된 일에 종사했고, 김광률(金光律)은 미행가(米行街)에서 상업을, 리승동(李承董)은 영은가(永銀街)에서 객주를 운영하였다. 한인들의 이주가 증가함에 따라 '길림시조선인민회(吉林市朝鮮人民會)'도 등장하였다. 1920년 조선인민회의 회장은 김동우(金東佑)가 맡았고, 이후 김정원(金正元)이 그 자리를 이어받았다.

길림시 한인 수의 변화 상황에 대한 『길림시세통계보(吉林市勢統計報)』의 기록에 의하면, 1921년에는 112명, 1931년에는 706명에 불과하였다. 그러나 만주국 성립 후 일본제국주의의 집단이민정책에 의해 길림시 지역의 한인 이주가 격증하면서 1934년 3,644명, 1939년 608명, 1940년 5,215명, 1941년 12,115명, 1942년 14,243명에 달하였다. 이러한 경향은 기본적으로 1942년에서 1945년 8·15 전후까지 크게 변화하지 않았다.

1931년 만주사변 이후 중국 지방군경의 구축과 토비의 약탈로 인해 길림시 주변 농촌 지역(교외 지역과 영길현)의 만 명에 가까운 한인 농민들이 일본영사관이 있던 길림시 시내로 피난해 왔다가 1933년 초 대부분 자신이 살던 농촌으로 되돌아갔다. 1945년 8·15 전, 길림시 한인들은 복흥리(福興里, 현 조선족호텔 뒤쪽 일대), 제법사(提法司, 현 길림극장 뒤쪽), 팔경로(八徑路), 기반가(棋盤街) 등의 거리와 골목 등에 집주하였고, 그 수는 15,000명에 달했다. 일본의 투항 후 일부 한인들이 한국으로 돌아갔다.

2) 길림시 교외와 주변 5현의 거주 상황

한인들은 1921년을 전후해 처음으로 길림시 교외로 이주해 대둔(大屯), 육대문(六大門), 기반가 일대에서 황무지를 개간하였다.[1] 그 상황은 다음과 같다.

영길현: 1931년 조선총독부가 편찬한 『영길현지(永吉縣志)』에 의하면, 1903년 한인들이 통화에서 영길현 산구리로 이주해 황무지를 개간하고 수전을 경영했다고 한다. 1908년에도 몇 가구의 한인들이 화전현에서 영길현 오리하자(五里河子)로 이주해 수전을 개간하고 있었다.

교하현: 자료에 의하면 1880년 곽기(郭基)가 교하현 강가외자(姜家崴子)에서, 이현세(李現世)와 조재창(趙在錆)이 남소교하(南小蛟河) 등지에서 수전을 개간했다고 한다. 김대원은 1916년 경상북도에서 액늑혁둔(額勒赫屯)으로 이전해 수전을 개간하였고, 박만희(朴萬熙) 등 다섯 가구 역시 1917년 팔리보산구(八里堡山溝)에 정착해 수전을 경영하며 생활하였다.

반석현: 1917년 박동수(朴東樹) 등 몇몇 사람이 반석 제5구 대안둔(大安屯)에서 수전을 경영하였고, 1918년 박춘길(朴春吉) 등 11가구 역시 이곳으로 와 정착하였다.

서란현: 1920년을 전후해 한인들이 서란현소과전자(舒蘭縣燒鍋甸子)에서 황무지를 개척하기 시작했다. 1924년과 1928년에도 각각 봉황향의 사가점(謝家店)과 소성(小城) 일대에서 한인들이 황무지를 개척하고 수전을 경영하였다.

화전현: 1908년 이전 이미 이곳으로 이주해 생활하는 한인들이 있었다.

『만주농민이민방침(滿洲農民移民方針)』과 『만주조선인개황(滿洲

---

1) 黃國泰의 구술에 의하면, 그는 통화 일대에서 반일 활동을 전개하다가 1926년 일제의 탄압을 피해 육대문으로 이주하였는데, 진(陳)씨 성을 가진 한인이 정착해 거주한 지 이미 3년이 되었다고 한다.

朝鮮人槪況)』에 의하면, 1930년과 1934년 길림시 외 5개 현의 한인 분포 상황은 〈표 1〉과 같다.

1945년 8월 15일 해방 이후, 길림 지역의 한인들 사이에서는 '고향으로 돌아가자. 조선으로 돌아가자'는 풍조가 나타나, 빈곤한 노동자들 다수만이 이 지역에 계속 남아 거주하는 상황이었다. 그들은 경제적인 어려움으로 인해 고향으로 돌아갈 수 없었으며, 또한 편으로는 몇 대에 걸친 중국 동북지역에서의 생활로 이미 이 지역이 자신들에게 제2의 고향이 되어 쉽게 떠나지 못했다.

〈표 1〉 1930년과 1934년 길림시 5개 현의 한인 분포 상황

1930년 말		
지역	호수	명수
영길현	458호	1, 935명
반석현	625호	2,411명
화전현	861호	3,169명
교하현	765호	4,332명
서란현	135호	627명
1934년 6월		
영길현		9,291명
반석현		1,929명
화전현		2,931명
교하현		5,757명
서란현		438명

3. 1945년 이전 길림 지역 한인의 생산 활동 상황

한인들의 동북 이주 초기, 청정부가 발표한 초간령(招墾令) 가운데에는 "조선인이 입경해 황무지를 개간하고 돈과 곡식을 관청에 바치면 즉시 청조의 신민으로 삼고 중국 국적에 입적시킨다"는 규정이 있었다. 그러나 실행 과정에서 '체발역복(剃發易服)' 즉 변발과 청의 복식을 요구하였고, 조세 또한 과도하게 높아 대부분의 한인들이 '귀화인'보다는 '간민'을 택함으로써 중국 입적자는 매우 적었다. 민국 시기 이후 이러한 상황은 다소 개선되기 시작해 비교적 많은 사람들이 토지소유권을 얻어 중국 국적에 입적하였다. 만주사변 이전 길림 지역의 한인 대부분은 농업에 종사하며 황무지를 개간하고 수전을 경영하였으며, 그 외에 몇 곳의 방앗간이 있었을 뿐이었다. 만주사변 후 만주국이 세워지고 나서야 상공업에 종사하는 사람과 공무원이 출현하였다.

1) 한인 수전 개발 상황

한인들이 길림 지역으로 이주하면서 수전이 개발되고, 논농사 기술이 전해졌다. 당시 만족과 한족은 밭농사 위주로 생활했기 때문에 수전에는 익숙하지 않았다. 한인들은 먼저 길림 지역의 산구리에서 소규모의 토지를 개간하고 벼를 시험 재배하였다. 이것이 점차 확산되어 오늘날과 같은 끝없는 대평야를 이루게 되었다. 길림 지역의 수전 개발은 시간의 선후가 있으나, 그 시간 차이는 그리 크지 않았다. 화전현 경내에도 1910년 이전 한인들이 개간한 수전이 있었다. 또한 『영길현지』에는 1905년 전후 통화와 화전 등지에서 이주해 온 한인 농민들이 오용하(鰲龍河)·오리하(五里河)·망우하(牤牛河)·단산자(團山子) 일대에서 수전 300여 상(垧)을 개간했다고 기재되어 있다. 1910년 이후 영길현 강밀봉(江密峰)·태평향신안둔(太平鄉新安屯)·양가향대유둔(楊家鄉大裕屯)·대강향동향하(大崗鄉東響河)·서향하(西響河)·삼가자(三家子) 등의 촌락에서는 모두 한인 농민들에 의해 수전이 이루어지고 있었다. 1916년 경상북도에서 이주해 온 농민 김대원(金大元)·박만희(朴萬熙) 등은 액목(額穆, 교하현) 산구리에서 수전을 시험 재배해 본 뒤 점차 확대시켜 1928년 수전 1,584경을 개발하였다. 반석현[박동수(朴東洙), 박춘원(朴春元) 등]은 1917년 수전을 시작해 1928년까지 수전 2,200여 상을 경영하였다. 한편, 서란현에서 수전이 시작된 것은 1920년이며, 서란현에서 가장 먼저 수전을 시작한 사람은 이상룡(李相龍)이었다. 그는 1911년 통화·유하·반석·화룡 등지에서 독립운동을 전개하고, 1920년 식솔 및 친족들을 이끌고 서란현 소과전자로 이주해 황무지를 개간하고 벼농사를 지었다. 1929년 서란현의 한인들이 개발한 수전 면적만 1,417무(畝)에 달했다. 1922년 길림시 교대둔(郊大屯), 1926년 길림시 외곽 지역의 육대문 등지에서도 모두 한인들이 개간한 수전을 찾아볼 수 있었다. 1912년에서 1940년 간 길림 지역에서만 수천 경의 수전이 개발되었다.

2) 한인 경영의 상공업 상황

해방 전, 길림 지역 한인의 경제 상황은 그들이 처한 사회, 역사, 지리환경과 밀접한 관계를 맺고 있었다. 청나라 광서(光緖), 선통(宣統) 시기 길림 지역에서 한인들이 경영하는 상점은 많지 않았다. 소수의 한인들이 의료업에 종사하거나, 음식점, 여관, 기계 수리점 등을 경영하고 있었으며, 이밖에도 아편 판매업자들이 있었다. 한 조사 자료에 의하면, 1920년대 이전 길림시 지역에 거주하는 한인 대부분은 자신의 기업을 경영하지 못하고 한족(漢族)의 기업 혹은 상점, 수공업 공장에서 직원이나 고용공으로 일했다. 한인들 중 극소수만이 작은 수공업 공장을 경영하며 생계를 유지했을 뿐이다. 1910년 김학규(金學奎)·황의영(黃義英)·강빈(姜斌)·이승동(李承董) 등이 시내에서 상점을 경영하거나 노동으로 생활한 것이 그 예라고 할 수 있다. 이처럼 시내로 이주해 거주하는 한인들이 나날이 증가해 한인들의 민간 조직과 사회단체들이 연이어 출현하면서 한인사회가 형성되었다. 1920년대 중반 한인들이 경영하는 방앗간이 늘어나기 시작하였는데, 이기운(李基雲)이 경영한 '길운정미소(吉雲精米所)', 황백하(黃白河)가 경영한 '복성정미소(福星精米所)'가 있었다. 당시 정미소의 벼는 대부분 대둔(大屯)·쌍하진(雙河鎭)·강밀봉(江密峰)·만창영신농장(萬昌永新農場)에서 조달하였다.

만주국 건립 이후 길림시의 한인들이 경영하는 수공업 작업장, 상점 등도 점차 증가해 철공소, 양복점, 의원, 고물상, 잡화점, 음식점, 마차점, 약국, 솜틀집, 목공소, 이발소, 냉면집, 하숙집(여관), 정미소, 세탁소, 정육점, 신문배급소 등 69곳이나 되었다.[2)] 1933년 11월 위만주국협화회 길림지방사무국의 통계에 기재되어 있는 당시 길림시 시내에서 한인들이 경영하던 소규모 기업은 〈표 2〉와 같다.

〈표 2〉 길림시 한인 경영 소규모 기업의 종류와 수(1933년 11월 통계)

종류	점포 수	종류	점포 수
철공소	2	목공업	3
양복점	2	이발소	5
의원	3	냉면집	3
고물상	5	여관	6
잡화점	14	정미소	4
음식점	4	세탁소	3
마차점	3	약국	4
고기집(소고기)	2	신문지국(신문판매점)	4
솜틀집	2		

1935년 길림시의 한인들이 경영하는 비교적 큰 규모의 기업은 〈표 3〉과 같다.

〈표 3〉 길림시 한인 경영 대규모 기업의 종류와 수(1935년 통계)

기업명	경영인
길림성산업주식회사(吉林省産業株式會社)	社長 : 이기연(李基衍)
길림흥농주식회사(吉林興農柱式會社)	社長 : 이종대(李鍾岱)
대창상점(大昌商店)	점주 : 강명규(姜明奎)
만창상점(滿昌商店)	점주 : 표학화(表鶴華)

2) 『吉林朝鮮族』, 吉林人民出版社, 1993, 64쪽.

기업명	경영인
화신양행(和信洋行)	행장 : 오송태(吳宋泰)
제일의원(第一醫院)	
대동의원(大東醫院)	
화도(樺都)치과	
혜창약국(惠昌藥局)	김원기[金元基, 통천가(通天街)]
길림의원(吉林醫院)	리룡조[李龍祚, 영정(榮町)]
중앙의원(中央醫院)	안환우[安歡佑, 칠경로(七經路)]
금천의원(金川醫院)	김성필(金聖必)
삼포의원(三浦醫院)	조윤현(趙潤鉉)
태화의원(泰和醫院)	최승락[崔承洛, 조양가(朝陽街)]
대성약국(大成藥局)	김병원[金炳元, 선영구(船營區)]
춘원당약국(春元堂藥局)	림정래[林井來, 조양가(朝陽街)]
후생당약국(厚生堂藥局)	신입용[伸入用, 제법사(提法司)]
길림약위실(吉林藥衛室)	김성달[金聲達, 조양가(朝陽街)]
동화약국(東華藥局)	안룡성[安龍城, 선영구(船營區)]
선제당약국(善濟堂藥局)	최태풍[崔泰風, 영정(榮町)]
동도약국(東都藥局)	남귀손[南貴孫, 영정(榮町)]
기화약국(記和藥局)	신대림(申代林)
대젓가락 공장	

이밖에도, 어구, 기성복, 기계, 곡물 등을 다루는 점포가 120곳이었고, 공무원 20여 명이 있었다. 근교의 93호의 인가 대부분은 농업에 종사하였다.

1937년 만주철도주식회사의 통계 자료에 의하면, 한인들이 길림시에서 경영하는 기업은 정미소, 양복점, 여관 등이었고, 그 중에서 정미소가 6곳, 양복점이 6곳, 여관이 18곳이었다. 구체적인 상황은 〈표 4〉와 같다.

〈표 4〉 길림시 한인 경영 기업(1937년 통계)[3)]

상점명	경영인과 상점 위치
정미소	
화동(華東)정미소	황백하[黃白河, 대마로(大馬路)]
호동창(互動昌)정미소	권질환[權桎煥, 우마행(牛馬行)]
복흥태(復興泰)정미소	리기원[李基元, 상의가(尙義街)]
대성호(大成號)정미소	강의화[康義和, 복수가(福綏街)]
태창(泰昌)정미소	김경준[金京俊, 정홍교호동(正紅橋胡同)]
삼성(三星)정미소	차겸선[車兼善, 대마로(大馬路)]
양복점	
흥아(興亞)양복점	변굉해[邊宏海 등 3인, 조선가(朝鮮街)]
부사(富士)양복점	서성암[徐成岩, 영정(榮町)]
길림(吉林)양복점	김극태[金克泰, 제법사(提法司)]
동양(東洋)양복점	최룡남[崔龍男, 복흥리(福興里)]
고도(高島)양복점	한영석[韓永錫, 제법사(提法司)]
일본(日本)양복점	최병선[崔炳善, 제법사(提法司)]
여관	
신흥(新興)여관	
해동(海東)여관	
평화(平和)여관	
화신(和信)여관	
일선(日鮮)여관	
신성(新盛)여관	
한성(漢城)여관	

3) 吉林省政协文史资料委员会 编 :『吉林朝鲜族』, 吉林人民出版社, 1993, 64쪽.

상점명	경영인과 상점 위치
길림(吉林)여관	
협화(協和)여관	
북원(北原)여관	
송전(松田)여관	
평원(平原)여관	
조일(朝日)여관	
충남(忠南)여관	
경안(慶安)여관	
영길(永吉)여관	
강동(江東)여관	
경성(京城)여관 등 40여 곳	
그 외에도 구둣방, 상점, 잡화점이 모두 40여 곳 있었다.	

1940년대에 들어 여관업이 증가하면서 자가용을 소유한 가구도 30여 호에 달했다. 또한 신정(新井)·린창(麟昌)·부사(富士) 등 네 곳의 사진관과 명월관[明月館, 태안가(泰安街)], 화월관[花月館, 복흥리(福興里)], 아리랑관[阿里郎館, 삼경로(三經路)], 신경[新京, 복흥리(福興里)], 대성관[大成館, 복흥리(福興里)], 의희관[義姬館, 복흥리(福興里)] 등 13곳의 술집, 협화선주창(協和選酒廠), 장춘옥조주창(長春屋造酒廠), 우도조주창(牛島造酒廠) 등 소규모의 양조장도 출현하였다.

3) 한인의 취업 상황

〈표 5〉 길림시 한인 취업 상황(1943년 통계)[4)]

직업 종류	취업 상황
길림시 내 육대몽(六大蒙) 단산자(團山子) 일대에서 농경지 경작	93호
어업, 약업, 의복상, 기계업, 미곡업 등의 상업	120호
공무원, 회사원	223명
군경	32명
자동차, 자전거 수리업주	27명
운수업주	5명
건축입	6명
시계방	1곳
의사	17
교원, 학교조합원	29
잡화점	1곳
이발소	2곳
고용인(보모)	7명
고무신가게	5명
목재업주	5명
토목업주와 하청업	15명
기타	20여 명

1934년 『반석사지(磐石史志)』에 기재된 내용에 의하면, 반석현 내 한인들 가운데 관료가 20집, 교직원 20집 등의 모두 46명이었고, 병원은 3집의 10명, 상점은 54집의 249명, 정미업은 3집의 14명, 음식점과 여관은 7집에 41명이었다.

4) 吉林市民族事务委员会 编, 『吉林市朝鲜族志』, 27쪽.

『교하현지(蛟河縣志)』의 의하면, 1930년 교하현 치안가(治安街)의 정준행(鄭俊行)이 경영하던 '삼태공사정미소(三泰公司精米所)'는 자금이 3만 화폐(華幣), 공인이 27명, 연간 가공량이 1천 톤에 달하였다. 1920년대 교하현 한인들이 대화(大和)여관, 동아(東亞)여관, 경성(京城)냉면집 등을 차례로 경영하기 시작하면서 그 수가 모두 13곳에 달하였다고 한다.

길림 지역 한인의 경제는 다른 민족들이 경영하는 상공업과 마찬가지로 일본제국주의의 경제 침략과 약탈의 영향을 받았다. 1938년 위만주국은 '미곡관리법'을 공포하고, 1939년에는 미곡배급제를 실시하였다. 동시에 사탕 배급제와 '소맥급제분업통치법(小麥及制粉業統治法)'을 실행해 쌀, 사탕, 밀가루류의 판매를 엄격히 금지하면서, 양조업과 음식업이 큰 타격을 받았다. 1940년 일제는 '홍농합작사설립요강(興農合作社設立要綱)', '잠시양식보국운동요강(暫時糧食報國運動要綱)'을 제정하고 농촌 생활필수품 배급제를 실시하였다. 또한 1941년에도 '전시긴급경제방책요강(戰時緊急經濟方策要綱)'를 반포해 만주경제에 대한 전면 통제를 실시하였다. 태평양전쟁 발발 후 일제는 정치적으로 더욱 파시스트적인 면모를 보였으며, 경제적으로는 '식민화'를 더욱 강압적으로 진행해 사람들을 '근로봉사(勤勞奉仕)'에도 동원하였다. 1944년에는 '시국특별형법(時局特別刑法)', '가축급축산품통제법(家畜及畜產品統制法)'를 반포함으로써 한인들의 상공업 발전을 가로막고, 정체 상태에 빠뜨렸다.

4. 길림 지역 한인의 교육 및 종교 상황

1) 교육 상황

한민족은 교육을 숭상해 해방 전 길림 지역의 한인들 사이에서는 '세 집만 있어도 학교를 세운다'는 말이 있을 정도였다. 19세기 말, 한인들의 이주 초기에는 사숙이나 신학당이 창건되었고, 1920년대 이후 반일 애국지사들이 길림 지역으로 이주해 온 뒤에 학교를 창건해 반일 민족교육을 실시하였다. 일본 제국주의와 타협해 개교한 학교에서는 일본 제국주의의 노예교육이 시행되었다.

길림성 안에서 가장 먼저 건립된 소학교는 1921년 창건한 '계명학교(鷄鳴學校)'이다. 당시 길림성 안에는 28호, 112명의 한인들이 거주하고 있었는데 학교 건립 경비는 모두 이들의 원조로 해결하였다. 그러나 교사를 마련하지 못해 대동문(大東門), 이춘리(怡春里), 상해로(上海路) 등지의 개인 집을 차례로 돌며 수업을 진행하였다. 수업 과정은 조선어, 중국어, 산술, 지리, 역사, 음악, 작문 등이었다. 학교의 책임자는 '길림조선인민회' 회장이 맡았다. 그러나 주길림일본영사관의 간섭으로 1925년 11월 문을 닫았다. 1928년 손정도(孫貞道) 목사의 제안으로 '길성민회(吉城民會)'가 '영신학교(永信學校)'를 설립하였다. 그 경비는 모두 한인들의 기부금으로 충당하였다. 그러나 일본의 압박과 경비의 부족으로 개교 다음 해에 문을 닫고 말았다.

1930년 초, 길림시 교외의 육대문 즉, 현재의 황기둔(黃旗屯) 일대에 거주하던 십여 가구의 한인 농민들은 함께 서당 형태의

학교를 열고, 각 가구가 돌아가며 8~9명의 학생들에게 조선어를 가르쳤다.

1931년 만주사변 후, 길림시 교외 및 그 주변 농촌에 거주하던 한인 농민 근 일만여 명이 길림시 시내로 피난해 왔다. 당시 길림시 '조선인거류민회' 회장 강노영(姜老永)과 회원 김학규(金學奎) 등이 이들 피난민들을 안치시키고, 난민의 양식과 치병 등의 문제를 해결하였다. 피난해 온 한인 농민들은 1933년 5월 1일, 대부분 원래의 거주지로 돌아갔다. 한편, 1933년 3월 15일 길림시조선인보통학교를 건립하고, 교명을 '동영학교(同榮學校)'로 하였다. 그 교사는 현재 길림시 의원 뒤편에 있었으며, 학교의 경비는 모두 한인들의 의연금으로 충당하였다. 교장은 신태호(辛泰浩), 교원은 차발철(車發哲) · 장기환(場箕煥) · 이용산(李容山) 등이었다. 학제는 6년으로 정하였으며, 모두 8개 반 300여 명의 학생들이 있었다. 이후 일본 제국주의의 한인학교에 대한 통제가 더욱 엄중해졌다. 주길림일본영사관 내에 '조선인과'를 설치하고, 한인학교를 감독하며 '동영학교'에게 조선총독부가 지원하는 교육경비를 받고, 조선총독부가 편찬한 교과서를 사용하도록 강요하였다. 이로부터 조선총독부가 길림 지역의 한인 문화교육을 통제하는 모습들이 나타나기 시작했다.

1933년 3월 15일, 한인 농민들은 자금을 모아 길림시 교외 기반가(棋盤街)에 한인 소학교를 설립하였다. '강북기반가보통학교(江北棋盤街普通學校)'가 그것이다. 1936년 5월 5일, 그 이름을 '길림시공립기반가국민우급학교(吉林市公立棋盤街國民優級學校)'로 바꾸고, 교장에 손경선(孫慶宣), 교원에 장풍환(張風煥) · 권오운

(權五雲)을 임명하였다.

1939년 말, 길림시 한인들은 자녀의 중급교육을 위해 위만주국과 교섭한 뒤 한인 청년들이 중·상등의 교육을 받을 수 있도록 '길림성제6국민고등학교'를 건립하였다. 그 위치는 현재 길림시 제3중학 자리이고, 일본인 교장과 교원이 임명되었다. 그밖에 두 명의 한인과 세 명의 한족도 있었으나 이들 외에는 모두 일본인들이었다. 이들을 중심으로 학생들에게는 식민주의 노예 교육이 실시되었다.

이 시기, 길림 외곽 지역의 현에 거주하는 한인들 역시 크고 작은 규모의 학교들을 계속해 건립하였다. 그중 주요하다 할 만한 것은 1928년 화전의 한인이 건립한 '화성의숙(華盛義塾)'이다. 이 학교는 정의부(正義府)에 속한 군사, 정치학교로 민족운동가들이 독립운동의 군사 인재를 배양하기 위해 건립한 군관학교였다. 교과과정으로 조선역사, 지리, 생물, 수학, 체육, 군사, 세계혁명 등이 있었다. 김일성 역시 이 학교에서 반년 정도를 수학했으며, '타도제국주의동맹(打倒帝國主義同盟)'을 조직한 바 있다.

1922년 한인 애국지사들이 반일 투쟁의 후방 역량 배양을 위해 교하에 '검성중학(儉成中學)'을 건립하였다. 건립 초기 '검성학장(儉成學莊)'이라 부르던 것을 이후 '검성중학'으로 바꾸었다. 남만지역의 한인 애국지사들이 건립한 '신흥무관학교'가 문을 닫게 된 후, 서로군정서 독판 이상룡과 여준·이탁 등이 교하로 옮겨와 계속해서 반일 활동을 전개하였다. 건립 초기 반일 민족교육을 진행한 것에 반해 점차 마르크스, 레닌주의의 선전장이 되었다. 학생 수가 많을 때는 100명에 달했고, 대부분은 외지에서 온 청년학생들로 단체 기숙생활을 하였다. 학제는 2년제였으며, 수업과정은 한국어, 영어, 수학, 동국지리(東國地理), 대동역사(大同歷史), 박물과(博物課) 등이었다. 그 중에서도 가장 중요시 했던 것이 바로 군사훈련과 반일 사상교육이었다. 학생들의 생활비는 학생들이 학업과 노동을 병행하며 스스로 해결하였다. 당시 학교의 경영과 반일 활동에 필요한 비용은 길림시의 한인 김기풍(金基豊)이 황무지를 개간해 만든 농장의 수입으로 충당하고 있었다. 1927년 검성중학은 '청년강습소(靑年講習所)'로 이름을 바꾼 뒤 러시아, 조선, 중국 관내 지역의 진보 지식인들이 이주해 와 교원으로 있으며, 정치경제학, 혁명사, 유물주의철학관, 군체과(軍體課) 등을 수업하였다. 1928년 말 일부 주요 인사들의 이동과 군벌 당국의 '교육권 회수', '통제와 취체' 정책을 취함에 따라 검성중학은 문을 닫게 되었다.

1919년 반일 애국지사 박상래(朴尙來)가 교하에서 '삼일소학(三一小學)'을 열었다. 이는 교하에서 가장 먼저 건립된 한인 소학교였다. 1922년 이곡산(李谷山) 등 반일 지식들은 신참(新站)에서 '신명학교(新明學校)'를 건립하였다. 또한 황무지 위에 '모범소학교'를 건립하기도 했다. 1925년 일곱 칸의 방을 마련해 '조동학교(朝東學校)'를 건립할 수 있었다. 이 학교의 교사는 모두 반일 애국의 진보사상을 가진 사람들로, 학생들에게 반일 민족교육과 반봉건 논리의 도덕교육을 실시하였다. 이들은 조선어, 산술, 조선역사, 창가, 체육, 조선지리 등을 교수하였다.

2) 종교 상황

『길림시조선족지』에 의하면, 19세기 말에서 20세기 초, 길림 지역의 한인들이 가장 많이 신봉하던 종교는 유교, 불교, 기독교 순이었다. 그러나 1920년대 이후 기독교의 활동이 가장 활발하였다.

기독교: 1920년대 초, 길림시에서 기독교의 신앙 활동이 전개되기 시작하였다. 당시 한인 신도들은 한족교회에서 예배를 드렸다. 1921년 손정도(孫貞道) 목사가 길림 우마행(牛馬行) 예배당에 목사로 부임하면서 반일 활동이 전개되었다. 당시의 한인 기독교도들은 십여 명에 불과하였으나, 1935년 변성옥(邊成玉) 목사가 길림에 온 후 한인의 기독교 활동이 정상적으로 진행되기 시작하였다. 변성옥은 평양 출신으로, 숭실학교를 졸업하고 미국 일리노이주의 기독교신학교에서 신학사의 학위를 취득하였다. 졸업 후 서울의 협성신학교에서 교수를 역임했으며, 이후 미국 감리교 세계총회에서 목사를 지내기도 했다. 그는 한인 기독교가 마땅히 서양인의 지배를 받아서는 안 되며, 동양정신 개혁을 수용해야 한다고 주장하였다. 1935년 3월 그는 길림시 강밀봉(江密奉) 관지촌(官地村)에 교회를 짓고, 한인 기독교(감리교)의 신앙 활동을 전개하였으며, 1936년에는 교회 건물을 교사로 해 길림신학교를 열었다. 신학교와 선교 활동을 전개하기 위해 교도들과 학생들은 학교 앞의 황무지를 10여 상의 수전으로 개간하였다. 이 수전에서 얻는 수입으로 길림시 칠경로

에 기와로 된 예배당을 마련할 수 있었다. 1942년 길림의 기독교도들은 300여 명으로 증가하였다. 그러나 1943년 일본 헌병대는 외국 특무의 혐의로 변성옥과 김의준 목사를 체포하였다. 변성옥은 출옥 후 길림시를 떠났고, 김의준 목사는 옥중에서 세상을 떠났다.

천주교: 1920년대 초 길림시에는 이미 한인 천주교도들이 있었으며, 1930년대 신도들은 40여 명에 달했으나, 독립된 교회가 없어 한족 천주교회에서 함께 예배를 드렸다. 한인 신부로는 양세환(梁世煥)·박문현(朴文鉉)·박창빈(朴昌彬) 등이 있었다.

불교: 1930년을 전후해 길림시 문화교육과 상공업계의 지식인 계층인 이기연(李基衍)·이용조(李龍祚)·강노영(姜老永)·황백하(黃白河)는 모두 불교도들이었다. 그들은 불교의 정신으로 한민족의 전통풍속과 관습을 계승해야 한다고 주장하였다. 1930년대 초, 그들은 한인들의 자금을 모아 길림시 개봉가(開封街) 51호에 면적 258제곱미터의 계림사(鷄林寺)를 창건하였다. 계림사 내에는 불당과 영당(靈黨)을 만들어 불당 위에 불상을 놓고, 영당 위에는 유골함을 보존하도록 했다. 당시 길림시의 한인들 가운데서 불교를 믿는 사람들이 기독교와 천주교를 믿는 사람들보다 많았다. 불교를 신봉하고 있지 않더라도 계림사 노인들의 활동에는 참여하는 경우가 많았다. 당시 계림사는 강훈수(姜勳秀)라 불리는 젊은 스님이 있었다고 한다.

5. 만주사변 이전 한인 반일 단체의 활동

길림 지역 한인의 독립운동은 1920년을 전후로 시작되었다. 1920년 전후, 반일 무장 독립 투쟁이 중국 동북 지역과 시베리아 지역에 큰 영향을 끼쳤다. 당시 남만과 북만 지역 20여 개의 독립운동단체들이 흥경(興京)·유하(柳河)·환인(桓仁)·관전(寬甸)·통화(通化)·길림(吉林) 등지에서 독립운동을 전개하였는데, 길림 지역은 1920년대 한인들의 무장 독립 투쟁의 중심 지역 중 한 곳이었다. 수많은 항일 애국지사들이 이곳에서 활동하였고, 상해 대한민국임시정부의 인사들은 항상 길림 지역 항일 단체와 긴밀한 연락을 취하였다. 그 중에서도 영길현(永吉縣) 태평향(太平鄉) 신안둔(新安屯)은 가장 중요한 독립운동 근거지 중의 한 곳이었다. 1924년 11월, 반석, 화전 등지의 한인 독립운동 단체와 남만 각지의 독립운동 단체들이 연석회의를 열고, 교육의 보급, 산업 발전, 실력 배양 등의 강령을 제정하였다. 회의 이후 각지에서 중, 소학교가 세워졌고, 《대동민보(大東民報)》, 『전우(戰友)』 등의 간행물이 발간되었다.

만주사변 이전 길림 지역에서 출현한 한인들의 반일 단체와 그 활동은 대략 다음과 같다.

의열단: 1919년 11월 9일, 길림시 파호문(巴虎門) 밖[현재 길림시 노개교양소(勞改教養所) 부근]의 한족 반(潘)씨 집에서 결성되었고, 주요 인물로는 김원봉(金元鳳)·윤세주(尹世胄)·리성우(李成宇)·강세종(姜世宗)·리경암(李鏡岩)·박봉근(朴鳳根)·박

봉인(朴鳳仁) 등 13명이 있었다. 의열단은 유격식 무장투쟁 방식을 차용해 조선총독부 등 일본식민통치기관을 습격하고, 조선 각지의 일본 경찰, 친일 악덕 지주, 친일 지주, 매국노, 일제 인사 등을 암살하였다. 의열단은 반일 공약 10조와 선언을 채택하는 등 명확한 투쟁 목표와 정치강령을 갖추고 있었다. 비록 그 투쟁 방법에 많은 문제가 있었으나, 그들의 반일 투쟁 정신은 한인들의 독립 의지를 고무시켰다.

길림시조선인회: 1919년 12월, 길림시 우마행(牛馬行)에서 '길림조선인회'가 성립되었다. 비교적 많은 사람들이 참여해 표면적으로는 길림시와 돈화 일대 한인들의 복지 향상을 위한 단체인 것처럼 보였으나, 실제로는 반일 민족 독립운동을 전개하였다.

의성단(義成團): 본부는 길림시에 두었으며, 주로 길림-장춘 철로 연선에서 활동하였다. 편강열(片康烈)을 단장으로 선출하였고, 강진(姜震) 등이 주요 구성원이었다.

정의부(正義府): 1919년 2월 길림시에서 결성되었다. 주요 인원으로는 여준(呂准) · 김좌진(金佐鎭) 등 39명이 있었다. 그러나 여러 가지 이유로 성립된 지 오래지 않아 해산되고 말았다. 1924년 11월 25일, 다시 반석중신(磐石重新)에서 결성되어 화전(樺甸)으로 이전하였다. 정의부는 남만 일대에 분산되어 있던 10여개의 한인 반일 단체를 모아 길림시에서 연합주비회를 결성하고, 이장우(李章宇)를 회장으로 선출하였다. 이들의 목적은 일본 제국주의에 대항해 민족의 독립을 쟁취함으로써 민주주의를 실현하는 것이었다. 1925년 정의부가 설립한 '화성의숙(華盛義塾)'이 화전에서 잡지 《대동민보》와 『전우』를 발행하였는데, 양기탁은 그 주요 구성원 중 한 명이었다.

길림조선인부녀회: 1925년 5월, 길림시에서 성립되었으며 회장은 곽의경(郭義京), 부회장은 박봉석(朴鳳錫)이었다. 그 취지는 부녀들에게 반일 사상을 전파해 신시대 부녀의 배양에 노력함으로써 부녀의 신사회 의식을 제고시키는 것이었다.

한족노동당길림남부지부(韓族勞動黨吉林南部支部): 1924년 4월 반석에서 성립되었으며, 김응변(金應變)과 이광국(李光國)이 주요 지도자로 활동했다. 1925년 11월 길림시에서 '한족노동당길림남부지부'가 설립되고, 주요 간부로는 유봉년(柳鳳年) · 김보현(金寶賢) · 최환익(崔桓益) 등 72명이 있었다. 그들의 활동 방향은 일본의 침략에 대항해 자유, 평등을 쟁취하고 노동군중을 조직해 새로운 생활 활로를 건설하고자 하는 것이었다.

남만조선청년총동맹회(南滿朝鮮青年總同盟會): 1924년 한진(韓震)을 책임자로 해 반석에서 성립되었다.

대차노동청년회(大岔勞動青年會): 1926년 1월, 길림시 도원로(桃源路)에서 성립되었다. 회장은 양호(楊虢)가 맡았다. 그 조직 목적은 반일 사상으로써 청년들을 단결시켜 민족의 해방을 쟁취하고, 새로운 사회를 건설하기 위해 분투하는 것이었다.

길림청년회(吉林青年會): 1926년 5월, 반일 사상으로 청년들을 무장시켜 통일된 청년운동을 전개한다는 취지하에 결성되었다.

길림소년회(吉林少年會): 1926년 5월, 반일사상으로 청년운동의 후방 예비군을 단련, 제고, 훈련시킨다는 목적 하에서 결성되었다. 회장은 최김윤(崔金潤), 서기는 안병기(安炳基)가 맡았다.

유길학우회(留吉學友會): 1926년 6월, 길림의 한족 중학교 이상인 한인 학생들을 중심으로 결성되었다. 주요 인물로는 안병기(安炳基)·김인기(金仁基)·박일파(朴日波)가 있었다. 반일을 조직적으로 선전하고 민족 독립사상을 쟁취하기 위해 한족 학생들과 함께 『반제문학(反帝文學)』을 발행하였다.

고려혁명당(高麗革命黨): 1926년 4월 길림시 신개문(新開門) 밖 남측의 여관에서 조직되었다. 그 설립 목적은 민족운동과 무장 투쟁을 결합해 민족교육활동을 전개함으로써 민족독립운동을 추진하는 것이었다.

한국독립당조직주비회(韓國獨立黨組織籌備會): 1930년 7월 정의부와 신민부 대표들의 몇 개월간의 협의를 통해 길림시에서 성립되었다. 홍진(洪震)·이청천(李青天)·황학소(黃學素)·신숙(申肅)·이장우(李章宇) 등이 주요 구성원이고, 홍진이 중앙위원회 위원장을 맡았다. 그들의 주장은 적극적으로 반일 투쟁을 전개하고, 일본제국주의를 구축해 민족민주주의 '조선'을 건립하자는 것이었다.

농업호조사(農業互助社): 1927년 안창호 등이 길림시 대동문 밖에서 조직하였다. 이 반일 단체의 목표는 한인 노동자들의 생활 조건을 개선하고 나아가 강력하게 반일 투쟁을 전개하는 것이었다. 주요 구성원으로는 안창호·양기탁·이삼석(李三石)·최일(崔日)·김리득(金利得)·손정도(孫貞道)·곽문(郭文)·윤일보(尹日保)·이석극(李石極)·김영일(金永一)·이동우(李東佑)·표학화(表鶴華)가 있었다. 그들은 취업과 물질 생활의 보장, 교육 사업의 발전, 위생 보건의 강화 등을 주장하였다. 호조사는 경제 부흥을 위해 길림 부근과 경박호(鏡泊湖)의 수원(水源)을 이용해 수전 개발 운동을 계획하고 중국 당국과 협의하여 한족, 만족의 두 민족과 함께 이 사업을 완성하려 했으나, 일본 제국주의의 방해와 파괴로 실현되지 못했다. 결국 1931년 만주사변으로 모든 준비와 노력이 물거품이 되고 말았다.

혁신회(革新會): 1928년 7월에 성립되어, 김응섭(金應燮)·김동삼(金東三)·이종건(李鐘健)·김상덕(金尙德)·배호산(裵浩山) 등이 참여하였다. 그 조직 목표는 통일된 독립운동의 당을 조직하는 데 있었다.

국민회(國民會): 1929년 11월 15일 신민부, 정의부, 참의부의 각 대표가 길림 대둔(大屯)에서 국민회의를 소집하고 통일된 반일 독립운동 조직의 결성을 시도하였으나, 각 파벌의 투쟁으로 인해 해산되었다. 이로써 삼부통합운동은 실패하고 말았다.

각 독립운동 단체의 주요한 반일 활동은 학교 건립, 민족문화 의식의 제고 및 청년을 조직해 군사훈련을 실시하고 독립군 대오를 확대해 일본경찰기관를 습격하고 친일 단체를 파괴하는 것 등이었다. 유하의 '신흥학교(新興學校)', 교하 남강자향(南崗子鄕)의 '검성중학'은 모두 한인 독립운동 단체에 의해 건립된 군사학교였다.

만주사변 이전, 중국 동북 지역에서 활동하는 독립 단체들의 반일독립의 목표는 모두 일치하였으나, 구체적인 주장과 사상 상에 분명한 차이가 있었다. 특히 보수파와 민권파 간에 큰 모순이 존재하였다. 나아가 종파주의, 봉건주의의 존재는 반일 독립운동을 실질적으로 분열 상태에 빠뜨렸다. 1925년 한인 독립 단체들은 참의부, 정의부, 신민부 등 세 세력을 통합하였다. 각지 독립운동 단체가 한인들의 집거 지역에서 '민족자치'를 실시하고, '사법조례'를 집행하면서 세 세력은 자신의 세력 기반을 확보하기 위해 서로 잔인하게 참살하였다. 당시 영길현(永吉縣) 태평향(太平鄕) 신안둔(新安屯)에서는 김동삼 · 이규동(李圭東) · 김정일(金正日) · 신보(申甫) 등이 주요하게 활동하고 있었다.

1925년 이후, 길림 지역의 화전 · 영길 · 반석 일대의 한인 공산주의자들의 반일 투쟁이 활발해 지면서 많은 한인공산주의자들이 코민테른의 '일국일당' 원칙에 따라 중국 공산당에 가입하였다. 1928년 5월, 각지 한인 독립운동 단체들은 영길현 태평향 신안촌에서 동북지역의 각 혁명 단체(조선공산당을 포함)들의 관련 회의인 '조선독립촉진회'를 개최하였다. 회의에서는 각 파의 격렬한 논쟁이 있었고, '재만농민동맹(在滿農民同盟)'과 '동 · 남만청년동맹(東南滿靑年同盟)'을 위주로 하는 좌파들은 '민주주의 단체를 중심으로 중국공산당과 연합 전선을 결성해 공동으로 일본에 대항하자'고 주장하였다. 반면 우파는 '민족주의 단체를 중심으로 중국공산당과 연합해 공동으로 일본에 대항하자'고 주장하였다. 따라서 독립운동 단체들은 다시 '혁신회(革新會)'와 '국민회(國民會)'의 두 세력으로 분화되었다.

1929년 가을 남만과 북만의 구민주주의 단체들이 동북군벌의 세력에 의지해 일본에 대항하면서 공산당과 소련에도 대항하고 있었다. 공산주의 단체는 구민주주의 세력의 잘못된 노선 투쟁을 폭로하고 비판하였다. 1930년 봄 각지의 조선 공산당과 기타 반일 단체들의 선진 인사들이 계속해 중국 공산당에 가입하였다. 그들은 중국 공산당의 지도하에 반제 · 반봉건적 투쟁을 전개해 나갔다. 이 시기를 시작으로 각지의 구민주주의 단체들은 혁명 형세의 변화에 따라 더욱 빠르게 해체의 길을 걸었다.

만주사변 후 길림 지역의 한인 공산주의자들은 중국 공산당의 지도하에 항일유격대, 동북항일연군의 건립과 항일 투쟁에 있어 큰 공헌을 세운다. 특히 이홍광(李紅光)이 건립한 반석자위대, 남만유격대는 항일전쟁 중에 무수한 승전보를 울리며 일본 침략자들에게 엄중한 타격을 입혔다.

6. 결론

한인들이 길림 지역으로 이주하기 시작한 것은 20세기 초부터이다. 그러나 본격적인 이주는 1910년 일본의 병탄과 1919년 3·1운동 이후로 볼 수 있다. 대부분의 한인들은 압록강 · 두만강 지역으로 들어와, 동변도 지역과 연변 지역을 경유해 다시 북 · 서쪽의 길림 지역으로 이주하였다. 이주한 한인들은 만주사변 전까지 대부분 농업에 종사하며 황무지를 개간하고 수전 경영에 종사해 대규모의 수전을 개발하기도 했다. 만주사변 후 길림시 외곽지역과 주변 농촌의 한인들이 대거 길림시 시내로 피난해 와 음식, 의류, 이발 등의 서비스업에 종사하기 시작하였다. 이처럼 위만주국의 건립 후 소규모 상점을 경영하는 한인들이 증가하기 시작했으나, 대부분은 정미소, 옷가게, 음식점, 여관, 이발소 등의 서비스업들이었다. 이 외에 두 곳의 주식회사[즉 길림성산업주식회사(吉林省産業株式會社), 길림흥농주식회사(吉林興農株式會社)]와 약국, 병원이 있었다. 이러한 산업들은 일위정부(日僞政府)와 타협해 얻은 산물이었으리라 생각된다.

한인들은 길림 지역으로 이주한 뒤 서당과 학교를 건립하기 시작했으나, 경비의 부족으로 인해 유지에 큰 어려움을 겪었다. 대부분의 학교들은 독립운동가와의 밀접한 관계를 맺고 반일 민족교육을 진행하고 있었기 때문에 일본 침략 기관에 의해 탄압을 받고 문을 닫게 되는 경우가 많았다. 만주사변 이전, 길림 지역은 한인독립운동의 중심지 중 한 곳으로, 의열단, 정의부, 서로군정서 등 많은 독립운동 단체들이 이곳에서 활동하였다. 반일 애국 인사들이 창건한 학교와 정미소는 독립운동가들의 연락 기점이 되었다. 만주국이 수립된 이후, 대부분의 민족주의자들은 일위정부(日僞政府)와 타협하거나 혹은 관내 지역으로 이주하였다. 급진적 인사들은 공산주의 단체에 가입해 중국 공산당의 지도하에서 반제반봉건적 투쟁을 계속하였다. 1945년 8월 15일 일본이 투항하고 난 후 정치 목적을 가지고 길림 지역으로 이주한 한인(많은 친일 인사들을 포함) 대부분은 한국으로 돌아갔고, 광범위한 하층 군중들만 여전히 길림에 남아 중화인민공화국의 공민이 되었다.

자 료

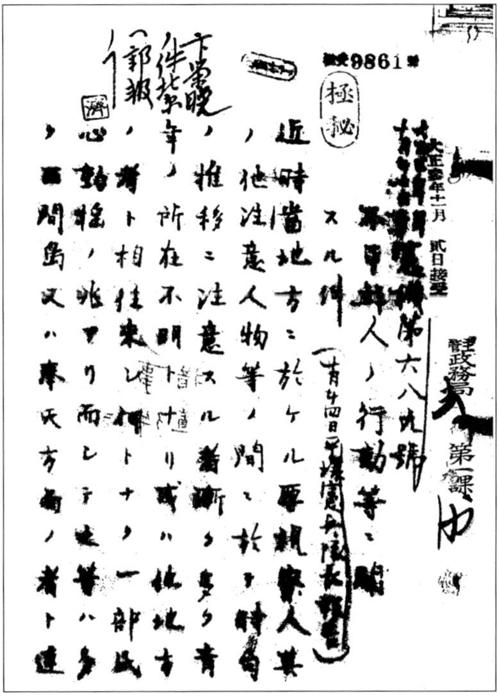

주관 정무국 (서명) 제1과 (서명) 대정(大正) 3년 10월 17일 조헌기(朝憲機) 제689호

불평선인의 행동 등에 관한 건 (10월 24일 평양헌병대장 보고)

근일 본 지방 요시찰인과 그 외 요주의 인물 등 중에서 시국의 추이에 따라 주의를 해야 할 인물이 꽤 많고, 청년들이 소재 불명 상태에 있거나 다른 지방의 자와 서로 왕래하고 있으며, 어딘지 모르게 일부 민심 동요의 조짐이 있다. 또한 이들은 다수가 서간도 혹은 봉천 방면의 자들과

1914년 10월 평양헌병대장이 범정의 동태에 관해서 조선총독 데라우찌 마사다케에게 보고한 정보 보고서

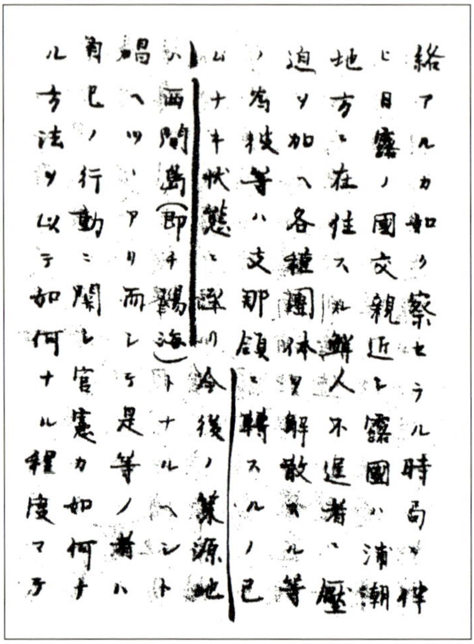
絡アルカ如ク察セラル時局ニ伴ヒ日露ノ國交親近シ露國ハ浦潮地方ニ在住スル鮮人不逞者ヘ壓迫ヲ加ヘ各種團体ヲ解散セル等ノ為彼等ハ支那領ニ轉スルノ已ムナキ状態ニ陥リ今後ノ策源地ハ西間島(即チ湯海)トナルヘシト唱ヘツヽアリ而シテ是等ノ者ハ自己ノ行動ニ關シ官憲カ如何ナル方法ヲ以テ如何ナル程度マテ

연락이 있는 것으로 보임. 시국에 따라 현재 일본과 러시아의 국교가 친근하여, 러시아는 포조(浦潮: 블라디보스토크)지방에 살고있는 不逞한 조선인들에 압박을 가하고, 각종 단체를 해산시키는 등의 조치를 취하였기 때문에, 그들은 중국 영역으로 들어갈 수밖에 없는 상태가 되었다. 앞으로의 책원지는 서간도[즉 탕해(湯海)]가 될 것이라는 주장이 계속 나오고 있다함. 그리고 이들은 자신들의 행동에 관해 관헌이 어떤 방법으로써 어떤 정도까지

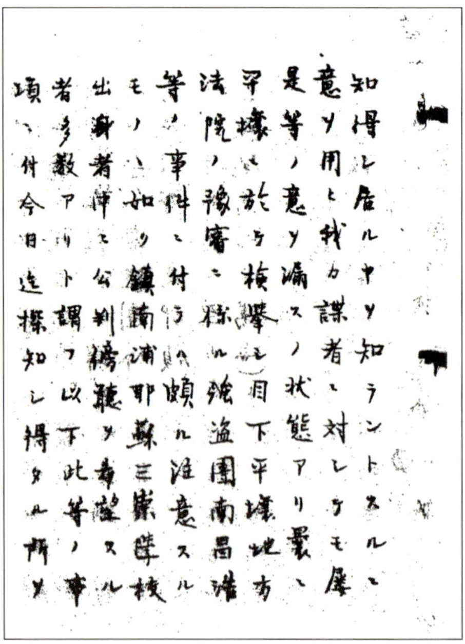
知得シ居ルヤヲ知ラントスルニ意ヲ用ヒ我カ諜者ニ対シテモ屡是等ノ意ヲ漏ス状態アリ最近平壌ニ於テ検挙目下平壌地方法院ノ豫審ニ係ル強盗團南昌浩等ノ事件ニ付テハ頗ル注意スルモノヽ如ク鎮南浦耶蘇三崇學校出身者中ヨリ公判傍聴ヲ希望スル者多数アリト謂フ以下此等ノ事項ニ付今日迄探知シ得タル所ヲ

알고 있는지를 알아내기 위해, 우리 첩자에게도 자주 이런 이야기를 누설하는 상태임. 지난번 평양에서 검거되어 현재 평양지방법원에서 예심에 있는 강도단 남창호 등의 사건에 대해서는 자못 주의해야 할 것으로 보이며, 진남포 야소(耶蘇, 기독교를 뜻함) 삼숭학교 출신자 중에서 공판 방청을 희망하는 자가 다수 있다고 함. 이하 이와 같은 사항에 의거하여, 오늘까지 탐지할 수 있었던 바를

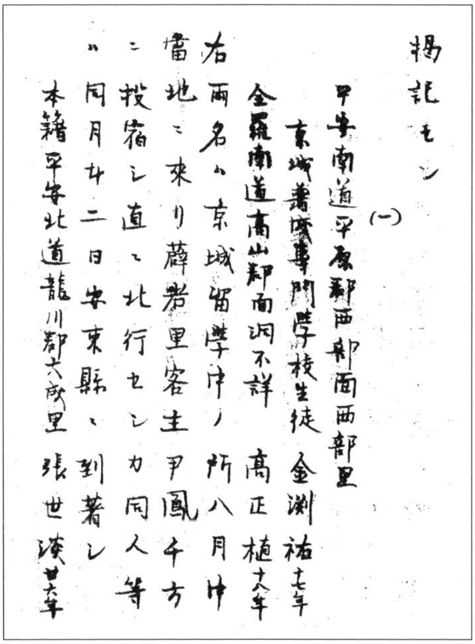

掲記セシ
(一)
平安南道平原郡西部面西部里
京城普成専門学校生徒 金淵祐 十七年
全羅南道高山郡面洞不詳 高正植 十八年
右両名ハ京城留学中ノ所八月中
当地ニ来リ薛岩里客主尹鳳千方
ニ投宿シ直ニ北行セシカ同人等
ハ同月廿二日安東縣ヘ到着シ
本籍平安北道龍川郡大成里 張世淡 廿六年

게재 기술 함.

(一)
평안남도 평원군 서부면 서부리
경성 보성전문학교 생도 김연우 17세
전라남도 고산군 면동불상(面洞不詳) 고정식 18세
위 2인은 경성에서 유학하던 중, 8월 중에 이곳으로 와서, 설암리 객주 윤봉천에게 투숙하였다가 곧바로 북행을 시도하여, 동월 22일 안동현에 도착하였다.
본적 평안북도 용천군 대성리 장세담 26세

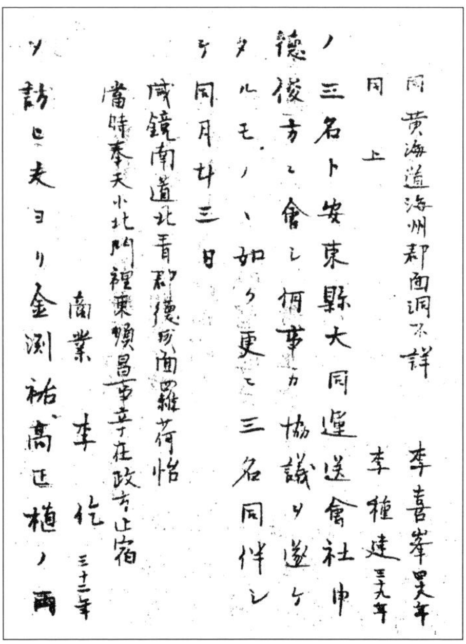

同 黄海道海州郡面洞不詳 李喜峯 四十六年
同 上 李種建 三十九年
ノ三名ト安東縣大同運送会社中
徳俊方ニ会シ何事カ協議ヲ遂ケ
タルモノヽ如ク更ニ三名同伴シ
テ同月廿三日
咸鏡南道北青郡徳城面羅荷怡
当時奉天小北門裡東順昌事辛在政方止宿
商業 李佐 三十二年
ヲ訪ヒ夫ヨリ金淵祐高正植ノ両

동 황해도 해주군 면동불상(面洞不詳)
이희봉 46세
동 상 이종건 39세
3인과 안동현 대동운송회사의 신덕준의 거처에서 만나, 어떤 사항에 대해 협의에 이른 듯 함. 이어 3명을 동반하여, 동월 23일,
함경남도 북청군 덕성면 나하이
당시 봉천 소북문 안 동순창사(東順昌事) 신재정의 집에 투숙
상업 이흘(32세)
을 방문하였다. 그로부터 김연우와 고정식 2인은

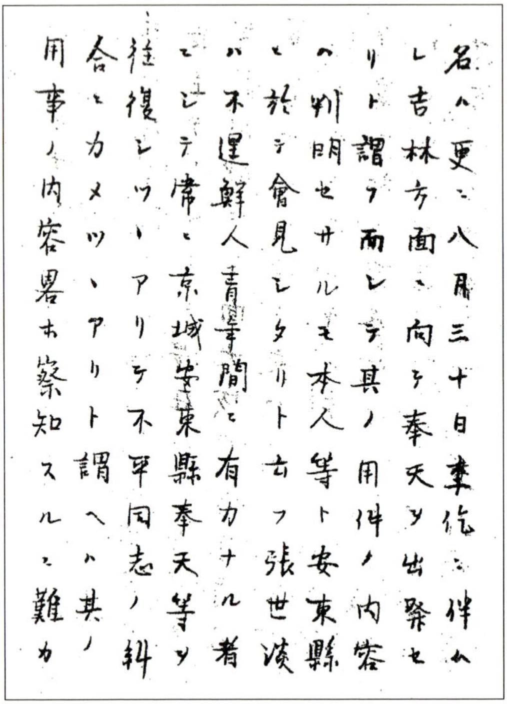

名ハ更ニ八月三十日李屹ニ伴ハレ吉林方面ニ向テ奉天ヲ出発セリト謂フ而シテ其ノ用件ノ内容ハ判明セサルモ本人等ト安東縣ニ於テ會見シタリト云フ張世淡ハ不逞鮮人青年間ニ有力ナル者ニシテ常ニ京城安東縣奉天等ヲ往復シツヽアリテ不平同志ノ糾合ニ力メツヽアリト謂ヘハ其ノ用事ノ内容略ホ察知スルニ難カ

8월 30일 이흘을 동반하여, 길림 방면으로 향해 봉천을 출발하려 하였다고 함. 그 용건의 내용은 파악되지 않으나, 본인 등과 안동현에서 회견했다는 장세담은 불령선인 청년들 사이에서 유력한 자로서, 항상 경성, 안동현, 봉천 등지를 왕복하곤 하면서 불평동지를 규합하는 데 힘을 기울였다고 하니, 그 용건의 내용은 대략 찰지(察知)하기 어렵지 않다.

장세담은 범정의 본명이고, 불령선인은 일제가 독립운동가들을 비하해서 부르던 말이었다. 일제는 범정이 독립운동에 뜻을 둔 청년들을 국외로 망명시키는 특무 요원임을 간파하였으나 쉽게 체포하지 못했다.

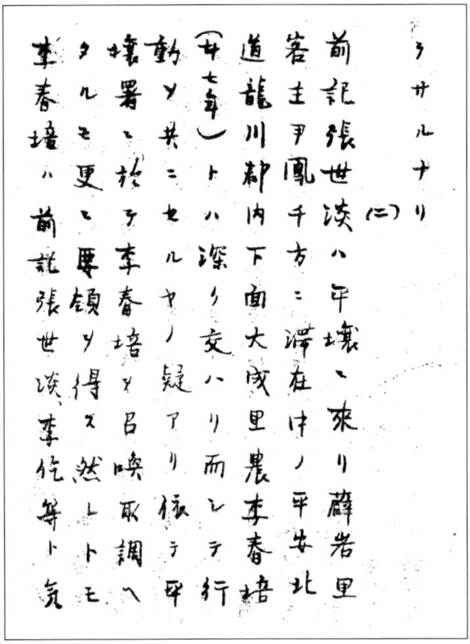
ラサルナリ

(二)

前記張世淡ハ平壌ニ来リ薛岩里客主尹鳳千方ニ滞在中ノ平安北道龍川郡内下面大成里農李春培(廿七年)トハ深ク交ハリ而シテ行動ヲ共ニセルヤノ疑アリ依テ平壌署ニ於テ李春培ヲ召喚取調ヘタルモ更ニ要領ヲ得ズ然レトモ李春培ハ前記張世淡、李仡等ト気

(二)

전기(前記)한 장세담은 평양에 와서 설암리 객주 윤봉천의 집에 체재 중인 평안북도 용천군 내하면 대성리의 농부 이춘배(27세)와는 깊이 교유하면서 행동을 같이하였다는 의심이 간다. 따라서 평양서에서 이춘배를 소환하여 취조하였으나 요령을 얻지 못했다. 그러나 이춘배는 전기한 장세담, 이흘 등과 기맥(氣脈)을

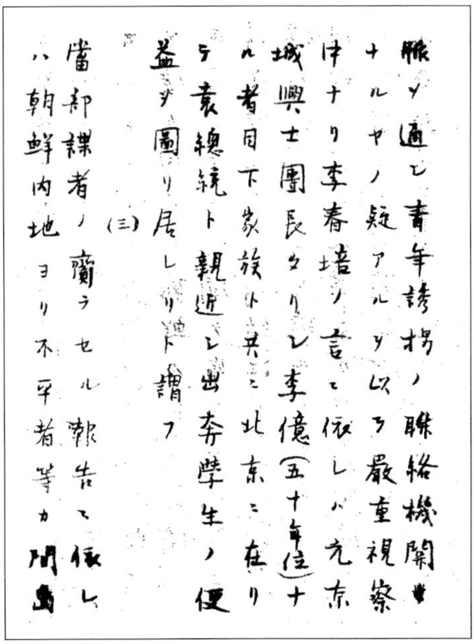
脈ヲ通ジ青年誘拐ノ聯絡機関ナルヤノ疑アルヲ以テ厳重視察中ナリ李春培ノ言ニ依レハ元京城興士團長タリシ李億(五十年位)ナル者目下家族ト共ニ北京ニ在リテ袁總統ト親近シ出奔學生ノ便益ヲ圖リ居レリト謂フ

(三)

當部課者ノ齎ラセル報告ニ依レハ朝鮮内地ヨリ不平者等カ間島

통하고, 청년 유괴를 위한 연락기관일 것이라는 의심이 있는 바, 엄중 시찰 중이다. 이춘배의 말에 의하면, 전 경성 홍사단장 이억(50세 정도)이라는 자가 지금 가족과 함께 북경에 있으면서 원총통(원세개, 즉 위안스카이)과 친근하게 지내고 있으며, 도망한 학생의 편익을 도모하고 있다고 함.

(三)

본 부서의 첩자가 가져온 보고에 의하면 조선내지에서 불평분자 등이 간도에

苦學生巡講團着發

京城半島苦學生親睦會巡回講演團一行은十二月二十四日京畿道安城에到着하야安城青年會、每日申報分局、福音傳道館、東亞日報分局後援으로同二十六日午後七時當地福音傳道館에서講演會를開하고青年會幹事李源翊氏의司會로呂運弘氏는「今日朝鮮青年」張世淡氏는「우리의要求」라題로各其熱辯을揮하야二百餘名聽衆에게多大한刺戟을與하고拍手喝采의盛況으로同十時에閉會한後仁興旅館에서當地有志의簡單한歡迎會가有하얏고翌日午前八時自働車로大田으로向하얏는데當日聽衆으로부터左와如히若干의同情金이有하얏다더라
▲金拾圓安城青年會▲金五圓式福音傳道館、金成龍▲金貳圓式沈逸燮、金永福女史▲金壹圓式吳喜冰女史、李周榮、尹喆周、金相德、金重獻、李源翊、▲當日會費收入金二十二圓二十五錢(安城)

「고학생순강단착발(苦學生巡講團着發)」(《동아일보》, 1922년 1월 1일)

苦學生親睦會講團

去三日半島苦學生親睦會巡回講演團一行이木浦에到着하야同夜陽洞永興學校에서開講하고當地青年會智育部長朴德珍君의司會下에呂運弘君의「今日의生存競爭」姜鳳瑛君의「將來를準備할今日」張世淡君의「團合의能力」이란題等의熱辯이有하야滿場喝采를博하고이에當地徐光朝君의聽衆에게對하야同情을表하라는勸誘가有한同時에先發捐이合計九十二圓七十五錢에達하얏스며其氏名은左記와如하며同一行은四日正午에靈光郡으로發向하얏다더라
文在喆、基督女子修養會幹部各十圓金鍾燮十圓五十錢車南鎭金命峻金衛仁李炳英各五圓金思元朴德珍各二圓其他無名氏(木浦)

「고학생친목회강단(苦學生親睦會講團)」(《동아일보》, 1922년 1월 15일)

地方巡講繼續

苦學生親睦會

京城에在한半島苦學生親睦會巡講團一行은同會顧問呂運弘氏의身病으로因하야一週間中止되얏슴으로先定한日割과預定地가變更되얏스며兼하야各學校가春期開學이되야學生은巡講키不能한故로該會代表로學生一人金始奎君과演士張世淡呂運弘姜鳳漢氏等이二隊가되야更히出發할터인데爲先南鮮地方一部預定地와日割은左와如히定하얏고北鮮及西鮮地方의日割은追後決定한다더라

一月二十日	昌原
廿一日	馬山
廿二日	晋州
廿四日	統營
廿五日	釜山
廿六日	金海
廿七日	密陽
廿九日	淸道
三十日	大邱
三十一日	永川
二月一日	慶州
三日	浦項
五日	倭舘
六日	金泉
八日	尙州
十日	永同
十一日	鳥致院
十二日	淸州
十三日	槐山

「지방순강계속(地方巡講繼續)」(《동아일보》, 1922년 1월 17일)

苦學親睦巡講

苦學生親睦會主催의全鮮巡講團은過般南鮮一帶를巡了하얏는바地方人士의多大한同情을受하얏스며其間事故에因하야京城에滯留하다가更히左記日割로西鮮巡講의道에就한다는데演士는總裁張世淡顧問姜鳳漢兩氏와金英植氏이며該會幹部丁洪敎金用逵兩君도同伴한다더라

二月二十八日	博川
三月一日	寧邊
二日	定州
三日	宣川
四日	枇峴
五日	新義州
六日	義州
八日	楊市
十日	安州
十一日	肅川
十二日	順川
十三日	永柔
十四日	順安
十五日	平壤
十六日	鎭南浦
十七日	中和
十八日	黃州
十九日	兼二浦
二十日	沙里院
二十一日	載寧
二十二日	海州
二十四日	瑞興
二十五日	新幕
二十六日	開城

「고학친목순강(苦學親睦巡講)」(《동아일보》, 1922년 2월 26일)

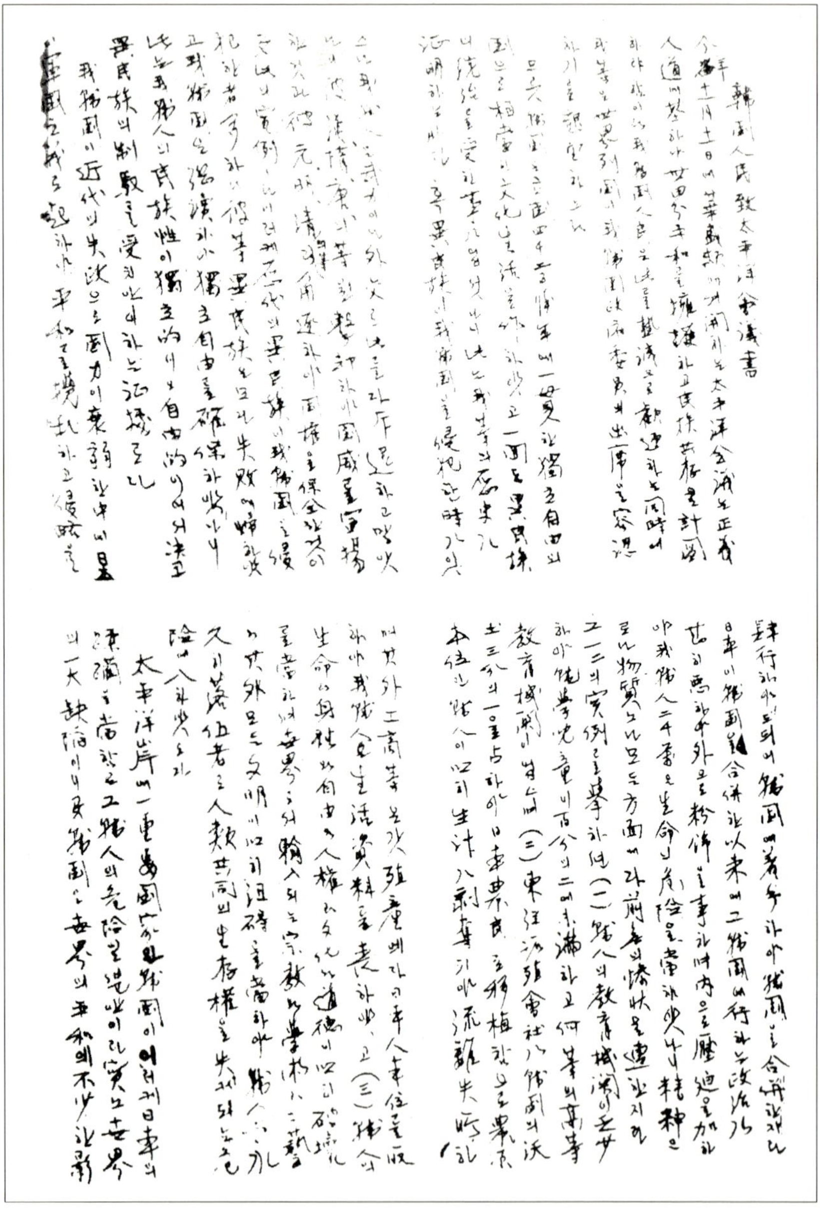
韓國人民致太平洋會議書

1921년 미국 워싱턴에서 개최된 태평양회의에 한국의 독립을 청원하기 위해서 대한민국임시정부에서 작성한 「한국인민치태평양회의서」

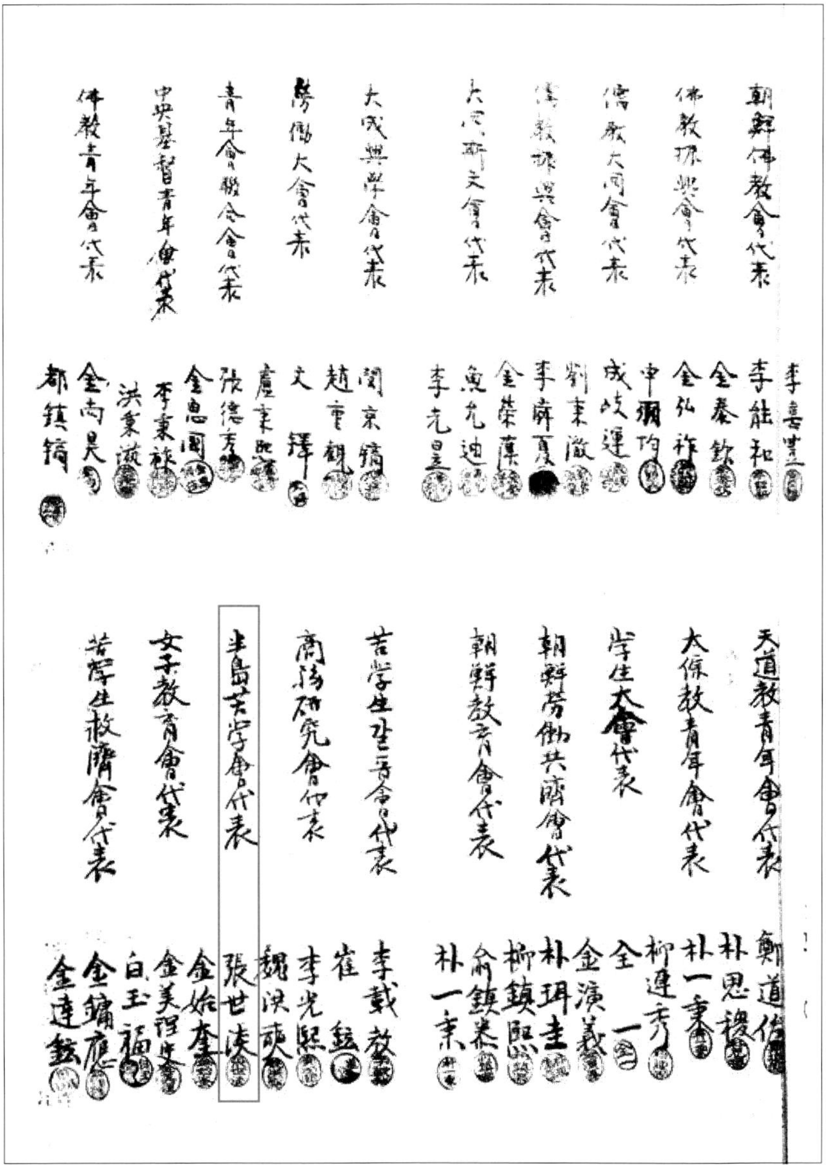

「한국인민치태평양회의서」에는 한국의 독립을 청원하는 단체대표 101명과 전국지역 대표 271명 등 총 372명이 서명하였는데, 범정은 반도고학회 대표로서 서명 날인하였다.

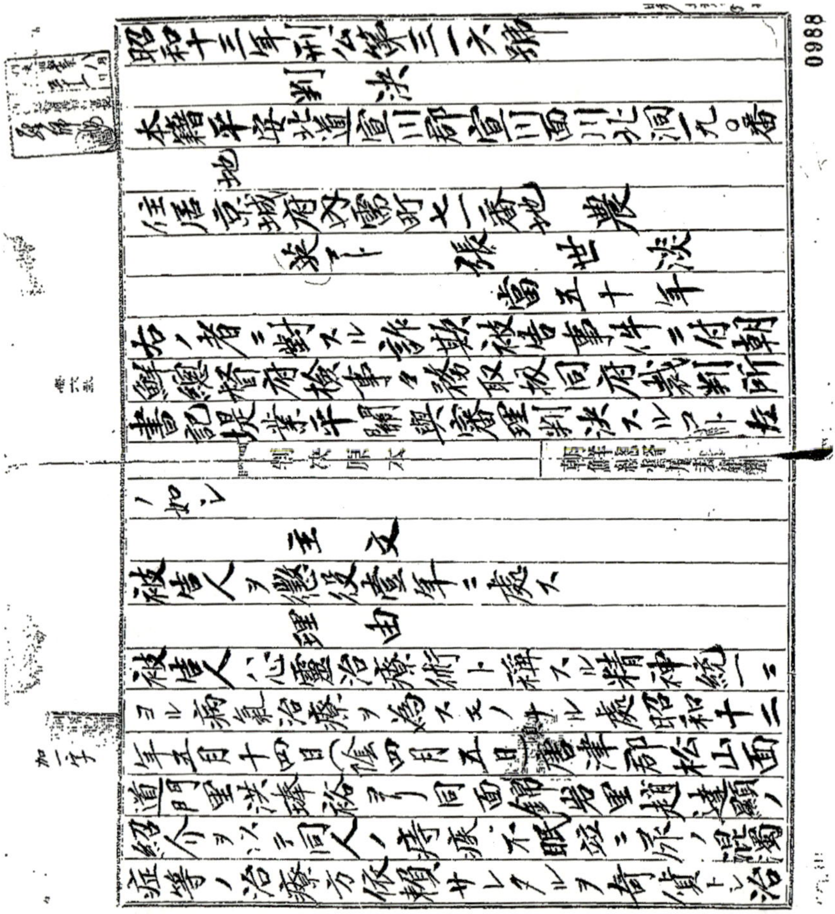

1938년 범정은 한의사로 위장하고 군자금을 모집하다가 일경에 체포되었다.
일제는 범정에게 모진 고문을 가하고 징역형에 처했다.
「昭和 13年 刑公 第316號」(판결 원본)

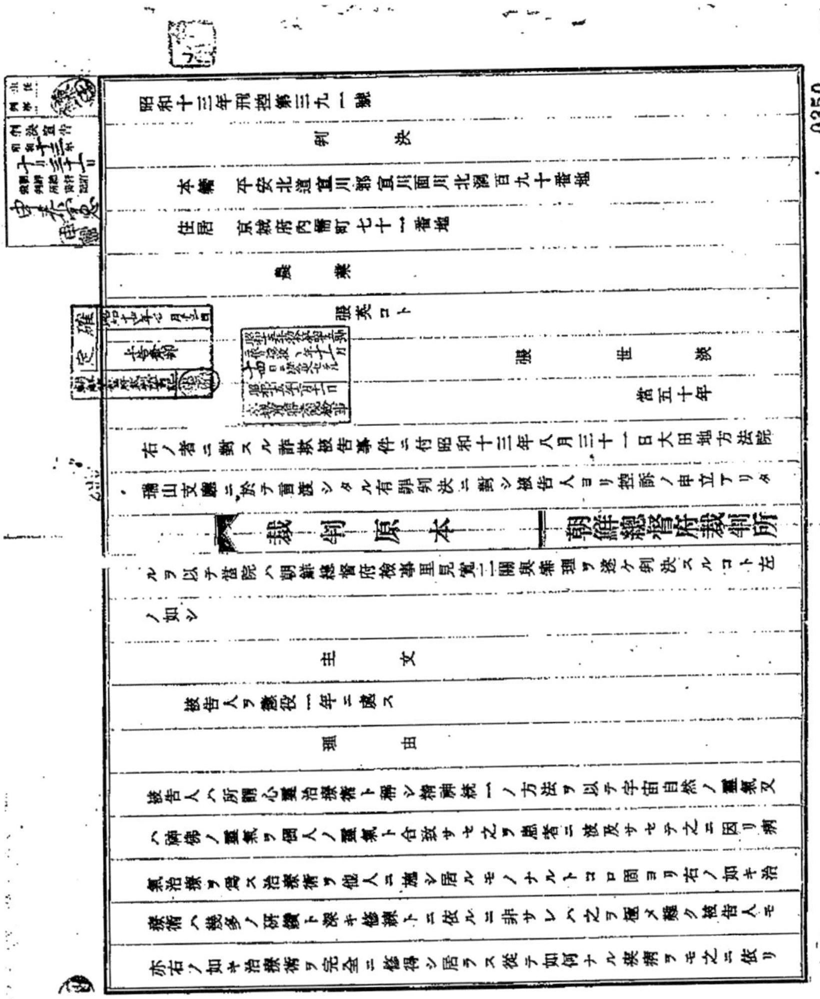

昭和十三年刑控第三九一號

判　　決

本籍　平安北道宣川郡宣川面川北洞百九十番地

住居　京城府内需町七十一番地

農　　業

張英コト

張　　世　　洪

當五十年

右ノ者ニ對スル詐欺被告事件ニ付昭和十三年八月三十一日大田地方法院

瑞山支廳ニ於テ言渡シタル有罪判決ニ對シ被告人ヨリ控訴ノ申立アリタ

裁判原本　朝鮮總督府裁判所

ルヲ以テ當院ハ朝鮮總督府檢事里見寛二關與審理ヲ遂ケ判決スルコト左

ノ如シ

主　　文

被告人ヲ懲役一年ニ處ス

理　　由

被告人ハ所謂心靈治療術ト稱シ精神統一ノ方法ヲ以テ宇宙自然ノ靈氣又

ハ神佛ノ靈氣ヲ個人ノ靈氣ト合致サセ之ヲ患者ニ波及サセテ之ニ因リ病

氣治療ヲ爲ス治療術ヲ他人ニ施シ居ルモノナルトコロ固ヨリ右ノ如キ治

療術ハ幾多ノ研鑽ト深キ修業トニ依ルニ非サレハ之ヲ極メ難ク被告人モ

亦右ノ如キ治療術ヲ完全ニ修得シ居ラス從テ如何ナル疾病ヲモ之ニ依リ

「昭和 13年 刑控 第391號」(재판원본)

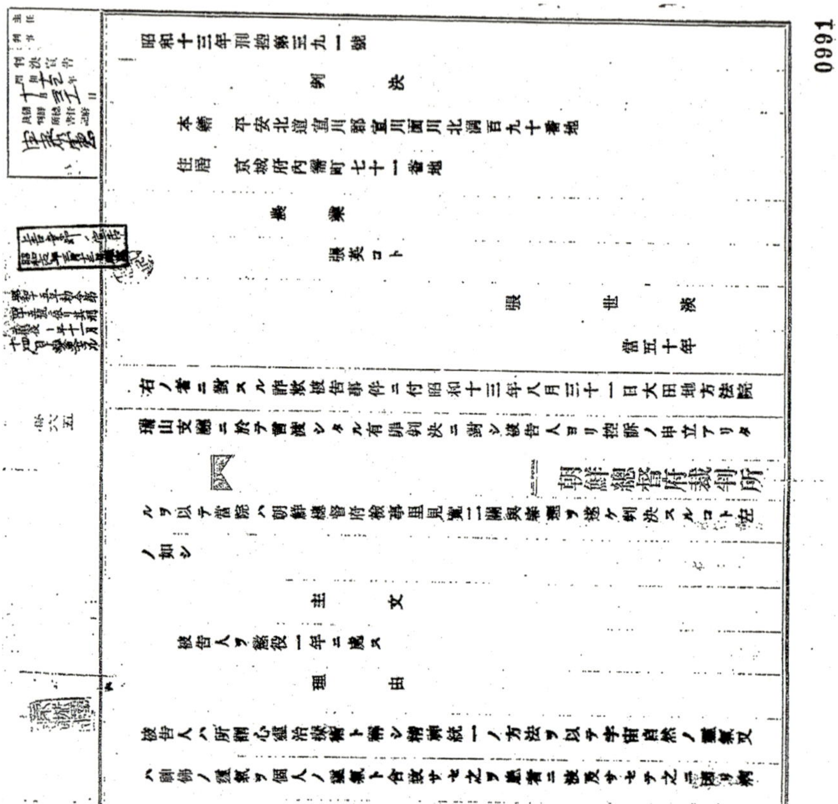
昭和十三年刑控第三九一號

判 決

本籍 平安北道宣川郡宣川面川北洞百九十番地

住居 京城府内需町七十一番地

農業

張炯コト

張 炯

當五十年

右ノ者ニ對スル詐欺被告事件ニ付昭和十三年八月三十一日大田地方法院瑞山支廳ニ於テ言渡シタル有罪判決ニ對シ被告人ヨリ控訴ノ申立アリタルヲ以テ當院ハ朝鮮總督府檢事田見寛一關與審理ヲ遂ケ判決スルコト左ノ如シ

朝鮮總督府裁判所

主 文

被告人ヲ懲役一年ニ處ス

理 由

被告人ハ所謂心靈治療術ト稱シ精神統一ノ方法ヲ以テ宇宙自然ノ靈氣又ハ御佛ノ靈氣ヲ個人ノ靈氣ト合致サセ之ヲ患者ニ波及サセテ之ニ依リ病氣治療ヲ爲ス治療術ヲ他人ニ施シ居ルモノナルトコロ固ヨリ右ノ如キ治療術ハ幾多ノ研鑽ト深キ修養トニ依ルニ非サレハ之ヲ極メ難ク被告人モ亦右ノ如キ治療術ヲ完全ニ修得シ居ラス從テ如何ナル病術ヲモ之ニ依リ

「昭和 13年 刑控 第391號」(재판등본)

昭和十三年刑上第一六七號

判決

本籍 平安北道宣川郡宣川面川北洞百九十番地

住居 京城府內需町七十一番地

農業 張奕コト 張 世 淡

當五十一年

右ノ者ニ對スル詐欺被告事件ニ付昭和十三年十月三十一日京城覆審法院ノ言渡シタル判決ニ對シ被告人ヨリ上告ノ申立アリタルニ因リ當院ハ朝鮮總督府檢事山澤佐一郎關與ノ上判決スルコト左ノ如シ

主文

朝鮮總督府裁判所

本件上告ハ之ヲ棄却ス

理由

辯護人太宰明上告趣意第一點ハ原審判決ニハ重大ナル事實ノ誤認アル事ヲ疑フニ足ルヘキ顯著ナル事由アリト思料セラル即チ原審判決理由ハ要スル處「所謂心靈治療術ハ幾多ノ研鑽ト深キ修練トニヨルニ非サレハ之ヲ極メ難ク被告人モ又右ノ如キ治療術ヲ完全ニ修得シ居ラス從テ如何ナル疾病ヲモ之ニ依リ完全ニ全治セシムル確信ナキニ拘ラス洪珠裕ニ對シ「貴下ノ病氣ハ約四十日間自分ノ治療ヲ受クレハ全治スル見込アリ」ト申シ向ケ同人ヲシテ其ノ旨誤信セシメタル上治療名義ノ下ニ金員ヲ騙取シタリ」ト謂フニ在リテ被告人ノ所爲カ詐欺罪ヲ構成スル所以ハ所謂心

0360

「昭和 13年 刑上 第167號」(상고기각)

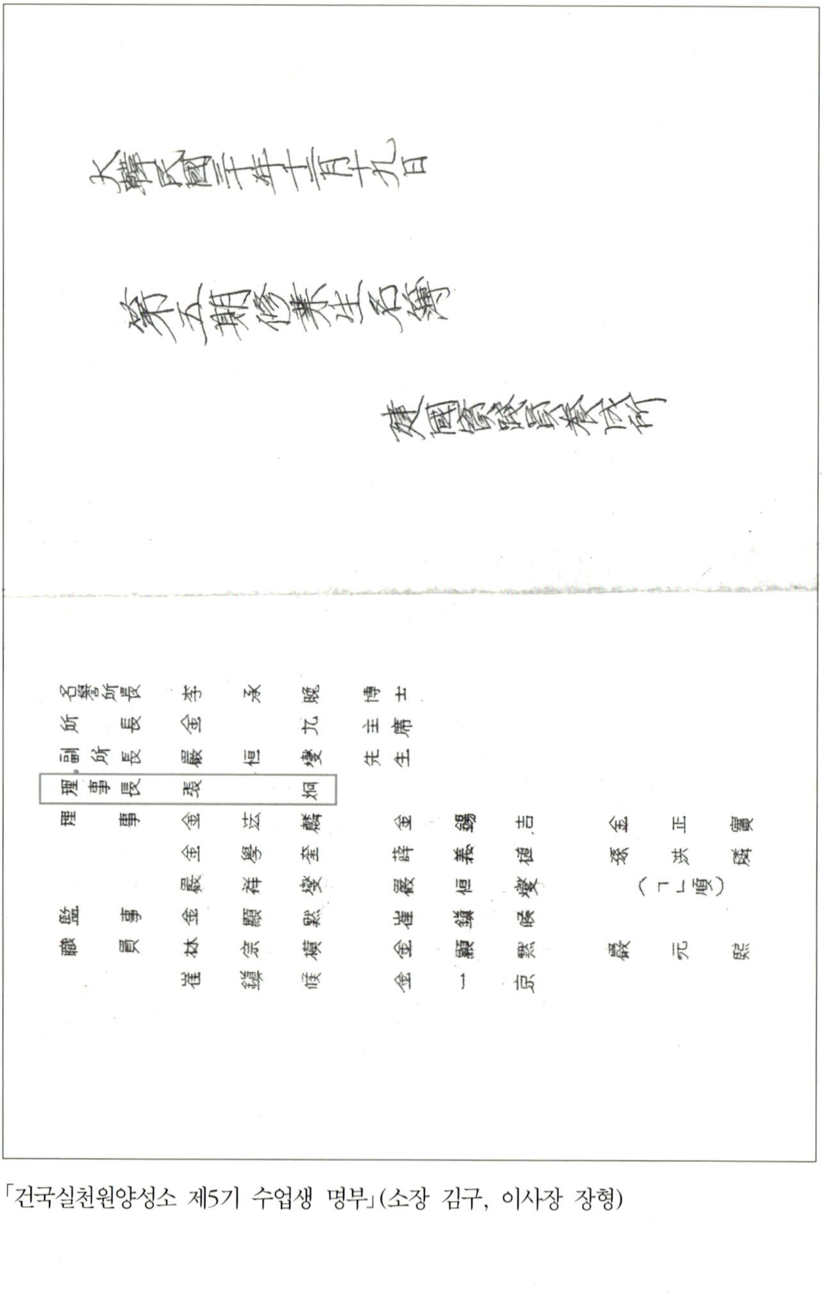
大韓民國三十年十二月十九日

第五期修業生名簿

建國實踐員養成所

名譽所長 李承晩 博士
所長 金九 主席
副所長 嚴恒燮 先生
理事長 張炯

「건국실천원양성소 제5기 수업생 명부」(소장 김구, 이사장 장형)

講師諸先生（五期修業中）無順

課目	姓名		職位
國民思想	安浩相	博士	文敎部長官
宣傳	嚴恒燮		臨政宣傳部長
組織	金仁基		韓獨黨
政治	白賛守		高大敎授
經濟	趙璣濬		〃
法律	嚴祥燮		서울地方檢察廳次長
時事	薛義植		서울民報社々長
獨立運動史	趙琬九		臨政國務委員
農村經濟	朱碩均		朝水聯合會々長
民法	丁洛鎭		檀大敎授
獨立運動史	金學奎		韓獨黨組織部長
法律	金義喜		高大敎授
哲學倫理	金基錫		師大敎授
國史	張道斌		檀大學長
靑年運動	安在鴻		漢城日報社々長
憲法	金正實		檀大副學長
民主主義解說	羅在夏		韓獨黨訓練部長
國民思想	張炯		檀大理事長
國[illegible]史	閔泳珪		延大敎授
女性運動	黃基成		大韓婦女會副委員長
民族精神	李鍾榮		大韓日報社々長
共產主義批判	金錫吉		平和日報社主筆
雄辯	金基昌		本所敎授

以上

범정은 건국실천원양성소의 이사장을 역임하는 동시에 학생들에게 「국민사상」이라는 과목을 직접 강의하기도 하였다. 위 자료는 5기 당시 건국실천원양성소에서 강의를 맡았던 강사 명단이다.

박성순　한시준　이홍구　문종철　염송심

범정 장형의 독립운동과 단국대학 설립

초판 인쇄 _ 2014년 10월 30일
초판 발행 _ 2014년 11월 3일

지은이 _ 박성순 외
펴낸이 _ 장호성
기 획 _ 이재석
제 작 _ 김남필
편 집 _ 성두현 · 박보혜
펴낸곳 _ 단국대학교출판부
등 록 _ 1968.2.27 : No. 제03-00095호
주 소 _ 경기도 용인시 수지구 죽전로 152
전 화 _ 031-8005-2404~5
팩 스 _ 031-8021-7154

값 11,000원

ISBN 978-89-7092-529-5 93910